作者简介

连仁都,中学一级教师,厦门市骨干教师,海沧区学科带头人。2010年9月被厦门市委、市政府授予"厦门市优秀教师"称号;2011年5月,受聘为福建教育学院"基础教育网"特聘教师;2012年3月,受聘为福建教育学院"名师讲坛"主讲教师;2012年5月被《海峡导报》评为"排舞大师";2012年7月,被教育部评为全国"特色教育优秀教师";2012年10月,被评为"全国优秀健美操教练",为厦门排舞协会理事、全国校园排舞推广核心成员。2010年5月,参加福建省首届中小学教师论文评比,荣获中学组一等奖;2013年3月,"街舞青春"录像课获省一等奖。从事教学工作12年,具有丰富的学校体育教学科研经验,主持或参与国家级、省级、区级课题8项。如:2009年3月,主持中国教育学会"十一五"中小学"体育与健康"新课程资源利用与开发课题的子课题研究;2013年4月,主持全国教育科学"十二五"教育部规划课题"校本科研引领和促进基础教育质量提升的研究"子课题"中小学校本科研与教师专业发展研究";2013年7月,主持福建省教育科学"十二五"规划课题"农村体育教师专业发展与队伍建设的研究"。有7篇论文在CN刊物上发表,多次参与国家、省、市级论文评比并获得优异成绩。参加了《高中体育与健康新课程教学探索》教材的编写,担任《校园排舞》校本课程教师用书、学生用书主编,撰写《心旅——基层教师成长之路》《校园舞·武》等著作。

校园排舞

CAMPUS LINE DANCING

◆ 连仁都 著

厦门大学出版社
XIAMEN UNIVERSITY PRESS
国家一级出版社
全国百佳图书出版单位

序 一

自新一轮基础教育体育课程改革以来,课程资源呈现出"忽如一夜春风来,千树万树梨花开"式的波澜壮阔景象。其中,校园排舞以其独有魅力令人耳目一新,受到广大师生的喜爱和欢迎。然而,在我国目前的条件下,实施好校园排舞这门课程并非易事,注定要经历"不经一番寒彻骨,怎得梅花扑鼻香"的阵痛式历练。正是在这种背景下,我有幸结识了一位优秀的年轻体育教师——连仁都老师,他的那种迎难而上的执着精神引起了我的关注。

连仁都老师工作格言是"有为方可有位",职业理念是"把体育工作当成事业来做,在做的过程,享受快乐"。2007年,他在厦门海沧中学主持并实施校园排舞课程。几年来,他表现出高度的教学责任感和义务感,全方位展示自身的课程决策能力、课程执行能力、问题破解能力和教学魅力,有效彰显了自身的专业发展水准,并用自身的专业发展引导和增强学生的体育学习能力。"有志者事竟成",而今,厦门海沧中学呈现出体育新课程"山花烂漫"的景象,与之同时还有一系列理论专著问世,我有幸抢先拜读并作简要梳理如下:

在平时的教育职场中,连老师倡导十二字方针,即是:"人无我有,人有我精,人精我特。"这三步走,连老师花了6年时间做到了!

2007年9月,连老师在海沧中学开设排舞课程。当初这个项目大家还非常陌生,他用了2年时间,从课堂教学、大课间、各种场合的展示入手,开始了"从无到有"的历程。其中,高中体育模块每18课时换一个班,2年之后,高中女生都会跳3~5套排舞。

2009年,当校园排舞陆陆续续在一些学校出现时,连老师结合课题研究、校本教研、课程开发与实施等方式,做到了第二步——"人有我精"。在2年时间内,举办全校排舞大赛、区夏令营、全国阳光校园排舞展示、国际交流等活动,利用杂志、报纸、电视等渠道全面宣传校园排舞,逐步把校园排舞打造成该校的精品项目。

2012年,连老师赴福建教育学院进行为期两天的全省校园排舞推广,走进福建省名师讲坛传授校园排舞推广经验;2013年代表海沧区去台湾进行两岸排舞交流,《校园排舞》专著即将出版,连老师又申请了"校园排舞促进校园文化建设"、"校园排舞促进教师专业发展"等课题研究,学校因校园排舞被教育部评为"全国特色学校",他也被评为"全国特色教育优秀教师",该校今年开始申报省一级达标学校,"校园舞·武"作为学校办学特色,写入学校发展十年规划,该项目"人精我特"的特质已然明晰。

当前,我国的基础教育体育课程改革正在驶入快车道。与传统体育课程相比,新的基础教育体育课程体系在课程功能、结构、内容、实施、评价和管理等方面都较以往的课程有重大创新和突破,这对于新课程的实施者——体育教师来说,其艰巨性不言而喻。在这一场专业性革命面前,连老师克服了重重困难,他主动出击、精心准备、强势推进,做到了经验的积累、心血的凝聚、学术的反思,并站在一定的理论高度上,对排舞课程实施过程中的各种问题进行较深入的分析,并对体育教师的专业发展提出有针对性的建议。相信本书对体育教育研究者和广大体育教师都有一定的参考价值。

愿体育教师这一阳光下的职业,最终成为能为社会提供独特的、他人无法替代的、不可缺少的高质量服务,并具有较高社会声望和地位的受人尊重的职业。

曾广林
2013年8月8日

序 二

当你们翻开这本书的第一页时,映入眼帘的便是校园排舞理论篇,这些理论源自于我校连仁都老师多年以来校园排舞开发的经验积累与提升。本书图文并茂地再现我校近5年来开展排舞的实况,绚丽夺目的舞姿、劲爆悦耳的乐曲、意气风发的青春少女,组成校园排舞元素,全校师生携手走进阳光体育,参与校园排舞开发。校园排舞帮助我校体育教师实现专业化成长,还成为学校特色项目之一。学生除了学会了多套排舞之外,还实践了"三好四美"目标,提升了自身的综合能力,有些同学带着校园排舞走进另外一座校园,展现校园排舞独特的魅力,将健康快乐带给别人,让更多的人一起分享校园排舞的精彩,炫舞校园,展现自我。

我校的排舞发展得到了各级领导和专家的肯定和支持。2008年6月,"魅力排舞"获福建省中小学体育教学观摩展示优秀体育课评比二等奖;2009年7月,"校园排舞"课例参加全国十城市评比,获得二等奖;2009年9月,《校园排舞的推广及运用》论文获得第十届中运会暨第五届中国学校体育科学论文报告会三等奖;2010年4月,《中国学校体育》杂志记者李兵到校采访,并在该杂志第5期作了专门报道,我校学生大课间跳排舞画面荣幸地成为该杂志第6期封面;2010年6月,我校举办校园排舞大赛,《体育教学》杂志编辑部主任王子朴教授、厦门市社会体育局何玺副局长、教育局体卫处江福生处长、市教科院宋超美特级教师亲临现场指导,《体育教学》杂志第9期报道了我校排舞发展情况;2010年11月,美国密歇根州牛津学区教育总监来我校进行交流;2010年12月,举办全国阳光体育展示,与会领导与来宾近200多人观看了展示,为我校校园排舞走出去提供了一个很好的机会;2011年1月11日,厦视新闻《十分关注》栏目播出有关我校大课间"阳光体育"的专题,介绍排舞开展情况;2011年6月,新加坡女皇道中学来我校进行文化浸濡之旅,校园排舞作为我校特色进行了交流,师生反应热烈,希望多开展校园排舞学习;2012年3月,我校连仁都老师作为福建教育学院特聘教师,在名师网上作校园排舞成长路径的专题讲座;2012年5月,校园排舞作为海沧区校本课程公开课示范课,获得福建教育学院、厦门市教科院等专家领导的一致肯定;校园排舞运动案例代表厦门地区参加全省阳光体育运动优秀案例评比,获得全省"优秀奖"并获全国"入围奖";2012年5月25日,《海峡导报》专题采访报道我校校园排舞发展现状;2012年6月4日,厦门卫视采访报道我校校园排舞发展现状。

我校连仁都老师有幸参与中国教育学会"十一五"中小学"体育与健康新课程资源利用与开发"课题的研究,给学校体育带来了活力,也为学校文化建设增添了不少色彩,该课题顺利结题了,为学校体育科研作出引领作用。今年我校连仁都老师又主持中国教育学会"十二五"课题"阳光校园·体育美育新课程的导入对学校文化特色建设的实践研究"的子课题研究,研究方向是校园排舞校本特色带动福建区域特色持续发展的实践。

今天我们因为校园排舞走到了一起,我校连仁都老师一些推广措施与方法希望能对大家有所帮助。让我们携手共建校园排舞学习共同体,把校园排舞推向更高的层次。

希望校园排舞能给大家带来快乐! 带来健康!

厦门市海沧中学校长　彭存进
2012年12月　厦门

序 三

  2007年,大连,排舞,认识了连老师。
  2009年,海口,又见连老师。
  一切皆因排舞。
  连老师打了很多电话给我,说在写排舞的随想,当初没当真,我知道他是篮球专业的,跟连老师接触、沟通后,发现了他独有的特质,这几年校园排舞经过他的推广与提升,得到更全面的发展,连老师做事风格值得广大体育老师借鉴。
  上个月,通过Email,接收到连老师的文字。打开一看,着实让我感动,"排舞"两字经连老师这么一写,充实又厚重,可以直言不讳地说《校园排舞》是目前我国关于排舞教育比较完整的一本书,架构清晰、合理。校园排舞经过推广与发展,已然成为海沧中学的特色、海沧区的品牌。2007年至今,已过了1 000多个日子,目前排舞在我国很多城市开展得如火如荼,在不久的将来定能呈现燎原之势。连老师就是这星星之火,凭着热情和努力,他已经成长为地区的排舞领军人物,不久的将来定能看到他走出厦门,辐射福建,排舞魅力无限,追求"健康快乐"的人也无限。
  "三维发展"、"三好四美"这些源自校园排舞的新词汇,让我的眼帘真切地感受到校园排舞的文化魅力。该校通过对校园排舞的研究,为体育课程营造多种活泼有趣的教学内容,使之成为一项富有乐趣的体育教学,将吸引更多的学生走到户外自觉地参加体育锻炼。通过教、学、研过程促进学生全身心发展和教师教研型转化,促进教师队伍专业化水平的提高。校园排舞各项教学活动围绕多个目标开展,并与其他体育项目和其他学科相结合,以期将校园排舞打造成为中小学校师生最喜闻乐见的项目之一,成为实施素质教育的一项"亮点工程"。
  校园排舞在海沧中学人人知晓,也成为海沧中学的品牌,更有幸成为海沧的特色,这与连老师的辛勤付出是紧密关联的。从中国教育学会"十一五"新课程资源利用与开发——校园排舞的推广开始,到"十二五"区域特色互动——校园排舞的实践运用,海沧中学在这方面做得很到位,得感谢该校领导的大力支持。
  校园排舞在海沧中学得到丰富的实践。该校以课堂教学、大课间分享、课外提高"三位一体"的模式进行校园排舞的推广,再构建排舞的绽放舞台——举办校园排舞大赛、举办"舞动青春"夏令营,这是"三位一体"推广模式的补充与延续,海沧中学这么全方位地进行排舞推广及实践,着实令我感动。期望在不久的将来连老师能以厦门为基地,把校园排舞推向整个福建省,届时能看到校园排舞在福建省进行地区间的活动交流,最终定期举办福建省校园排舞大赛。
  校园是一方净土,一片芳草地,排舞的唯美与魅力自然和谐地融入了校园,魅力排舞,炫舞校园。

国际排舞协会亚洲区分会会长　朱海燕
2012年12月　上海

前　言

　　排舞，字面理解就让人觉得亲切，也就是大家排在一起跳舞。作为一种集体舞，它是集舞蹈、体育、艺术为一体的健身运动，排舞近年来逐渐在我国流行起来，涌进社区、广场，人们学习排舞的热情空前高涨，排舞渐渐褪去它原本神秘的面纱，走进校园，在校园里头，学生们踩着青春的节拍，踏着强有力的音乐，尽情跳跃，排舞的魅力在校园里得到淋漓尽致的诠释。

　　2006年，新一轮高中体育课程改革在厦门顺利实施，各校积极组织课程设置，把学校自身的特色项目融入课程改革。体育是素质教育的窗口，也是提升个人素质的突破口。体育课程改革，力求大胆创新并结合实际，在实践中不断总结课改经验。新课程强调"以生为本"，让学生在课程中占主导地位，让学生自己掌握学习的主动权，进一步在课堂上实现自主学习、创新学习；校园排舞是一项体育与艺术紧密结合的舞蹈，以"体验式"为主进行实践教学，能让学生在体验学习中培养自身的兴趣爱好，在学习过程中养成热爱锻炼的习惯，树立终身体育意识。在课程实践过程中，教师需要根据学校实际情况，准确把握课改精神，结合排舞特点，把排舞和谐地融入校园，打造校园体育特色。我市虽然在校园排舞推广上还未全面铺开，但我校在进行校园排舞推广及运用研究方面已初步积累了一些好的经验，取得一些成果。例如，2007年9月，我校率先在高中开展排舞模块教学，将其有效地融入高中课程改革，从而把排舞引进校园，迅速普及，目前我校校园排舞教学及研究走在全省前列；2009年1月，我校承接中国教育学会"十一五"中小学"体育与健康"新课程资源利用与开发课题的子课题立项研究，这一期间有关工作得到福建教育学院、厦门市教科院专家领导的肯定与关注，2010年12月该课题顺利结题，中国教育学会把课题结题成果展示现场会安排在我校，现场会得到了省教育厅、市教育局领导的肯定与赞赏，海峡卫视、《海峡导报》等多家媒体进行了专门的报道；2011年1月11日，厦视新闻《十分关注》栏目也专题报道了我校大课间开展排舞情况；2012年6月8日，北京教育学院有关专家率北京市16区(县)师训专家组现场观看我校大课间"校园舞•武"展示，高度评价了我校阳光体育活动开展情况，认为我校"男生很阳刚，女生很柔美，孩子在这里读书很幸福"；2012年7月10日，我校申请"阳光体育——校园排舞"全国特色学校获教育部批准，我校将借此东风，以中国教育学会"十二五"课题研究为契机，掀起校园排舞推广新浪潮。

　　为了便于与同行进行交流，一起研究，我们将近些年来推广校园排舞的实践经验形成论文，参与区、市、省论文交流，并在《中国学校体育》《体育教学》等刊物上发表。我校排舞推广已经有6年，排舞在本地区已经不再陌生，取得了不错的口碑，但在实践中，仍有进一步改进与提升的空间。可以就校园排舞推广模式进行有效的探索，除了进行课堂教学外，还可以充分利用大课间、课外训练、走进社区、举办校级排舞比赛、举办夏令营、出去学习交流等渠道来发展。发展到一定水平便可以形成地方特色，作为学校的校本课程来开发，这样就可以使校园排舞朝更科学、系统的方向提升。

　　本书图文并茂地还原了我校近6年以来校园排舞开发的实况，本人把开展排舞积累下来的经验提炼成文字，很多专用名称源自于实践过程的提炼，有些理论的构建还不太成熟，希望大家提出宝贵的意见。

　　本书的写作过程得到国际排舞协会亚洲区分会朱海燕会长，福建教育学院曾广林博士，北京大学钱永健教授，厦门市教育学院宋超美特级教师，海沧区教育局陆晓红局长，海沧中学彭存进、陈元章校长，康新鑫、耿红、钟祥光、林枝示、白克奇副校长，罗明华、刘文胜特级教师，盛晓华、颜玉辉主任，杨陆辉、赵慈东、雷文斌、黄红、黄昕老师以及体育组同仁们的关心指导，在此，表示衷心感谢！

连仁都
2012年12月12日

目 录

上卷　校园排舞理论构建

第一章　校园排舞概述 ……………………………………………………… 3
第一节　国际排舞 …………………………………………………………… 4
　　一、基本特征 …………………………………………………………… 4
　　二、发展现状 …………………………………………………………… 5
第二节　校园排舞 …………………………………………………………… 7
　　一、基本特征 …………………………………………………………… 7
　　二、基本元素 …………………………………………………………… 8
　　三、舞码元素 …………………………………………………………… 9
　　四、队形元素 ………………………………………………………… 12
第三节　校园排舞与国际排舞异同点 …………………………………… 14
　　一、相同点 …………………………………………………………… 14
　　二、不同点 …………………………………………………………… 15

第二章　校园排舞开发依据 ……………………………………………… 16
第一节　理论依据 ………………………………………………………… 17
　　一、教育学理论 ……………………………………………………… 17
　　二、心理学理论 ……………………………………………………… 19
第二节　实践依据 ………………………………………………………… 20
　　一、"三维发展" ……………………………………………………… 20
　　二、培养宗旨 ………………………………………………………… 23

第三章　校园排舞课程开发·················25

第一节　课程开发总则·················26
 一、开发概念·················26
 二、开发原则·················26
 三、开发目的·················27
 四、开发条件·················28

第二节　课程开发要求·················29
 一、学生的要求·················29
 二、教师的要求·················31
 三、学校的要求·················33
 四、社会的要求·················33

第三节　课程开发规划·················34
 一、课程说明·················34
 二、课程纲要·················35
 三、课程管理·················36

第四节　课程开发拓展·················39
 一、拓展领域·················39
 二、拓展渠道·················40
 三、拓展建议·················41

第四章　校园排舞课程标准·················43

第一节　基础课程·················44
 一、"舞风舞韵"·················45
 二、柔韧素质·················46
 三、耐力素质·················48
 四、力量素质·················49

第二节　初级课程·················52
 一、课程介绍·················52
 二、内容简表·················53
 三、情景分析·················53

　　　　四、动作图解……………………………………………………………54
　第三节　中级课程………………………………………………………………59
　　　　一、课程介绍……………………………………………………………59
　　　　二、内容简表……………………………………………………………60
　　　　三、情景分析……………………………………………………………60
　　　　四、动作图解……………………………………………………………61
　第四节　高级课程………………………………………………………………69
　　　　一、课程介绍……………………………………………………………69
　　　　二、内容简表……………………………………………………………70
　　　　三、情景分析……………………………………………………………70
　　　　四、动作图解……………………………………………………………71

第五章　校园排舞课程评价……………………………………………………**79**
　第一节　评价概述………………………………………………………………79
　　　　一、评价原则……………………………………………………………79
　　　　二、评价意义……………………………………………………………80
　　　　三、评价内容……………………………………………………………81
　　　　四、评价模式……………………………………………………………81
　第二节　评价操作………………………………………………………………82
　　　　一、水平标准评价………………………………………………………82
　　　　二、课堂教学评价………………………………………………………83
　　　　三、自我拓展评价………………………………………………………85

第六章　校园排舞竞赛规程……………………………………………………**93**
　第一节　比赛规程………………………………………………………………93
　　　　一、比赛规则……………………………………………………………94
　　　　二、注意事项……………………………………………………………95
　第二节　比赛过程………………………………………………………………96
　　　　一、赛前准备……………………………………………………………96
　　　　二、比赛程序……………………………………………………………97
　　　　三、赛后总结……………………………………………………………99

下卷　校园排舞行动研究

第一章　校园排舞实践探索 … **103**

第一节　学校发展，特色为翼 … 104
　　一、背景分析 … 104
　　二、实施过程 … 105
　　三、预期成果 … 106

第二节　校园排舞校本课程构建 … 111
　　一、内容构建 … 112
　　二、结构分析 … 113

第三节　校园排舞大赛过程总结 … 114
　　一、背景分析 … 115
　　二、存在问题 … 115
　　三、行动安排 … 116
　　四、反思总结 … 118

第二章　校园排舞案例分享 … **120**

第一节　校园排舞大赛 … 120
　　一、赛前工作 … 121
　　二、大赛过程 … 123
　　三、赛后记忆 … 124

第二节　校园排舞夏令营 … 127
　　一、活动方案 … 128
　　二、内容安排 … 129
　　三、活动总结 … 130

第三节　校园排舞全国展示 … 133

一、组织策划 ……………………………………………………… 133
　　二、现场演绎 ……………………………………………………… 134
　　三、精彩点评 ……………………………………………………… 135

第三章　校园排舞特色建设 …………………………………………… **143**
第一节　创办校园排舞特色学校 ……………………………………… 143
　　一、特色为翼 ……………………………………………………… 144
　　二、科研引领 ……………………………………………………… 145
　　三、建设成果 ……………………………………………………… 145
　　四、社会影响 ……………………………………………………… 145
第二节　校园排舞运动优秀案例 ……………………………………… 150
　　一、学校体育 ……………………………………………………… 150
　　二、设计思路 ……………………………………………………… 151
　　三、内容结构 ……………………………………………………… 151
　　四、使用效果 ……………………………………………………… 153

参考文献 ………………………………………………………………… **161**

后　记 …………………………………………………………………… **162**

上 卷

校园排舞理论构建

  上卷以学术的风格入笔校园排舞，以校园为背影，抓住青春的靓丽，在校园的每个角落，书写校园排舞，从校园排舞的概述、开发依据、课程开发、课程标准、课程评价、竞赛六个模块来阐述校园排舞理论体系的构建。

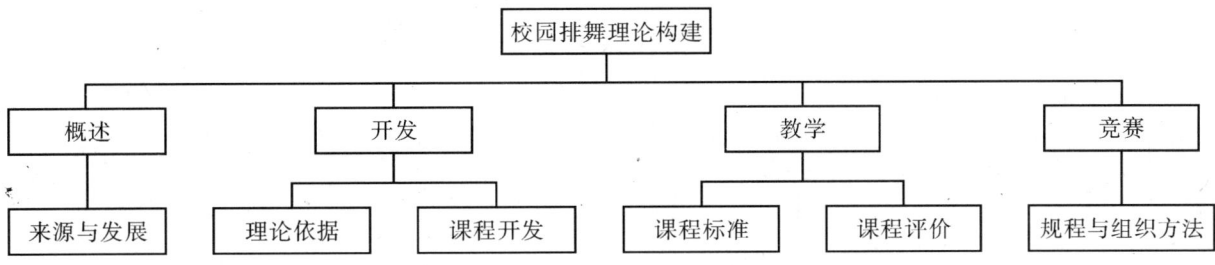

第一章　校园排舞概述

21 世纪,学校体育借着阳光体育这股东风迎来发展的新契机,在国家经济飞速发展的同时,提高全民身体素质成为重要课题,而中小学生的身体素质关系到国家的未来,大力提高在校生的身体素质,成为学校体育的目标,因此学校体育掀开了国家基础教育促进学生全面发展的新篇章。

2006 年,教育部借着高中课程改革这股东风,着力打造大课间校园舞蹈。2007 年 5 月,福建省各地区代表齐聚厦门集美大学体育学院进行为期 3 天的校园舞蹈学习,2007 年 6 月,教育部体育卫生与艺术教育司司长杨贵仁举行新闻发布会,宣布在 2007 年 9 月 1 日推广《第一套全国中小学校园集体舞》。在基础教育阶段,我们国家艺术类课程标准明确指出了舞蹈的重要教育价值。新的课程将更加关注学生人格的健全发展,充分利用学生的生活经验和社会文化资源,鼓励学生进行体验性、探究性和反思性学习,为学生提供生动有趣、丰富多彩的内容和信息,拓宽了学生的艺术视野,提高整体素质,并使艺术学习更有趣、更容易,让每个学生获得成功感。然而,校园集体舞的推广,最终因为种种原因,没有深入下去。

2007 年 6 月,厦门市教育科学院在厦门市海沧中学召开全市中学体育教师(约 200 人)校园舞蹈观摩课,笔者把校园舞蹈带进体育课,与会教师提了不少看法与建议;2007 年 7 月,中国教育学会在大连举办首届"中学体育教师高研班",并把新课程资源利用与开发提上议程,排舞作为一项新兴项目向中学体育教师推广。2007 年 9 月,新学期开始,厦门市海沧中学也尝试着推广校园舞蹈,借这个机会把排舞融入校园,开始在大课间组织学生学习排舞,同时该校率先在高中模块进行校园排舞选修,校园排舞成为进入中学课堂的一项新兴项目。大课间推广、课堂教学,这标志着排舞在校园开始开发与推广了;2008 年 5 月,海沧中学高中排舞模块班参加福建省课堂录像课评比,获得全省二等奖,从此,校园排舞由厦门走向福建,得到福建教育学院的关注;2009 年,中国教育学会进行"十一五"中小学"体育与健康"新课程资源利用与开发课题的立项工作,其中校园排舞作为新资源被再次隆重推出;2010 年 1 月,全国各地 100 多所课题实验学校在海南举行学习交流,厦门市海沧中学在课题组会议上介绍该校校园排舞推广的经验,从此,校园排舞如雨后春笋般在各课题组所在的省市开展起来;排舞从此揭开了神秘的面纱,走进学校体育,厦门地区就有逸夫中学、前埔北区小学积极推广排舞;2010 年 12 月,中国教育学会在厦门市海沧中学举办全国阳光体育展示,现场会上,近 1 000 名女生同场跳排舞,与会嘉宾有中国教育学会、福建省教育厅、厦门市教育局、海沧区教育局等的领导及来自全国各地的体育界同仁,近 200 人观看了展示,厦门卫视、海沧电视台、《海峡导报》、《厦门晚报》等多家媒体现场报道,海沧中学举行这么大规模、全方位的排舞推广,标志着校园排舞在我国进入了快速发展阶段。

加强校园排舞开发以适应地方、学校、学生的实际需要,不仅有利于校园排舞呈现多种模式共存的良好局面,还有利于学校体育更有特色、学生体育发展更有特长。校园是一方净土,排舞走进校园,踏着青春的节拍,给学校体育抹上一层动感色彩。魅力排舞,和着动感音乐,在校园每个角落,映衬着靓丽的背影,炫舞校园。

 校园排舞

第一节 国际排舞

排舞,顾名思义就是练习者排成一排跳舞的一种舞蹈,英文称之为 Line Dance。排舞起源于 20 世纪 70 年代美国西部的乡村舞蹈。国际排舞拥有统一的舞码和音乐,来自不同区域的群体,可以根据同一支舞曲跳出相同的排舞,正因为如此,排舞已经成为国际健身语言。

一、基本特征

国际排舞发展势头很猛,北美洲有美国、加拿大,欧洲有英国、芬兰、挪威、丹麦、俄罗斯、波兰、匈牙利,大洋洲有澳大利亚、新西兰,亚洲有日本、韩国、马来西亚、新加坡等国家在推广普及排舞;在我国有福建、北京、上海、四川、黑龙江、香港、澳门、台湾等近30个省、市、自治区、特别行政区蓬勃开展排舞。国际排舞发展很快,至今已有4 000多支舞曲,每一支排舞都有自己的独一无二的舞码。新排舞的编制,必须经过国际排舞协会的认证才能够在全球推广。所以,同一支舞曲,全世界的跳法都是统一的。在这个统一的标准下,舞者可以在世界各地享受以舞会友的乐趣。由于不断有新的舞曲出现,排舞不断地更新,跳排舞始终有一种新鲜感。排舞协会还在全世界举行比赛,参加的人数经常打破吉尼斯世界纪录。这也是排舞在全世界广泛传播的原因之一。

(一)国际排舞特点

排舞练习者随着音乐漫步、旋转、舞动肢体。优美的舞步融合了健美操、华尔兹、伦巴、恰恰恰、牛仔舞、踢踏舞、街舞等各种操舞的元素,并将多种元素重新组合成特定循环节奏的动作组合,形成动作起始方向交替转换的练习形式。排舞起先是用吉他和拍手的方式起舞,随着时代的发展,渐渐融入了欧洲宫廷和拉丁式的舞步,舞步多元,风格创新,简单易学,是一种既可个人独享,又可与团体共乐的舞蹈。近年逐渐在我国各社区推广普及,掀起了一股全民排舞的热潮,受到各个年龄层次的欢迎,可以说是老少皆宜的舞蹈。

排舞的每一支舞曲,可由32拍、48拍,或64拍等不同的循环节奏组成。所以每支曲子的舞步也随着特定的循环节奏而重复。另外,每支排舞的基本跳法规律还分为2个朝向或4个朝向交替旋转。排舞融合了很多社交舞的舞步,如曼波、牛仔和摇滚等舞步。在如此多重的操舞元素组合与变化之下,排舞有简单的,也有复杂的、高难度的,让学生能跳出自己的个人风格,完成自己的个性诠释,这更增添了排舞吸引人的魅力。

(二)国际排舞价值

排舞的练习是在优美动听的音乐旋律中,与心灵共舞,把细腻的情感注入舞姿中,并以高超的舞蹈技艺形神一致地表现出各种动与静的姿态,塑造出各种美妙的组合,体现出美的姿态、美的造型,创设出体育与艺术、健与力高度结合的意境,给人们艺术熏陶和美的享受。因此,排舞练习对人的形态、姿态、健康等方面都有较高的要求,经常参加排舞练习是一项很好的形体训练,能提高人体的协调能力,强健身体各个部位的肌肉群,以及增加骨骼的骨密度,具有十分积极的健美作用。

排舞运动,适合各个年龄层次,学练的门槛较低,"凡是会走路的人都会跳排舞"这句话说明了即使是没有舞蹈基础的人,也能进行排舞练习。4000多支舞曲包含了多种舞蹈和音乐风格,每一支舞曲都配有精心设计的动作舞码。不同性别、年龄层次的人群都有较为适合的运动量和强度。青年人比较喜欢热情奔放、激情洋溢的舞曲和舞蹈类型,可以选择拉丁舞、爵士舞、街舞、维也纳华尔兹等舞蹈风格;中老年人则可以选择舒缓、柔情的华尔兹、民族舞等舞蹈风格。

总之,排舞是将健身性、娱乐性、观赏性、趣味性和群众性等特点融为一体的多元化运动,并与现代生活方式密切相关,目前这项运动在世界上已被列在几大最具健身性项目的首位。

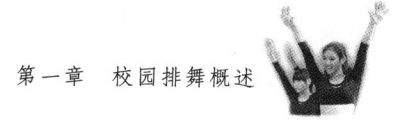

二、发展现状

2000年,排舞开始在亚洲兴起,港澳台、日本、新加坡、马来西亚等地掀起了学习排舞的热潮。

2004年,排舞正式传入我国,我国有些地区开始推广排舞。2005年上海高校开始进行排舞培训。2006年,北京市体操协会也开始从国外引进排舞,很快在中国一些城市展开排舞培训。2007年7月"第五期全国中学体育工作会议"在大连举行,会议期间朱海燕老师进行了排舞教学,标志着排舞走近中学学校体育。2008年,以"全民健身"为口号的"全健排舞"也被积极推广开来;2008年8月8日8点8分,一曲《永远的朋友》吹响全民排舞的运动号角。2009年,国家体育总局体操运动管理中心首次将排舞列为全国万人健美操比赛的项目;各地以健美操协会为主,积极推广社区排舞、广场排舞,在全民健身浪潮下,排舞得到积极发展;同年全国除海南省外,其他省、市、自治区都开始了排舞的推广普及活动,两年多时间已有300多万人参加排舞健身活动。

中华全国总工会和国家体育总局体操运动管理中心已经把排舞列为未来几年重点推广的大众健身项目。国际排舞这几年来,在我国很多省市得到了快速发展。

（一）全国各地掀起学习排舞热潮[1]

1. 我国派队参加国际排舞大赛

2007年11月,中国组队参加马来西亚举办的排舞嘉年华活动,实现我国参加国际排舞赛事零的突破;2008年11月,全健排舞队出访马来西亚,参加国际排舞嘉年华,载誉归来。

2. 与奥运同行,展时代风采

2008年,随着北京奥运会的日益临近,人们的健身热情不断升温。当年7月15日,长钢集团公司举行迎奥运全民健身排舞比赛,来自公司基层15个单位代表队的近200名职工参加了比赛。此次排舞比赛每队10人至20人,限时10分钟,服装和曲目自选。

3. 浙江省嵊州市全民健身跳排舞

2009年,在浙江省嵊州市,排舞已经形成了一股全民参与的热潮。大广场上、公园里,每到晚上7点以后,就会有成群的市民聚在一起跳排舞。城郊的农村地区不计在内,仅城区内的各大广场上,平均每天跳排舞的市民就超过3万人。

4. 上海市第十三届运动会

2009年,上海市第十三届运动会增设排舞比赛,本次比赛由徐汇区体委承办,共有28个队514人参加。

5. 江西省首届职工全健排舞大赛开赛

由江西省总工会、江西省体育局主办,江西省职工体育协会承办的"舞动健康,共建和谐"全省职工首届全健排舞大赛,2009年12月22日在江西艺术剧院隆重举行。本次排舞比赛倡导"时尚锻炼,科学健身,快乐生活"。据统计,江西省已开办排舞培训班300余期,举办比赛120多场次,会跳排舞的职工超过100万人。参加排舞锻炼的人当中年龄最大的70多岁,最小的只有5岁。据悉,江西省的排舞推广普及名列全国前10位,得到全国总工会、国家体育总局、全国排舞推广委员会的充分肯定和赞赏。

（二）各地排舞发展状况

1. 2009年全健排舞组委会成立。全健排舞组委会拥有上千首排舞曲目,并建立了全健排舞网站。2009年国家体育总局体操运动管理中心出台了全国排舞比赛评分规则。2010年出台了全国排舞比赛评分规则的修订版。

2. 2011年全国排舞运动推广中心与四川省健美操协会、成都市健美操协会、成都市老年体育协会、四川

---

[1] 《排舞在中国的发展》。http://baike.baidu.com/view/581076.htm#6。

校 园 排 舞

省直属各机关工会、四川省总工会、四川省社会体育指导中心、四川省教育厅、成都市市委组织部、成都体育学院等合作举办了11期排舞培训,共培训排舞骨干近3 000余人,实现了政府、学校、社区、企业的全面覆盖。

3.2011年厦门市排舞学会成立,开始进行社区排舞推广。2012年7月9日,厦门市排舞协会携手《厦门晚报》成立排舞艺术团,组织团员们深入基层、农村、海岛为群众服务。

4.由国家体育总局体操运动管理中心、中国体操协会、全国排舞运动推广中心主办的"舞动中国·2012年'佑嘉杯'排舞挑战赛"于2012年11月24日—25日在杭州举行,来自9个省、17个地市的40余支队伍1 000多名运动员、教练员参加了比赛。

5.2012年12月13—14日,福建教育学院举办全省中小学体育教师排舞培训,参加培训的教师近200人。据悉,受训教师回去后相继开展校园排舞推广,可以预见八闽大地将迎来校园排舞发展的春天。

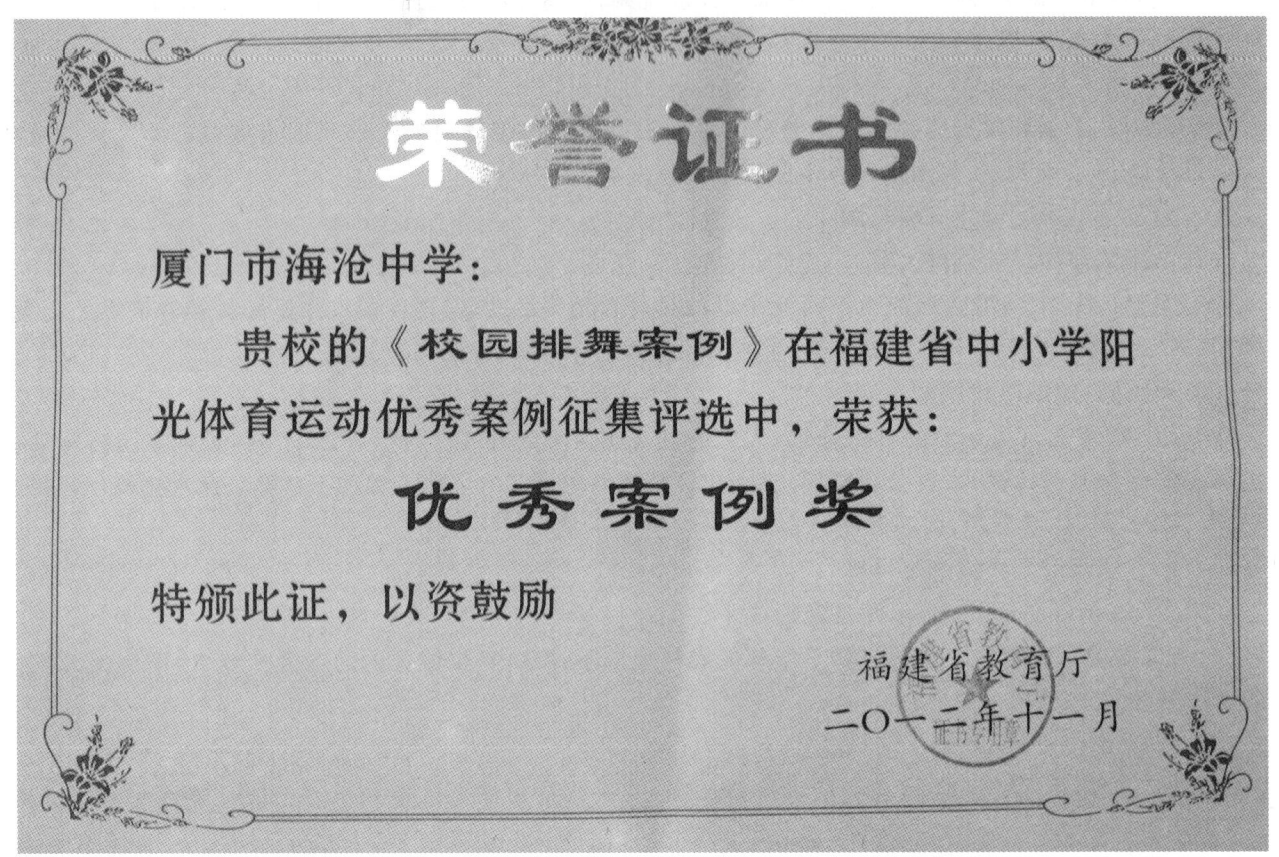

2012年12月,校园排舞参加福建省阳光体育优秀案例评比,获优秀奖

注:闽教办体[2012]12号文件显示,经组织专家对案例进行评选,全省共评出优秀案例30个、入围案例30个,并择优推荐30个案例参加全国中小学阳光体育优秀案例征集评选,我省共获全国优秀案例4个和全国入围案例4个。

知识拓展

根据国家体育总局体操运动管理中心的部署,每年对外公布60首新舞曲。排舞音乐动听悦耳,动作简单又具观赏性,因而成为全民健身的首选项目之一,一些地区如火如荼开展排舞运动,不断创下新纪录。

国际排舞每年都以全新的数字刷新吉尼斯世界纪录。

1.1997—2001年,澳大利亚连续5年刷新排舞吉尼斯世界纪录。

2.2002年5月,新加坡11 967人打破吉尼斯纪录。

3.2002年12月,中国香港12 168人共舞,成为新吉尼斯世界纪录保持者。

4.2008年,美国奥运会城市亚特兰大17 000人打破了由香港在2002年创造的12 000多人的排舞吉尼斯世界纪录。

厦门市海沧中学校园排舞案例2012年7月获得全国阳光体育运动优秀案例奖(作者提供)

注:教体艺司函[2012]52号文件显示,截至2012年6月底,共收到30省(区、市)报送的阳光体育运动案例904份(小学600份、中学304份)。经组织专家对所报案例进行初选和综合评选,共评选出全国中小学阳光体育运动优秀案例100个和入围案例100个。

第二节 校园排舞

2007年7月,中国教育学会在大连举办中学体育排舞高研班,2007年9月厦门市海沧中学在大课间推广排舞,高中正式引进排舞模块教学,该校的实践与运用,标志着校园排舞正式在我国进行推广与运用。

学生很容易掌握校园排舞的跳法,并能在学习的过程中逐渐把握其规律,本节主要对校园排舞特点、发展作简要介绍,并就校园排舞定义、作用进行阐述,对校园排舞与国际排舞异同点展开分析,这样有助于提高学生对校园排舞的认知。

一、基本特征

校园排舞是从国际排舞中逐渐成长起来的,它吸收了国际排舞的一些元素与舞码,并结合校园元素、学生特点来编排,上下肢动作规范。它是学生排在一起跳舞或者利用固定舞码进行队形编排的一种舞蹈。校园排舞有着严谨又充满青春气息的校园环境,这一点决定着校园排舞有其特定的参与对象,因此在舞码选择、队形编排上有别于一般的排舞,校园排舞更强调上肢动作的运动轨迹与协调配合;校园排舞体现了学习

者的年龄特征与青春期的心理特点。

（一）校园排舞的作用

1. 丰富学校阳光体育的选择。校园排舞是新课程资源，作为一个新引进我国的校园体育运动项目，学生不但可以从中学到优雅的姿势，舒缓紧张的情绪，而且能够轻松达到健身的效果，让学生的学习生活更加健康美好，因此，校园排舞拥有广阔的发展空间，它能丰富学校体育课程、大课间的选择。

2. 促进学生参与，增强学生体质。校园排舞特点明显，因此很容易促使学生参与跳排舞；学生跳校园排舞时，心率大约在135～170次/分，跳的过程能消耗大量热量，有助于减肥瘦身；校园排舞属于有氧运动，从事有氧运动对于保持人体的心血管、呼吸系统健康都有非常好的作用，持之以恒还能改善心肺功能；跳排舞能促进精神兴奋，加速新陈代谢，改善饮食、睡眠，达到强身健体的作用，增强学生体质。

3. 校园排舞能消除烦恼、愉悦身心。校园排舞富有青春气息，学生总希望一次比一次跳得好，而从心理学的角度来分析，人的超越心理有助于其提高对自身行为的注意力，也就是说在进行校园排舞运动时学生会非常强调自己动作与音乐的和谐统一，并把握好音乐节奏，表达自己对排舞的理解，乐在其中。在跳排舞时，学生们会把身边一些琐事抛弃，全身心地投入，由于注意力往跳排舞这边集中，身体其他部位就能得到解放或放松，在运动中就能消除生活、学习带来的压力，学生聆听动听的舞曲，展示着美妙奇特的舞步，可以陶冶情操，起到愉悦身心的作用。

4. 校园排舞能增强记忆力。校园排舞最明显的特点就是方向多变，在快速的音乐节奏下要进行特定循环节奏变化，这就需要学生进行动作记忆，把学过的动作在自己的脑中反映出来，它包括体验、运用、分享、总结四个基本过程。在排舞的练习过程中不仅要运用身体体验而且要运用记忆分享和总结，来完成每支排舞的消化与提高。随着年龄的不断增长，人的记忆力会出现衰退，这是自然规律，也是正常现象，而排舞练习者随着音乐不断变换动作，不同动作对大脑神经不断刺激，这样有助于大脑一直保持对动作的记忆，延缓记忆力衰退，从而达到增强记忆力的效果。

5. 校园排舞能有效促进体育与艺术结合。校园排舞伴有优美的音乐，学习者踏着音乐节拍，用心来聆听，把自己对排舞的感觉通过肢体动作表现出来，让排舞的舞美与肢体的灵巧和谐统一。校园排舞把艺术、体育二者融为一体，给人们以视觉艺术的享受和丰富的文化熏陶。

（二）校园排舞的特点

1. 校园排舞有规律可循，容易掌握，因此学生都喜欢跳，学校也乐于推广。目前在学校跳校园排舞的人越来越多，校园排舞正逐步推广到各地区；越来越多的学校也将校园排舞作为一项新兴体育项目来推广，设专职的体育、舞蹈老师来负责这项工作，更多学生积极地加入到学习校园排舞的行列，参与并喜爱校园排舞的人群将进一步壮大。

2. 校园排舞拥有独一无二的舞码，只要学会这套动作舞码，配上音乐，大家随时随地都可以跳起来。校园排舞是学校体育一项新兴的健身项目，舞步吸取了多种流行的舞蹈元素，每年校园排舞协会都选列一批符合校园特点的音乐做排舞曲目，每首音乐都有其固定的舞码，因此，只要掌握这些舞码，只要音乐响起，不同肤色、不同区域、不同国度的人群就可以跳出相同的舞姿。

3. 校园排舞不是一对一舞伴式的舞蹈，不适合独舞，适合团体齐跳；有年龄限制，分为幼儿园（4～6岁）、小学（7～12周岁）、中学（13～18周岁）、大学（19～22周岁）几个年龄段。

二、基本元素

校园排舞是根据16、32、48或64拍等节拍，进行不同舞蹈组合，根据舞曲进行方向变化的一种舞蹈。校园排舞基本元素包含：对象、音乐、舞码、队形这四大元素。校园排舞具有很多有价值的载体：充满活泼、年轻生命的个体，创新、智慧的教学者，美妙动听的音乐，复杂多变的队形设计、编排，这些丰富的元素将决定着校园排舞推广的宽度与深度。

（一）对象元素

校园排舞即大家排在一起跳或利用固定舞码进行队形编排的一种舞蹈，英文叫 Campus Line Dance，校园与排舞和谐融合在一起，就能使校园排舞有更强的生命力，有更活泼的发展前景。它的对象包含教师与学生，师生两大主体一起构成校园排舞教与学的对象，成了校园排舞最重要的两大元素。

教师是进行校园排舞推广与实施的主体，良好的师资队伍，能确保校园排舞得到持续的发展，教师的课程理念能决定校园排舞的发展高度。教师的创新思维能够促进校园排舞的开发与推广。

学生除了学习校园排舞之外，也是校园排舞推广的另一群主体。学生，这个群体充满着时尚、动感、朝气、智慧等特点，我们要把握住学生的特点，结合学校发展的要求，设计一些能吸引学生的校园排舞，让学生喜欢这项运动，在学习中受益，让学生教学生，实现其自主、合作学习能力的提升。

（二）音乐元素

音乐是体育舞蹈的灵魂，体育舞蹈通过音乐节奏的快慢、强弱来编排舞景，从而达到乐中有舞，乐舞交融。音乐与舞蹈一起构成了校园排舞，因为校园有其独特的教育目标与责任，因此音乐与舞蹈的选择成了国际排舞融入校园最重要的两大因素。每年国际排舞协会推出的新排舞，都是结合当年最流行的金曲进行创作的，好音乐是造就一支好排舞的前提，好的舞码也能成就一支金曲。

1. 音乐的选择

（1）根据地域文化来选择。校园排舞音乐的选择，应该更多地结合当地传统特色、校园文化来进行。如厦门地区可以选择《爱拼才会赢》、《鼓浪屿之波》来编排；北京地区可以选择《北京欢迎你》、《北京的桥》等富有当地文化特色元素的音乐来编排；上海地区是一个多元化的城市，与国际接轨比较多，因此在排舞的音乐选择上可以考虑更多国际元素，体现该城市的国际化特征。

（2）结合学习者的特点来选择。校园排舞除了考虑舞码之外，还要结合舞者的年龄特征、心理特点、音乐文化背景等进行编辑。小学生可以选择一些欢快的、节奏较强的音乐，中学生可以选择一些激昂、洒脱的音乐，大学生可以选择柔情、敏捷的音乐。

（3）根据特定舞码或舞景来选择。校园排舞的音乐可以利用一定规律循环或不断变化等来编排组合。每支舞曲，有两拍或四拍的前奏，根据这些前奏，可以进行跳舞前的准备与调整。从节拍上来分，有快节奏的舞曲，也有轻柔漫步的舞曲，不同音乐元素，决定不同的排舞风格。

2. 应根据不同舞码元素特点来熟悉音乐特点

校园排舞同样也包含森巴、恰恰恰、伦巴等西方舞蹈元素，它们的音乐节拍为4/4。其中伦巴是在第2拍起跳，每分钟约30至40小节。斗牛舞是一种十分放松自由的舞蹈，音乐节拍为4/4，每分钟约40小节。不同的舞码风格，与不同的音乐元素密切相关，学习者可以借此来熟悉音乐的特点。

三、舞码元素

根据体育舞蹈对社会的作用与功能，体育舞蹈可以分为两大类：大众舞蹈与竞技舞蹈。大众舞蹈即交谊舞或当下比较流行或时尚的舞蹈，如街舞；竞技舞蹈又可以分为三项：拉丁舞、标准舞、集体舞。拉丁舞包含：桑巴、伦巴、恰恰恰、牛仔舞、斗牛士舞；标准舞包含：快步舞、狐步舞、探戈、华尔兹、维也纳华尔兹；集体舞集标准舞与拉丁舞于一体。

校园排舞，由众多的操舞元素构成，每一支校园排舞，都拥有其固定的舞码。校园排舞的舞码风格兼容校园色彩、学生特点，因此其舞码主要来自健美操、拉丁舞、华尔兹、街舞四大项，从其比较时尚的操舞元素中汲取。音乐与舞步的融合对校园排舞非常关键，教师应指导学生掌握各舞码的节奏变化与要求。[1]

---

[1] 钱宏颖、葛丽华：《体育舞蹈与排舞》，浙江大学出版社2011年版，第115页。

竞技舞蹈

舞码种类	速度(每分钟)	节拍	舞步特点	表现
伦巴	27～31 小节	4/4	第 1,2 步 1 拍,第 3 步 2 拍	柔情
狐步	29～31 小节	4/4	慢步 2 拍,快步 1 拍	飘柔
华尔兹	30～32 小节	3/4	每步 1 拍	轻柔
恰恰恰	31～33 小节	4/4	第 1,2 步 1 拍,第 3～5 步 2 拍	可爱
探戈	30～34 小节	2/4	慢步 1 拍,快步半拍	直爽
牛仔舞	43～45 小节	4/4	1,2,3 哒 4,5 哒 6,3,5 占 3/4 时间,哒拍占 1/4 时间	干练
桑巴	48～56 小节	2/4	1 哒 2,哒拍时必须抬重心踮脚尖	欢快
快步舞	50～52 小节	4/4	慢步 1 拍,快步 2 步 1 拍	洒脱
维也纳华尔兹	50～60 小节	3/4	每步 1 拍	潇洒
斗牛士舞	60～62 小节	2/4	每步 1 拍	激昂

(一)健美操简介

健美操是一项深受广大群众喜爱的,普及性极强,集舞蹈、体操、音乐、健身、娱乐于一体的体育项目。健美操竞赛项目包括男子单人、女子单人、混合双人、三人(男三、女三、混合三人)、混合六人(男三、女三)、啦啦操等。比赛按性质分为锦标赛和冠军赛两大类。

1. 健美操类别

目前国内外流行的健美操大致分为 6 类:(1)按不同年龄编制的系列健美操;(2)按不同性别编制的男女健美操;(3)按人数多少编制的单人、双人和集体健美操;(4)按塑造形体和改善体姿与体态编制的健美操;(5)按锻炼身体各个部位编制的健美操;(6)按徒手或执轻器械运动编制的健美操。

2. 健美操特点

健美操是融体操、音乐、舞蹈于一体的追求人体健康与美的运动项目,因此,健美操具有体育、舞蹈、音乐、美育等多种社会文化功能。通过健美操的锻炼可以达到改善体质、增进健康、塑造形体、控制体重、愉悦精神、陶冶情操等目的。健美操的叫法有很多,如:健美操、健美舞、健身操、健身舞、有氧操、有氧舞蹈、有氧运动等。

3. 健美操基本步伐

(1)交替类:踏步(March)、走步(Walk)、一字步(Easy Walk)、V 字步(V Step)、漫步(Mambo)、跑步(Jog)。

(2)迈步类:并步(Step Touch)、迈步点地[Step Tap(Heel)]、迈步吸腿(Step Knee)、迈步后屈腿(Step Curl)、侧交叉步(Grapevine)、并步跳(Step Jump)、小马跳(Pony)。

(3)点地类:点地(Touch Step)、脚尖点地(Touch Tap)、脚跟点地(Heel)。

(4)抬起类:抬腿(Lift Step)、吸腿[Knee Lift(Up)]、摆腿(Leg Lift)、踢腿(Kick)、吸腿跳(Knee Lift)、摆腿跳(Leg Lift)、踢腿跳(Kick)、弹踢腿跳(Flick)、后屈腿跳(Leg Curl)。

(5)双腿类:并步跳(Jump)、分腿跳(Squat Jump)、开合跳(Jumping Jack)、半蹲(Squat)、弓步(Lunge)、提踵(Calf Raise)。

(二)拉丁舞简介

拉丁国标舞是规范、严格、标准的,它是在拉丁舞的基础上发展形成的竞技专业舞蹈,内容包括伦巴、恰恰恰、牛仔舞、桑巴舞、斗牛士舞。拉丁舞又称拉丁风情舞或自由社交舞。它是拉丁国标舞的起源。拉丁舞是大众民间舞蹈,随意、休闲、放松是它的特点,有较大的自由发挥空间,它是拉美人民在漫长的历史长河中形成的具有鲜明特点的,又富有活力、火热的艺术表现形式,深受拉美人民的喜爱,成为他们生活中必不可少的重要的组成部分。

1. 桑巴（Samba）

桑巴起源于巴西的里约热内卢，1929年传入美国，而后又传至各地。它是非洲和南美洲舞蹈艺术的综合产物，最早用吉他演奏，节拍较缓慢，带有小夜曲式的情调，兼具热情活泼的气氛。后来英国舞蹈家专程赴里约热内卢观察搜集当地桑巴舞，回国后将桑巴舞做了一番整理，制订步法名称并统一了跳法，从而成为目前的桑巴舞。它属于移动性舞，像探戈、华尔兹一样，须绕着舞池转。其舞蹈特点是舞姿活泼可爱，舞步摇曳轻快。

2. 恰恰恰（Cha、Cha、Cha）

恰恰恰起源于中美洲的墨西哥、古巴等地，它是曼波舞（Mambo）的变形，但今日的恰恰恰比曼波更流行，更受欢迎，主要是因为这种舞给人一种明朗轻快的感受。南美洲的土著人将曼波的音乐演奏得更快，并加进打击乐器使之成为今日的恰恰恰。曼波的舞姿较柔和，腰部扭动较大；恰恰恰的舞姿较为活泼，步法干脆利落，不拖泥带水。恰恰恰的舞步源自于爵士，第1拍动胯，第2拍动脚，与伦巴有相似之处。在整体的舞蹈行为中要注意腰胯的扭动，恰恰恰是胯的节奏练习，由斜前到旁边。基本舞步始终保持着爵士步的重心特点，即重心在直的那条腿上，这样才能跳出紧凑利索的步伐。其舞蹈特点是舞姿多样干净，舞步欢快明朗。

3. 伦巴（Rumba）

伦巴舞起源于古巴，故又称为古巴伦巴。四五百年前，非洲黑人被白种人送至美洲充当奴隶。非洲黑人远离家园，在古巴受到压迫，生活困苦，加以思乡情切，因而产生出哀伤的民歌。在古巴的非洲人即随着这种音乐起舞，借以抒发心中郁闷的情绪，从而形成伦巴舞。舞步从第4拍起跳，由一个慢步和两个快步组成。四拍走三步，慢步占二拍（第4拍和下一小节的第1拍），快步各占一拍（第2拍和第3拍），胯部摆动三次。胯部动作是由控制重心的一脚向另一脚移动而形成向两侧作"∞"型摆动。其舞蹈特点是舞姿舒展优美，婀娜多姿，柔媚抒情。[1]

4. 斗牛舞（Pasodoble）

斗牛士舞源自于西班牙，是受斗牛影响而演变出的舞蹈。在斗牛表演中，斗牛竞技场入口上方的铜管乐队，总是不断地演奏着进行曲，即所谓的斗牛士舞音乐，形成斗牛士舞的灵感即来自于这种音乐。这种音乐能激发出斗牛士本身的脚步。简言之，斗牛士舞就是斗牛活动的一种艺术表现；男舞者的角色可比拟为斗牛士，女舞者则代表用以吸引公牛注意的红斗篷。其舞蹈特点威猛激昂，刚劲有力。

5. 牛仔舞（Jive）

牛仔舞是典型的美国舞蹈，又称为吉鲁巴，在1940年最先流行于美国南部，不到几年时间便风靡全世界。它有明确的步法糅合爵士舞（Jazz）和却尔斯登舞（Charleston）的精华而独具一格。跳法分两种：一般社交场合中是六步吉鲁巴，而标准舞是八步吉鲁巴，称作Jive。基本上两者都以六拍来完成一个基本步，只是相比较而言，六步吉鲁巴较为悠闲懒散，而八步吉鲁巴较有精神、变化较多。总的来说，其舞蹈特点是舞姿豪放、大方，舞步自由多变，节奏迅敏。

（三）华尔兹简介

华尔兹（Waltz），发源于德国，其舞姿雍容华贵、高雅大方，舞步委婉流畅、周旋轻飘、起伏跌宕。节拍：3/4，节奏：每小节有1、2、3拍，第1拍为重音，第2、3拍为弱音，速度：每分8~30小节。

1. 华尔兹风格：动作如流水般顺畅，像云霞般光辉。潇洒自如、典雅大方。波浪起伏般接连不断地潇洒旋转。享有"舞中皇后"的美称。

2. 华尔兹作用：华尔兹具有一切舞蹈的所具备的作用。人们都一致认同华尔兹是交际舞之王。

3. 华尔兹用"w"表示，也称"慢三步"，乃摩登舞项目之一，是一种三拍子的舞蹈。它原是欧洲的一种土风舞。其中一部分传到英国，经整理规范成了英国华尔兹，即华尔兹，也就是我们惯称的慢三；另一部分传到欧洲中部，仍然保持土风舞热烈、纯朴的风格，经整理规范成了我们常说的维也纳华尔兹。

---

[1] http://baike.baidu.com/view/87069.htm.

4.华尔兹摆荡的技巧。摆荡的动作与转身动作是不能分开的,两者之间是一种引擎与轮胎的关系,没有转身动作,摆荡的动作将显得僵硬而不平衡。摆荡是由身体中心以及腿部、臀部的运动,还有肩膀与手臂的摆转来共同完成的,体现了轻盈优雅而又具有动力形态的舞姿。

(四)街舞简介

"Hip-Hop"是各种街舞的总称,包含了机械舞、霹雳舞等。它起源于美国街头舞者的即兴舞蹈动作,街舞因其轻松随意、自由个性和反叛精神而理所当然地受到年轻人的喜欢,这些街头舞者以黑人或是墨西哥人为主,那些流行的街舞多半发源于美国纽约的布鲁克林区,一些黑人或是墨西哥人的孩子们成天在街上以跳舞为乐,形成各种派系,很自然地在他们所跳的舞蹈上发展出不一样的风格。

1992年,出现了一种"原地性的"Hip-Hop",它没有那些大幅度的动作和脚步移动,更没有霹雳舞中那些在地上类似体操的动作。它的独有风格在于注重身体的协调性,重视身体上半身的律动以及增加了许多头部、手部的动作。在日常训练中,这种"Hip-Hop"常被用来训练运动员的协调性、表现力等综合素质,有时也会做表演之用。街舞的外在表现时尚,运动强度适中,所以它进入健身房便成为可能。不过健身房的街舞在动作的选择上更注重其安全性、锻炼价值、健康向上及个性行为,所以练习者在消耗脂肪的同时,也缓解了精神压力。由于健身房里的"Hip-Hop"对于调节练习者的心理所起的作用更为突出,因此,有人称之为"唯一让人带着笑容进行训练的运动"。

四、队形元素

校园排舞的队形元素是从"排"字衍生出来的,"排"字最富有生命力,最具有动感与内容。排舞又可细分"排"与"舞"两个元素,排即队形的编排与变换,舞即舞码元素。校园排舞的"排"字,包含动词与量词两种词性。经过这几年的排舞推广实践,"排"字本身所衍生出来动词与量词都很重要。作为动词理解的"排"字,它赋予排舞进行队形变化与编排,是校园排舞高级课程学习的重点;作为量词理解的"排"字,动作容易完成,是校园排舞初级课程学习的重点。校园排舞队形元素,从排字的词性来解读校园排舞创新的真实内涵。

(一)"排"字词性解读

动词的含义包括排队与编排,包含两层意思,第一层是排成整齐的行或列,第二层是进行队形的变化与编排。量词的含义为一排排或者不同的行列,第一层意思指班级按一定的要求站成整齐的队列跳舞;第二层意思指跳舞的同时伴随着复杂多变的队形。

目前很多学校大型团体操都采用排舞的形式,校园排舞根据演出或展示的不同需要以及演出人数的多少来决定"排"字的词性功能。人数超过500人时,只需要着重考虑动词的第一层意思即让整个队伍排成整齐的行列即可,因为人数众多,基数大,要进行队形创编或动作编排,显得很复杂,任务繁重。在小型团体表演、展示时,要着重考虑排字动词与量词词性的第二层意思,要进行编排、创编,要有队形变化,这样才能提高观赏性。所以在对排字词性含义进行定位考量时,要结合学校开发与运用的具体实际与要求。

校园排舞根据人数来策划队形变换。队列和队形是我国中小学体育教学的内容之一,校园排舞着重考虑"排"字,因此在教学中对动作的整齐性要求比较高。要根据人数多少、场地大小,选择相应的队形。队形变化时应着重考虑点、线、面三者相结合,以及队形变化的流动性,流动性即要求队形变化根据动作特点来确定,不是为了变队形而变队形。

(二)队形变换

根据校园排舞比赛,以下列举出几种不同人数组合进行队形变换的情况,希望大家能够举一反三。队形变换包含朝向的变化,有对称的,不对称的,依次的,相互交错的,可结合不同的道具进行。队形可分为:散点、直线、带角、弧线、圆形、不规则的。

下面为不同人数的队形变换:

1.6人次的队形变换。可变为三角形:1—2—3;平行四边形:3—3;梯形:2—4;一字型:1—1—1—1—1—1;圆形:1—1—1—1—1—1;长方形:3—3;两个错位三角形:1—2,1—2;"三行(háng)形":2—2—2;品字

厦门市海沧中学学生大课间、课外跳排舞的情景。大课间以集中体验的方式来学习校园排舞，课外以团队自主学习为主（选自《厦门市海沧中学校园排舞图册》）

形：2—2—2。这里的平行四边形、梯形、圆形、长方形都是队形"面"的一面，两个错位三角形、三行形是队形"点"的一面，一字型是队形"线"的一面。队形变化要充分考虑"点、线、面"三方面的有效结合，这样才能体现队形变换的多样性。

2. 8人次的队形变换。可变为正方形：2—2—2—2；长方形：4—4；平行四边形：4—4；"回"字形：4—4；"三行形"：3—2—3；此外还有圆形、同心圆、"T"字形、"十"字形、"一"字形、两个错位"口"字形等等。

3. 9人次的队形变换。可变"品"字形：3—3—3；梯形：2—3—4；"三行形"：3—3—3；"四行形"2—3—3—2；"V"字形：4—1—4；此外还有"一"字形、H形、"T"字形、圆形、W形等等。

4. 20人以上的队形变换。可变成一排、两排、四排、八排、八个圆、四个圆、两个圆、一个圆、同心圆等等。

以上四种人数的队形变换，书中所述方法只提供一个借鉴，读者可以根据自己的思路进行不同的变换。队形变换要清晰连贯，在流动中实现队形的改变，队形变换时要考虑每个队员的角色，要让全场的队员都动起来，有效、有序、快速、整齐地变换到位。

（三）编排要求

校园排舞的编排，首先要明确自己想表现什么，要表达一种怎样的思想，要有一个明确的主题。教师要经过反复钻研、分析，然后再选择合适的音乐，所选用的音乐，经过剪辑、合成与制作，必须突出主题，体现学生特点，将校园文化渗透进去，好的音乐会使学生们一听到音乐就有舞动起来的想法。

整个排舞的动作设置、队形的变换以及道具的运用，都要体现校园排舞的特点。校园排舞由于参与的人数众多，就会出现同学水平不一样的情况，因此教师要考虑音乐素养、基本功、节奏感、接受能力、表现能力等方面较差的群体，在队形编排、动作设计上要适当降低一些难度，动作尽量简单，节奏感强些，队形变换不要太复杂，以面向全体、动作整齐为原则。

对象、音乐、舞码、队形这四大元素之间相互关联，每一元素都对校园排舞的发展起到应有的作用。校园排舞要做强、做大，应结合校园与学生的特点做好每块元素的提升工作，确实搞好校园排舞的开发，让校园排舞成为中小学生比较喜欢的一项运动。

2012年7月,厦门市海沧中学被评为全国特色学校(作者提供)

注:中国教师发展基金会是教育部直属正司局级单位,执行教育部、人事部有关教师奖励的工作,基金会的登记管理机关是中华人民共和国民政部,业务主管单位是中华人民共和国教育部,前称是中国中小学幼儿教师奖励基金会。1986年,为提高教师地位,扩大教师影响,促进教师待遇改善和教师队伍中突出问题的解决,由时任国务院副总理兼国家教育委员会主任的李鹏同志提议,经国务院批准,成立中国中小学幼儿教师奖励基金会。

第三节 校园排舞与国际排舞异同点

校园排舞吸收了国际排舞的诸多元素,从4000多支国际排舞中挑选出符合学校、学生特点的曲目,舞码经过适当编排,音乐经过适当剪辑,发展成一种带有明显的学校体育特点的排舞。

一、相同点

1. 发展理念相同。两者的共同目的都是为了更好地愉悦练习者的身心。排舞是一项将体育与艺术完美结合的运动,练习者在跳排舞的过程中可以提高自己的艺术水平,国际排舞和校园排舞的发展理念相同,都是为了使练习者的体质、形态、气质等朝更好的方向发展。

2. 动作特点相同。两者都方向多变,并且根据一定的规律编排成具有特定循环节奏的动作组合,形成动作起始方向交替转换的练习形式。有转体180°的两个方向变化,有转体90°的四个方向变化,有的结合180°变化一次,又紧接着90°变化一次,以此类推进行2、4方向循环变化的转换。

3. 功能作用相同。跳排舞时可从不同方向认识不同的舞伴。因此,两者的功能作用相同,都有助于结交更多朋友,促进大家的沟通,能让个人更自然地融入班级集体中,促进人的交往,增进友谊。

二、不同点

1. 对上肢动作要求的不同。国际排舞的动作着重在于下肢动作，不太强调上肢动作，只要把舞码记熟，身体就可以随着音乐自然摆动，也可以随着当时的感觉增加一些手势来表现自己的风格，它强调动作的随意与自然，更多是追求一种"漫步"的感觉。校园排舞强调上下肢协调配合，特别强调上肢动作的运动轨迹与下肢协调配合。中小学正是学生身体成长发育的重要阶段，也是发展学生协调性的黄金阶段。因此，增加对上肢动作的要求，既能保证校园排舞发展学生的四肢协调能力，又可以培养学生优雅正确的姿态，起到锻炼身心、增强学生气质、改善身体协调性的作用。

2. 发展对象的不同。国际排舞可以独舞，也可以万人齐跳，发展对象是社区居民或者不适合大运动量的运动群体，没有年龄限制。而校园排舞主要强调集体意识的培养、团队概念的理解、个人气质的培养，因此，发展对象是学生群体，而且有具体的年龄限制。

3. 培养目标不同。国际排舞主要是提倡主动参与、运动健康的培养目标；学校教育则更加强调"健体、育人"的功能。因此，校园排舞除了倡导运动健康之外，还强调学习过程中的体验，让学生体验课程培养宗旨，体验课程的发展目标。

4. 发展模式不一样。国际排舞近些年在社区、广场得到大力发展，因此，它更多地具有群众体育的一些特点，如带有群众自发、随意的性质。而校园排舞是新课程资源的合理利用，以课题为引领，以"校本课程开发"为发展模式，丰富了学校体育。

国际排舞快速发展，百花齐放，引领校园排舞发展；校园排舞，舞姿炫丽，音乐入耳，让人陶醉，就如一朵朵充满生机的花朵，在一片片校园芳草地里绽放，舒展在充满微笑的校园里，为国际排舞的发展打下良好的群众基础。

2010 年 12 月，厦门市海沧中学学生参加全国阳光展示现场（选自《厦门市海沧中学校园排舞图册》）

校园排舞

第二章 校园排舞开发依据

彭存进校长与中国教育学会专家交流（选自《厦门市海沧中学校园排舞图册》）

校园排舞要做好指导性的工作必须充分认识到理论研究的必要性，要很好地掌握专业领域的知识和原理，把理论与实践结合起来，在教学中不断地发现问题和研究问题。校园排舞要全面扎实地进行有效开发，需要厚实的理论作为支撑。

许多教育家提出的教育思想影响了几代人。美国实用主义教育家杜威的"从做中学"的思想对后来的教育始终有着较大的影响，"从做中学"这个教育理念促使作者潜心研究校园排舞的开发与运用。传统的教育思想还包括卡尔·朗基提出的"体验式学习"理论，这一理论鼓励学生积极去探究，教师积极去尝试。校园排舞好不好？好在哪里？不能道听途说，要靠自己的体验去验证。课堂教学方法好不好？要教师身体力行去体验。只有这样，才能找到适合本班学生的方法。阿尔伯特·爱因斯坦提出"情景学习"理论，对校园排舞理论体系也有一定的影响。心理学理论提出的认知发展理论、行为主义、建构主义对校园排舞的开发起到了促进作用。这些经典教育理论为校园排舞课堂教学、大课间分享、课外提高指明了发展方向。教师可以利用这些理论指导，进一步开发校园排舞。

校园排舞在开发过程中得出来的"三维发展"与"培养宗旨"，是校园排舞实践过程的宝贵经验。校园排舞理论体系的构建源自对经典教育理论的深层次解读，应当把经典的教育理论运用于校园排舞开发研究上；反过来，也应当用实际经验来指导校园排舞开发，最终，让校园排舞的实践经验进一步充实校园排舞的理论体系。

第一节 理论依据

新一轮的基础教育课程改革,从国情出发,妥善处理了课程的统一性与多样性关系的问题,建立国家、地方和学校的三级课程管理体系,实现了教材多样化,满足了地方学校发展的需要。因此,学校要鼓励一线教师充分开发与推广新课程资源。校园排舞的出现不仅有利于学校体育课程呈现出多种模式共存的良好局面,还有利于学校更有特色,学生体育发展更有特长。

学校教育要"以人为本",人是富于个性的存在,人的素质、能力都不均衡。体育是培养学生综合素质的窗口,体育课程是以探究体验为主要形式的实践活动,把智力活动和操作活动更紧密地结合起来,强调"做中学",重视课程体验。

校园排舞开发理论依据来源于传统的教育理论与实践过程中总结出来的经验。理论联系实际奠定了校园排舞开发的理论基础,揭开了校园排舞开发的序幕,为学校开展校园排舞提供了重要的思路。

一、教育学理论

(一)约翰·杜威理论[①]

20世纪初,美国出现了实用主义教育学说,杜威作为创始人,他先后出版了《民本主义与教育》、《经验式艺术》、《经验教育》等书,杜威从经验对学习的作用的角度进行了阐述,书里所指的"经验"和体验学习中的"体验"有许多共通之处。杜威从实用主义出发,反对传统的教育以学科教材为中心,脱离实际,主张学生在课堂中学习,提出"教育即生活"、"教育即生长"和"从做中学"。这种学说是以"经验"为基础,他的"从做中学"的思想对后来的教育一直有着较大的影响。

在我国,校园排舞理论研究这一块还相当薄弱。笔者这些年进行校园排舞的推广与运用,都是在"做中学",边做边总结。比如,通过课堂教学、大课间分享、课外提高,举办夏令营、开公开课、举办全国展示会等等形式,摸索出各种校园排舞开发的渠道,从不同渠道的实践中得出经验,构建校园排舞开发的理论依据,反过来,这又进一步拓展了校园排舞开发的渠道,这些都是"从做中学"最具体的案例。笔者以"体验中学习"的思想来推广校园排舞,让学生践行"从做中学"的理念,在学习排舞的过程中不断提高自己,从外形、气质、健康、内涵等方面改变自己。校园排舞从而得到快速的推广与普及,受到越来越多人的认可。

(二)卡尔·朗基理论[②]

卡尔·朗基被称为美国体验教育之父,他对衍生物PA教育模式进行了大量的理论研究,这使他成为体验式学习发展中不可或缺的人物。他不断进行实践与理论研究,为现今的体验式学习提供了大量的理论依据。

校园排舞课堂教学"以生为本",即以"体验式"作为学生课堂学习的理论指导,鼓励学生通过体验式学习,促进自主、探究、合作等学习习惯的养成,在体验中感受校园排舞魅力。校园排舞"体验学习"的教学是建立在"知行统一"的学习观上的,实行教师和学生的双边体验的教学过程,教师的教是开放性的引导,学生的学是探索性的体验,教学过程是互动性的发展。在教师的引导下,让学生在实践中培养创造能力、发展综合素质的方式是行之有效的。在实施校园排舞"体验学习"的研究中,教师的观念和行为发生了显著的变化,教学能力得到锻炼,理论素养得到提高。教师深深认识到常常由于自身的理论素养不高而难以构建有效的课堂教学,定期的理论学习、研究活动以及随机的讨论成了教师的内在需求。学习、实践、反思成了教师生活的重要组成部分,调查、观察、访问成了了解学生的常用手段。

[①] 钱永健:《拓展训练》,企业管理出版社2012年版,第45页。
[②] 钱永健:《拓展训练》,企业管理出版社2012年版,第60页。

(三)阿尔伯特·爱因斯坦理论[①]

阿尔伯特·爱因斯坦提出情景学习理论,对校园排舞理论体系也有一定的影响。情景理论则认为,学习的实质是个体参与实践,与他人、环境等相互作用的过程,是形成参与实践活动的能力、提高社会化水平的过程。让学生根据一定的音乐素材创编校园排舞,这就是情景学习理论的具体实践。阿尔伯特·爱因斯坦说过:"我从未教过我的学生,我只是创造了一个让他们学习的环境。"这一句话对笔者影响很深刻,笔者一直在本书中强调校园排舞的培养宗旨是"培养学生带得走的能力"。教师让学生根据音乐情景创编动作或者利用舞景来构思动作,这些都是情景学习理论的具体运用。

(四)陶行知理论

在批判杜威"教育即生活"的基础上,陶行知提出"生活即教育"、"社会即学校"、"教学做合一"的主张,形成了"生活即教育"的教育思想体系。他的教育理论对校园排舞开发也有着深刻的影响。

1. 生活即教育

"生活即教育"是陶行知生活教育理论的核心。在陶行知看来,教育和生活是同一过程,教育含于生活之中,教育必须和生活结合才能发生作用,他主张把教育与生活完全熔于一炉。校园排舞开发除了课堂教学之外,还可以结合大课间、课外,甚至可以走出校园,携手家长、社区居民一起开展排舞运动。校园排舞与社区排舞、广场舞联合起来,利用不同的场合、不同的时间进行排舞健身,最终培养学生终身体育意识。

2. 社会即学校

"社会即学校"的根本思想是反对脱离学校生活、脱离社会的"小众教育",主张用社会各方面的力量,打通学校和社会的联系,创办人民所需要的学校,培养社会所需要的人才。要真正把校园排舞开发放到社会里去办,使学校与社会息息相关,实现家校联合。利用"社会即学校"的理论开展校园排舞推广,从教育内容来说,学生喜欢不同风格的校园排舞,我们就开展形式多样、内容迥异的校园排舞来满足不同群体的需求;要走进社区、广场汲取社区排舞、广场舞的精华为校园排舞所用;从教育作用来说,校园排舞加强了家校联系,丰富了学校体育,提升了师生体艺内涵,学校就应该用心打造校园排舞特色教育,结合社区排舞、广场舞参与者的积极心态,开展终身体育意识的引导。

2011年12月,厦门市海沧中学校园排舞队参加厦门市第五届中小学体育专业委员会换届选举演出,胡华青同学"欢乐校园"精彩瞬间(李玉英老师提供)

3. 教学做合一

陶行知提出"教学做合一",要求""教"与"学"同"做"结合起来,同实际的生活活动结合起来,这对教师

[①] 钱永健:《拓展训练》,企业管理出版社2012年版,第110页。

提出了新的要求。要求教师尊重学生,注意教学之外的生活,指导学生在实际的活动中学好本领,培养他们的综合能力。学生喜欢校园排舞,校园排舞适合学校体育发展,因此教师就应该认真去实施推广,寻找适合学生学习的方法,让"教学做"三者合一。

二、心理学理论

校园排舞作为新课程资源,近些年在我国开展得有声有色。一门课程要做到科学、系统地发展,人们更多地会把它与其他诸多学科联系在一起,例如心理学、生理学、教育学、组织行为学等就与校园排舞有密切的联系。正是相关学科成熟的理论体系在校园排舞开发中的大胆运用,使校园排舞本身显得更加充实与科学,这也对校园排舞理论体系的构建起到极其重要的作用。同时,相关学科也以校园排舞为载体,将其理论变得更加丰富、直观、生动、有效,使学习者有更多机会在学习校园排舞过程中体验其理论价值,在校园排舞的推广中留下深刻的印象。

(一)认知发展理论

从认知心理学的角度来分析,外界对人的心理会产生影响。在校园排舞的推广过程中,起初学生们认为校园排舞离自己很遥远,又怕家长会反对,学习的劲头并不大,后来通过教师的积极宣传,学生消除了疑惑,从而喜欢上校园排舞。校园排舞开发会遇到很多实际问题,在各个问题的解决过程中,学生们会得到各自的认知,这样一来,学生们就认为校园排舞能提高他们的综合能力,对自身的文化学科又不会产生影响,反而会提高自身的气质。一个人经历着一个不断同化,适应环境并将外部活动内化为心理活动的过程,这就是从认知发展的理论去看问题的角度。

校园排舞初级课程能较快地培养学生的兴趣,促进学生主动学习。因此,认知发展理论在初级课程构建时起到指导作用。

(二)行为主义理论

行为主义认为学习就是学生行为改变的过程,这种行为的改变是学生在不断的实践过程中总结经验,从而在意识层面发生变化并表现在行为上的。正如生活中很多技能与知识的获得并非先从书本上得到,而是在现实学习中体验总结出来的一样,人的经历带来的体验可以促使人的行为改变。校园排舞中级课程主要是教师教,学生模仿体验。学生观察教师的示范,听教师的讲解,通过自己的体验学习、与同学之间的合作探究,最后掌握了中级课程的目标与内容。动听的舞曲、优美的舞码足以让学生获得较强的体验,并在自己认知能力提升的情况下使自己的行为得到改变。行为主义心理学的创始人华生认为:将孩子放在所设计的特殊环境里培养,可以培养成任何人们想要的类型,而无论他的才能、爱好、倾向、能力等如何。

尽管华生的理论有许多不完善的地方,但对于通过课堂学习进行行为体验的校园排舞来说,还是有许多可以借鉴之处的,尤其是在进行中级课程目标与内容设置时更是如此。

(三)建构主义理论

建构主义学习理论是行为主义发展到认知主义以后的进一步发展。建构主义学习关注如何用原有的认知结构来建构新知识,强调学习的主动性、合作性与情感性。建构主义学习理论在学习过程的建构方面对学生有着最直接的帮助,它认为学习过程包括两方面的建构:一是对新知识的建构,外部知识本身没有意义,意义是学生通过新旧知识之间反复的、双向的相互作用过程而建构的。二是对经验结构的改造与重组,每个学生都在以自己原有的经验系统为基础对新的信息进行编码,建构自己的理解,而且原有的知识又因为新知识的进入而发生调整和改变,所以学习并不是简单的信息积累,它同时包含由于新、旧知识的冲突而引发的观念转变和知识结构重组。

校园排舞高级课程主要是学习动作难度较大、节奏较快的舞曲以及利用已有认知进行创编的课程。因此,构建主义理论在高级课程目标与内容的设置上也起到引导的作用。

不同的学生基于原有的不同基础,以不同的方式建构对校园排舞的理解,产生不同的建构结果。在学生

的共同体中,这种差异本身便构成了一种宝贵的学习资源。教师要促进学生之间的合作,使他们看到不同人身上的优点,从而促进自身学习的进行,通过合作学习,可以使同学之间的理解更深刻、全面。

体验式教育的理论和实践在西方都已成为一套严谨、科学的理论体系。我国的孔子说过,"学而不思则罔,思而不学则殆",荀子说过,"知之不若行之",后来王夫之则说过"知行相资以为用"。这些说法告诉我们:作为基层教师,应立足于课堂,理论与实践相结合,做到学习、思考、再学习,把这些理论运用于校园排舞的推广中。

厦门市海沧中学校园排舞被《中国学校体育》杂志社采编用于2013年台历宣传(作者提供)

第二节 实践依据

校园排舞开发依据两大部分。其一是依据传统的教育理论,主要以过去的教育家们提出来的理论作为依据;其二是相对于教育理论而构建的实践依据,实践依据基于校园排舞开发过程中得出来的经验,构成校园排舞开发的另一理论依据。

一、"三维发展"

行为主义强调的是学习能改变学生行为,从校园排舞开发过程来看,跳排舞能给练习者带来健康与快乐的体验与改变,因此行为主义对于校园排舞发展理念的构建起到引导作用。认知发展理论认为外界对人的心理会产生影响,校园排舞能促进练习者在健康、气质、形体、心理等领域发生变化,因此认知发展理论在校园排舞发展目标的构建上起到引导作用。建构主义认为可以利用原有的认知结构来构建新知识,校园排舞开发要推陈出新,建构主义理论在校园排舞发展定位的构建上也起到引导作用。可以说,正是上节阐述的心理学三大主义引领着校园排舞"三维发展"理论体系的构建。

(一)发展理念

"健康第一"是中小学学校体育的指导思想,校园排舞开发除了强调"健康第一"之外,还衍生出"快乐第一"的理念,即校园排舞开发要贯彻"健康快乐同在"的发展理念。健康是目标,快乐是过程体验,健康与快乐相互补充,共同发展,有了健康,就有快乐,不能单为健康放弃快乐,也不能只为快乐不考虑健康因素。健康快乐共存的发展理念是从校园排舞开发过程中延伸出来的,只有同时关注学生的身体与心理感受,校园排舞才能和谐发展。

校园排舞运动总是在一种轻松、自由的氛围下进行的,学生在优美的音乐声中体验校园排舞的快乐,陶冶情操,快乐促使学生更自觉、习惯地进行排舞运动。校园排舞运动是一种有氧运动,长年累月进行排舞运动有助于改善心肺功能、心血管系统,有助于增强记忆力,提高四肢协调能力,最终达到强身健体的作用。

很多研究表明,经常参加排舞练习除了能增强体质、提高节奏感之外。人的性格也因此会变得开朗、大方。校园排舞是一项动作循环练习,学生经过反复练习,使自己越跳越好,在这一过程中体验到成功的快乐;校园排舞以舞为媒介,这样有助于那些不善于交流的同学融入集体之中,跳排舞时学生之间眼神相互交流,肢体语言跟随音乐得到表达,认识新同学、朋友,交际中产生的友情能促使人的心情愉悦。因此,校园排舞除了能够健康身心、愉悦身心之外,还有助于学生提高社会适应能力,达到身心全面发展。

校园排舞以"健康快乐同在"为发展理念,这样有助于目标的达成,健康是一种结果,快乐是一种过程,健康是学习产生的必然结果,快乐是学习过程的具体体验。当学生完全体会这种健身与学习理念时,就能够积极运动,快乐学习,而这就是我们倡导的积极学习观与运动观。

(二)发展目标

校园排舞弘扬"舞风舞韵"文化,"舞风舞韵"具体的内涵即三好四美,校园排舞设定"三好四美"作为其推广运用的发展目标,校园排舞建设要围绕这个目标进行。所谓"三好"包含着身体良好,这是对健康的直接追求;心理完好,即实现身心平衡,这是对健康提出的更高要求;气质姣好,这是对内外美和谐统一的要求。所谓"四美"是指通过校园排舞的推广运用,让学生"感受舞美、促进形美、提升神美、塑造心美"。

广义的健康包含"身体、心理、社会适应"三个方面。校园排舞构建的"三好"包含"身体、心理、气质"这三方面。

1.身体良好,这是对学生最基本的要求。校园排舞学习有助于发展柔韧性、协调性、灵巧性等身体素质,锻炼健美的体形,通过长期有氧运动,使人全身关节灵活、肌肉发达匀称,促进人体正常发育,提升身体健康水平。

2.心理完好,这是对健康提出的更高要求,实现身心的有机结合。校园排舞崇尚自然,追求和谐,在欢乐、轻松的环境下进行教学,在这样的情境下能促使学生自我身心获得满足。轻松的课堂氛围能促使人际关系更加融洽,促使学生在课堂学习中主动参与,结合动听音乐,自觉地把烦恼抛开,融入排舞学习,从而缓解精神压力,得到内心的安定,实现心理健康。

3.气质姣好,此"好"为学生的形神的外在表现。古人云:"形须神以主,神须形以存。"这就说明了一个人的外在气质与神、形是相互依存的。学生通过日积月累的训练、比赛、展示等活动,能形成健康的身体、充沛的体力、良好的心理,这些都有助于提升个人的自信力。个人气质源于对自身的自信,因此,长期学习校园排舞,能提升个人的气质。

"三好"是对健康的进一步解读与提升,而"四美"之间形成相互促进、不断递升的关系,是对"三好"的补充与提升。

1.感受舞美。校园排舞融合了健美操、华尔兹、伦巴、恰恰恰、牛仔舞、踢踏舞、街舞等各种操舞元素。不同的排舞风格通过个人的演绎所展示出来不同的舞美,将给别人带来不同的视觉感受。比如,拉丁舞的煽情、快速、有力,健美操的力与美的统一,街舞的嘻哈文化及其洒脱的舞步等等。

2.促进形美。形体美,是当下学生追求的共同目标。校园排舞能促进学生形体美,良好的形体是学生跳出优美排舞的保证。学生通过把杆、体位、站位等练习刺激臀大肌、髂腰肌及臀部其他肌肉,从而使练习者腿部、臀部肌肉上收,下肢拉长,重心升高,腿部及臀部线条更加优美。校园排舞属于有氧运动,锻炼时能燃烧

大量的脂肪,学生坚持跳排舞,持之以恒,就会促进形体美。

3. 提升神美。神美是在舞美与形美基础上的升华。神美主要是培养一种对舞者神态的审美追求与认同,舞者不仅要有优雅的舞姿,而且还应有到位的神态,学生对排舞的掌握达到一定程度时,就能提高对美的认识与理解,在理解的同时促进对神美的提升。提升神美,这是一种过程体验,也是强调通过排舞学习,提高学生的审美能力,提升学生在舞台上对神态的把握,展现舞者独有的神情与态度,提升自身的气质与内涵。

4. 塑造心美。心美即舞者对排舞的心灵感触,包括自身的心灵美与发现别人的欣赏美。音乐是排舞的灵魂,更能增添校园排舞斑斓的色彩,和谐悦耳的音调令人愉悦,校园排舞富有表现力的动作给人视觉和听觉的美的享受,陶冶情操,促进心灵美。法国雕塑大师罗丹说过:"生活不是缺少美,而是缺少发现美的眼睛。"校园排舞强调在学习中要不断提高、肯定自己,同时也要积极给予别人正确的评价,肯定别人。因此,学生学习排舞向内可以发现自己的进步,向外可以发现别人的长处,这就是塑造心美的内涵。

校园排舞是一种将体育与舞蹈融合在一起,通过肢体语言进行展示的舞蹈,学习排舞的同学在外在形态、内在修养两方面均能得到提高。任何工艺品都需要通过加工才能达到精品这个高度,排舞学习具有同样的道理,必须通过刻苦训练,融会贯通,才能达到内外兼修的境界。希望所有排舞爱好者能从学习中体验舞美,感受排舞给你带来的健康与快乐,通过排舞学习,在外形、气质上能够达到自己的预期效果。

2011年海沧中学排舞校队成员(杨陆辉老师提供)

(三)发展定位

"人无我有,人有我精,人精我特"十二字方针是校园排舞的发展定位,发展定位体现校园排舞推广与运用的递进关系,本地区若还没发展校园排舞的,可以做"吃螃蟹"的第一人;本区域若已经推广实施的,要快马加鞭,推出符合自己学校特色的发展思路,迎头赶上,以发展定位作为指引方向,打造属于自己的校园排舞品牌。

例如:厦门市海沧中学从2007年9月开始实施教学,之前该地区还没开展校园排舞,谁能先把校园排舞这面旗帜树立起来,就能实现"人无我有"。厦门市海沧中学的校园排舞推广走在厦门地区第一步,三年如一日,"校园排舞"这个品牌才得以形成,突出了"人无我有"的学校特色。2008年北京奥运,一曲《永远的朋友》吹响全民排舞的运动号角,随着校园排舞的逐年推广,学习排舞的群体逐年扩大,校园排舞在厦门地区得到快速发展,在这个快速发展时期,厦门市海沧中学以"学校发展,特色为翼"为发展理念,从多个渠道进行校园

排舞开发,最终实现校园排舞"人有我精"的高速发展,经过全校师生的努力,校园排舞已成为学校体育的一张名片。2009年1月,中国教育学会在全国举办体育新课程资源推广培训,通过各期刊、报纸大力推广,全国各地学习排舞已经蔚然成风。而此时,厦门市海沧中学率先进行校园排舞校本课程推广及运用的研究,以课题引领校园排舞发展,以校本课程构建校园排舞规划,2010年厦门市海沧中学举办校园排舞大赛、区级夏令营、省级录像课、全国展示、国际交流等活动,从"人精我特"的理念大力发展校园排舞。厦门市海沧中学正是用实际行动践行了"人无我有,人有我精,人精我特"的十二字方针。

校园排舞理论体系的构建,应在课堂实践中进行,并致力于学生能力、兴趣、体质的提高,更应该强调在统一的理论背景指导下进行开发,只有这样才能培养出一批既擅长理论,又精于实践的校园排舞名师。

二、培养宗旨

校园排舞始终秉持一条宗旨:以培养学生带得走的能力为出发点,构建校园排舞推广与运用的价值体系。关于教育,爱因斯坦有一句名言:"教育就是忘记了在学校中所学的一切之后剩下的东西。"只有那些"剩下的东西"才是"带得走的能力",才能使学生走出学校后一辈子得到可持续性发展。

(一)综合素质的培养

我们要从课堂开始关注学生的行为,从细微处入手,引导学生实现良好的课堂行为。教师的教学设计要有意识地构建相关情景,让课堂教学润物细无声般地促进学生综合素质的发展。学生的综合素质包含个人胸怀、学习习惯、毅力品格、问学能力。

1.个人胸怀。竞技体育强调的是竞争,学校体育则更加侧重友谊。我们要从小培养学生的竞争意识,更要灌输学生的团队意识。同学之间不仅是竞争对手,更是学习伙伴,班级团队要强调合作、宽容、友爱。课堂学习中,同学遇到困难或者对动作不理解时,要主动去帮助他们;在进行课堂评价时,同学的点评"误伤"你的自尊时,要以一颗包容的心、共同进步的心去看待它,教师要关注这些课堂细微处,耐心引导。学生在这样的课堂氛围下,个人的胸怀会变得更加无私、宽广。

2.学习习惯。终身学习、终身体育,这些都是良好习惯,课堂行为主要是学生自己的学习习惯的呈现,只有做好课堂学习习惯的培养,才能养成终身学习的习惯。不会主动去学习,是无法培养孩子终身学习这个习惯的。课堂学习不应一味地灌输,而是应该强调学生自主学习习惯的养成。教师在课堂情景创设时,应考虑以生为本,根据学生能力的不同,设置不同的难度让学生去尝试、挑战自己,从而培养学生自主学习、合作学习习惯的养成,促进学生探究、创新意识的形成,养成终身学习、终身体育的习惯。

3.毅力品格。学校体育是一门开展学生身体锻炼的课程,近些年来,学生的体质呈下降趋势,学生的吃苦耐劳的精神不如从前。大部分学生是独生子女,这样的群体比较缺乏互让、互助的精神,个性突出,容易形成自我为中心,其中大部分人的家庭条件又比较优越,学生没有遇到过挫折、失败,承受挫折、失败的能力不强。苏轼说过,"古之立大事者,不惟有超世之才,亦必有坚忍不拔之志"。因此,对学生毅力的培养、良好道德品格的熏陶,是决定学生综合素质全面发展的一个重要指标。

4.问学能力。课堂学习除了自主、合作学习之外,更要强调学生的探究精神。教师不应只把学生当成"容器",而是应该把学生培养成课堂的质疑者。教师除了允许学生发出不同的声音,还应该鼓励学生从不同的视角去看待问题,从不同的立场去寻找问题,让学生在课堂上提出问题,对有困惑的问题提出质疑。课堂教学应该用启发的思维来引导学生进行课堂参与。问学能力是对学生自主学习能力的一种提升,教师要用博大的胸怀与智慧去鼓励学生培养课堂问学能力。

(二)实践课堂的构建

1.组织能力。体育课可以构建学生的实践平台。比如,准备活动操可以锻炼学生组织能力,每节课让3、4个学生自己编操,然后再进行带操。学生自编的动作要求简单易学,教师主要关注带操人的组织、队伍调动能力。课堂分组学习时,小组长的作用尤其明显,学生在小组长组织下可以进行学练、纠错、展示、竞赛等,每个人都可以轮流担任小组长。

2.表达能力。课程改革后,我们的课堂要体现"以生为本",排舞课程的解读应该是这样的:排舞课堂要让学生长本事,一切活动由学生来参与。有了参与主体,教师就应该设置情景,因地制宜地让学生进行课堂的组织管理。带操部分由学生自己完成动作的讲解及教学;分组练习时,教师注重巡视指导,把机会、任务留给小组长,让小组去组织、安排;课堂评价时,教师要发动学生参与,把自己对课堂的看法讲出来,各抒己见,提高学生在公共场合的表达能力。

3.创新能力。创新是课堂活力的源泉。可以从课堂结构、动作元素、队形组合、音乐编排等方面来引导学生进行创新。应当以课堂为载体,构建学生综合实践舞台,把学生的智慧融入课堂。课堂结构可以分为开始部分、基本部分、结束部分三大块。教师根据每部分设计学生的任务与角色,引导学生积极参与,发挥学生主体作用。要结合校园排舞不同舞种,鼓励学生去收集相应的舞码元素,把各个元素的精华融入课堂,开拓自己的思维。教师应该结合动作特点引导学生进行队形创编,包括利用不同的人数进行队形组合创编。音乐编排主要是让学生根据不同的舞码元素去寻找适合的音乐,强调一支排舞要尽量融入第二风格的动作元素,有了这些要求之后,教师就可以引导学生进行简单的音乐剪辑与编排。

厦门市海沧中学首届校园排舞大赛季军团队(杨陆辉老师提供)

第三章　校园排舞课程开发

校园排舞课程要结合"三维发展"来确定开发规划,制定课程的三个层次(初级课程、中级课程、高级课程)的发展目标与具体的实施要求。

排舞走进校园,作为课程来开发,就需要从课程的角度管理校园排舞。校园排舞课程开发方法多种多样,手段不尽相同,但怎样才是最佳的开发,应该是教师要思索的问题。教师是课堂的导演,构建好教学框架,能确保课堂教学质量提升。教师要以生为本,结合学校特点,指导学生多渠道参与校园排舞,精心设计每一节课、每一次比赛、每一次展示,让校园排舞更精美,打造充满期待与梦想的排舞课堂。教师应从课堂的外显性寻找校园排舞课程的发展规律,以促进教师的专业提升,从而更有效地进行校园排舞的研究与开发;教师还应当从科研、校本课程的内显性来构建校园排舞课程体系,引导学生的思维与心理健康发展。校园排舞开发可以通过课堂、大课间、课外等渠道进行,教师应当通过促进学生的学习热情来引导其走进校园排舞。

苏联著名教育家斯卡特金说过:"教学效果基本上取决于学生的学习态度。"因此校园排舞开发的好与坏,取决于执行的教师、参与的学生在教学中的态度,他们的积极态度能激活课堂,使校园排舞开发如活水之源。校园排舞开发,教师的作用在于拓展排舞开发渠道,另外教师要善于发现学生闪光点并挖掘学生的潜能,要为校园排舞开发营造一种激励探索和求知的氛围,为学生提供一个体验式的学习平台。校园排舞开发,还要关注学生的个体差异与过程体验,不仅仅要让学生展现排舞学习的成果,还要让其体验这些成果的形成过程,特别在进行校园排舞开发"三维发展"、"舞风舞韵"、"三好四美"概念的解读时,要让学生注意这些概念是怎么提炼出来的,某一个结论是怎样获得和运用的。

厦门市海沧中学阳光体育运动领导关怀图景(作者提供)。

校园排舞课程开发,是一个激情多彩的、生动的和富有灵性的过程,开发的过程应当给予学生最多的思考、动手和交流的机会,形成师生学习共同体。校园是排舞延伸与发展的舞台,是教师成长的生命坐标,排舞动作简单、风格简约,结合音乐,融入学生的热情与才能,加上教师的智慧,将诸元素融为一体,便可以实现技术与艺术二合一。

 校园排舞

第一节 课程开发总则

随着新一轮基础教育校本课程改革的进行，《体育与健康课程标准》出台，为体育校本课程开发提供了条件，体育作为发展学生综合素质的窗口，抓好学校体育工作成了重中之重，随着课程改革的深入，学校体育校本课程也迎来发展的春天。校本课程是基础教育的重要组成部分，贯彻和落实国家颁布的校本课程管理规定和校本课程实施方案，开发富有地方特色的校本课程，是实现"国家、地方、学校"三级课程的有效方法。

校园排舞，它是一种新兴舞蹈项目，给人带来浓厚的异国风情，能激发学生积极参与学习的兴趣。校园排舞推广的面很广，又能锻炼学生的能力。因此，学校开发校园排舞有着重要的现实意义。

一、开发概念

《国家中长期教育改革和发展规划纲要》明确指出要重视发展具有学校特色的校本课程。因此，可根据学校实际情况作出选择，使校园排舞更符合本地、本校的实际情况，考虑到学生发展个体差异性较大，在校园排舞内容方面应给学生选择的空间，充分体现面向全体学生，使每一个学生受益的原则。基于以上分析，本书对校园排舞课程开发的界定是：校园排舞课程开发是以全校师生为主体，以"三维发展"为实践依托，以培养学生带得走的能力为宗旨，更好地满足学生对校园排舞的需求和促进学生健康而展开的一系列活动。

二、开发原则

校园排舞课程开发既丰富了学生课程的选择，又满足了学校特色办学的需要。学校应多渠道丰富阳光体育运动，最大限度地反映学校特色办学理念，突出校园排舞特色，为学生提供多样化的课程选择，在一定程度上补充国家课程设置的不足。校园排舞开发主要从对象、音乐、舞码、队形几方面来入手，校园排舞开发与推广有着很重要的现实意义。

1. 校园排舞开发应以学生为本，即遵循学生的需求性原则。校园排舞开发要以学生成长和发展的需求为导向。无论是校园排舞的目标设置、内容规划，还是实施方法的选择，都应优先考虑其是否符合学生的需求，是否有利于学生的个性发展，能否为学生提供发展空间，是否能实现我们倡导的"健康快乐同在"。

2. 校园排舞开发应以提升学生综合素质为目标，即遵循学生的实践性原则。我们将校园排舞实施形式定位于实践，让师生在实践中共同成长、提高自身综合实践能力。通过体验式学习，让学生在实践中感受校园排舞的特定功能，体验舞美，培养自己的创新思维，帮助自己和他人成长；通过实践不断完善"三好四美"的发展目标，切身体会校园排舞评价与自身综合素质变化。

3. 校园排舞开发应实现学生的自由发展，即遵循学生的个性化原则。校园排舞融合了各种操舞元素，包含了不同风格的舞曲，这两点为实现学生的个性化发展提供了保证。为了鼓励创新，实现学生的自由发展，教师应根据学生的个性与特点在教材选择上因材施教，在评价时侧重考虑学生的个人表现。校园排舞旨在全面发展学生的个性与能力，因此学生的自由发展不受时间、空间的限制，操场、走廊、宿舍、家庭都是学生的舞台，使其能将自身的特点、个性展现得淋漓尽致。

4. 校园排舞开发应以课堂体验为主，即遵循教与学的过程性原则。校园排舞开发强调师生在整个开发过程的课堂体验，它是在总结中不断完善的。从校园排舞课程设置开始，到课堂实践，校园排舞课程的发展目标呈阶梯推进、评价标准逐渐提高的态势。校园排舞开发永远不要墨守成规，应该在整个过程中不断体验、修改、充实、总结、完善。要注重对学生、教师乃至整个校园排舞的过程性发展，让所有参与校园排舞的人，在学习的过程中体验、感受校园排舞的魅力。

三、开发目的

在阳光体育政策影响下,校园排舞、阳光体育就像春风和雨露,共同滋润着校园。我们倡导校园排舞在阳光下进行,学生在运动中享受排舞带来的健康与快乐;积极鼓励学生走向操场,走到阳光下进行体育锻炼。把排舞作为校本课程来开发,可引领排舞走向另一个高度,也丰富了学校的体育教学。校园排舞简单易学,又富有青春活力,其独特的魅力决定着其具有广阔的发展空间。应结合学生的年龄、性别和体质状况,积极探索适应青少年特点的阳光排舞运动,积极指导学生开展有计划、有目的、有规律的校园排舞活动,以实现校园排舞更好推广。

(一)有利于学生的发展

1. 促进学生主动参与。校园排舞能提升个人气质,让人在日积月累的排舞学习中感受舞美,吸收每种风格的排舞精华。动听的音乐、炫丽的舞码会吸引学生主动参与。为了提高学生的综合素质,近几年来,一些大学实行自主招生,其中有一项就是看学生的才艺或综合能力水平展示。通过校园排舞学习,每个学生都能够自信地展示自己的才艺,这样就有机会更进一步促进学生主动参与精神的形成。

2. 形成正确的价值观。校园排舞开发是一项综合的项目,它通过艺术手段引领学生积极参与课堂学习,在学习中学会组织管理,伴随着个人能力的提升,个人的责任意识也得到加强;校园排舞课堂构建的是一个团队,倡导探究合作、互帮互助、凝聚团队精神、提升沟通能力,这些一直是团队中正确价值观的体现;校园排舞开发走向社区,可以引导学生走进社会,参与社会实践,让学生关注社会,明确社会责任意识。因此,学习校园排舞是实施素质教育、实现德智体全面发展的有效途径之一,最终能帮助学生形成符合自己身心特点的健康的情感、积极的态度、正确的价值观。

3. 培养学生综合素质。校园排舞推广过程能挖掘学生自身潜能,让学生通过体验式学习,敢于表现自己,学会尊重他人,帮助别人,将在学习过程中获得的认知迁移到其他学科中去,培养自己带得走的能力;通过参加校园排舞一系列的比赛,大大提高其自我管理能力,个人参赛经验的积累,提高了学生艺术鉴赏能力,并使其树立强大的自信心。教师在学习中应尽最大可能调动学生学习的积极性、主动性,培养学生创新思维与实践能力,全面培养学生的综合素质。

(二)有利于教师的发展

1. 促进教师专业发展。体育舞蹈目前在中小学校的开展处于起始阶段,学校也缺乏大量的舞蹈专业教师。校园排舞包含多种操舞元素,动作舞码简单,可不断更新,这就降低了教师学习舞蹈的门槛,一般的体育教师经过几个月的学习,就大致可以掌握校园排舞的初级课程,只要教师进行不懈的努力,就可以解决学校缺乏专门体育舞蹈教师这一问题。经过实践证明,由于校园排舞自身充满魅力,学生非常喜欢,因此教师积极投身校园排舞的研究与开发,既能保持校园排舞的潮流化,也可促使教师实现专业化发展。

2. 激活教师的研究思维。学校发展必须建立在教师发展的基础上,应当以开发校园排舞为契机,拓展教师课程理念,创建教师学习、交流、发展、提高的平台;高中新课程改革,学校自行设置模块,教师有了相当的自主权利,教师可根据学校特点,自己选择教材,根据自身能力开发项目,这能够激励教师走专业化成长之路,可培养教师一专多能的综合素质;校园排舞属于新课程资源,其自身特点又非常明显,学生非常喜欢这门课程,这些因素能够促成教师不断拓宽教学空间,激活教师的研究思维。

3. 形成教师的科研意识。校园排舞的舞曲不断更新,促使教师要不断地学习、创新,校园排舞开发的过程会促进教师思考;校园排舞开发以课题、校本课程作为引领,可培养教师勤动笔、勤收集资料的好习惯,提高教师写作水平;校园排舞开发集中了整个校本课程研究组的智慧,大家共同科研,形成科研促进教学,教学提升科研的良好循环,这能使教师走进校本、思考校本、服务校本,提升自己的科研意识。

(三)有利于学校的发展

1. 落实阳光体育政策,丰富学校体育。2007年5月7日,中共中央下发《中共中央国务院关于加强青少年体育增强青少年体质的意见》(以下简称中央七号文件)。该文件高度重视阳光体育活动,把开展阳光体育列

入学校发展日程。《国家基础教育课程改革纲要》鼓励发展富有学校特色的校本课程,而校园排舞的开设正满足了这个需求。学校积极利用新课程资源开发校园排舞,丰富学校体育教学。教学上得出来的一些经验写成文字,然后通过集中讨论、论证,最终把教学经验提升为校本课程理论,通过校园排舞开发来实现学校的特色发展。开发校园排舞校本课程,对于促进学生参与阳光体育,提高整个体育团队的科研、管理水平,促进学校发展,都有着积极深远的现实意义。

2. 促进学校课程改革。《体育与健康课程标准》指出:"体育与健康课程是一门以身体练习为主要手段、以增进中小学生健康为主要目的的必修课程,是学校课程体系的重要组成部分,是实施素质教育和培养德智体美全面发展人才所不可缺少的重要途径。"[①]校园排舞在培养学生兴趣方面有其独特的魅力,校园排舞动作难度是循序渐进的,不仅舞曲好听,在学习排舞过程中还可以认识很多朋友,又可以健身,它是中小学学生喜闻乐见的一门课程。为了更好地实施素质教育,学校就应该开设学生喜欢的课程。因此,推广校园排舞可以促进学校课程改革。

3. 促进校园体育文化的形成。为了满足学生的需求,鼓励教师的创新,形成学校办学特色,学校应当从制度上保证学生有足够的时间来学习,确保阳光体育政策落到实处。要结合阳光体育运动,积极开展校园排舞推广,各行政职能部门、体育组、团委和各年段积极配合,把开展校园排舞推广作为阳光体育运动的主要工作来抓,掀起阳光体育校园排舞运动的热潮,促进校园体育文化的形成。

四、开发条件

校园排舞要得到全面的推广与普及,除了教师个人努力之外,还要满足以下两个条件。

1. 阳光体育政策支持。国家颁布多项政策,就是要鼓励学生走向操场,走进大自然,走到阳光下,形成青少年体育锻炼的热潮,让学生积极投身阳光体育运动,学会科学锻炼身体的方法,树立终身排舞意识。因此,学校在开展阳光体育运动时,应及时建立校园排舞推广及评价制度,对开展校园排舞取得优异成绩的年段、班级及个人给予表彰,以唤起全社会对学生发展与健康的关注,吸引家庭和社会力量共同支持学校开展阳光体育运动。

2. 学校领导支持。不管从哪个渠道进行校园排舞推广,都要得到学校的大力支持。学校除了提供物质保证之外,还要从政策、制度上支持校园排舞的推广与开发,构建校本课程,协调各部门共同把校园排舞做好,以全面促进校园排舞发展。这一切,都与校领导的支持关系密切。

海沧中学排舞队课外训练现场(作者提供)

---

① 中华人民共和国教育部:《体育与健康课程标准》,北京师范大学出版社 2001 年版。

第二节 课程开发要求

校园排舞课堂学习（选自《厦门市海沧中学校园排舞图册》）

随着经济的发展，追求身体健康成为民众业余生活的主要目标之一。目前很多地方的健美操协会对各社区进行义务排舞宣传、推广，使得各个社区排舞运动得到快速普及，这为我们实现学校与社区的交流提供了可能。

校园排舞开发即校园排舞推广与运用的全部过程与实际步骤，应从学生、教师、学校、社会四方面全盘考虑，良好的社区环境，可以使得校园、社区、家庭三者之间形成一个相互促进的局面。

一、学生的要求

对于教育工作者来说，必须以促进学生的健康为己任，努力创造条件，抓住契机，开发校园排舞。"以人为本"是新课程改革的重要理念，学生的发展才是学校教育的关键。学生作为校园排舞的参与者，应该积极主动参与校园排舞开发的整个过程。如果学生有较强的综合能力、积极的课堂参与意识，就能确保学生较快地融入校园排舞。为了更好地开发校园排舞，更好地实现学生的自我发展，应当从综合素质、了解学校选课这两方面来考虑对学生的要求。

（一）综合能力的要求

1.强化校园排舞意识。校园排舞开发，首先要让学生了解校园排舞的概念，理解校园排舞开发的理念与目标，让学生多渠道参与校园排舞开发。要让他们喜欢排舞，树立正确的排舞意识，遵守校园排舞课程制度，了解校园排舞开发的真实内涵，走进排舞，积极主动学习。

2.培养新型的学习习惯。学生要培养积极的课堂参与行为，主动参与教师课堂内容设置，在体验式学习中感受学习的真谛，总结分享各层次目标的学习经验，了解评价内容及标准；以自我需求为导向，在校园排舞学习中明确自己的主体地位，改变过去完全依赖教师的课堂学习模式；明确探究式学习的要求，积极主动与同学进行创造性学习，转变学习观念，实现良好的课堂互动。

3.培养学生创新素养。要从意识、思维、能力、人格四个维度进行强化，树立学生以"创新为荣"的创新意

识,勇于创新;培养学生的逆向思维以及敢质疑的求学心理;要求学生进行创新能力方面的提升,塑造创新人格,培养开拓意识,追求合作学习,强调动手能力并整理自己掌握的知识。[①]

4. 培养自我管理能力。应当打造学生社团,让学生实现自我管理,每个班级可以推荐1~2名有校园排舞功底的学生参加校队,由专业的学生负责管理,并组织训练。教师可以定期去传授一些排舞的学习方法、学习技巧、组织方法、管理技巧。打造学生社团,可为将来全校推广与普及做准备,学生社团是校园排舞发展的领头兵,是实践校园排舞"三好四美",解读校园排舞"三维发展"的主力。

5. 培养正确的课堂观。好教师可以构建一节好课堂,好课堂可以影响一批好学生,通过教学引导学生追求个性。要培养有个性的学生,就应该允许学生在课堂上"乱",如学习排舞"律动"这一技术动作时,需要的是学生展示自己的肢体语言,让课堂活起来,教师要在语言组织上下功夫,让学生愿意听,听完愿意想,想完愿意动,动完愿意思考,这一连串的反应,能让学生主动参与课堂学习。当学生自己掌握了动作要领,他就愿意交流,愿意展示自己,愿意帮助别人。要引导学生树立自信,就要利用课堂这小小的舞台,鼓励学生自己创造机会,构建新型的课堂学习观念。

厦门市海沧中学首届校园排舞大赛亚军队伍(杨陆辉老师提供)

(二)选课的要求

1. 了解选课指导

校园排舞开课形式多种多样,学校可以按模块选修进行授课,选修过程需要给学生一些指导,选课时学生要注意每层次校园排舞的授课对象,如:"高二、三年段",代表高二、三年段学生学习的难度,其他年段的学生暂时不能选择。按不同层次规定选课的对象,每个层次班级的报名人数控制在40~50人,因此将选课条件及要求告诉学生,能让学生根据自己的能力来选修校园排舞。

2. 了解选课说明

学生在选课之前,必须先了解校园排舞说明:知道课程理念、课程目的、课程特点以及选课的对象,然后再根据自身的特点进行有目的选课。

---

① 龚玲:《教学创新提升学生素质》。

课程解读参考表

层次	课程理念	目的	特点	对象
初级课程	树立"我排舞,我参与"的积极校园排舞目标意识	建立排舞概念,了解层次目标,培养排舞兴趣	动作:简单易学 方向:变化简单 音乐:节奏明了	初一 初二
中级课程	树立"我排舞,我快乐"的健康校园排舞目标意识	提高排舞技术动作,培养主动参与意识,树立终身排舞意识	动作:美妙易学 方向:简单多变 音乐:节奏较快	初三 高一
高级课程	树立"我排舞,我行"的实践校园排舞目标意识	提高学生综合能力、创新能力,全面实现"三好四美"目标	动作:元素多元 方向:复杂多变 音乐:舞曲美妙	高二 高三

3.了解选课顺序

(1)学校可以设置"某某中学校园排舞"选课网站,网址为www.mmzxxypw.net。

(2)点击相应年段选课系统,进入选课系统首页。

(3)点击"我要选课"栏,输入学籍号和密码,登陆选课界面,选中所要选择的层次,每人只能选择一个层次,并确定选课。

(4)退出"选课系统"即可。

4.了解选课管理

2006年9月,高中开始实施模块教学。经过几年的实施,现结合笔者所在学校的具体操作经验,就选课管理提几点建议,以方便实验学校参考。初中生可根据学校课程管理,由学校统一安排选课。

(1)全省高中模块课程规定18课时作为一个单元,校园排舞模块可以依据三个层次来设定课时标准。每个层次可进行3~5支排舞教学。

(2)把有悟性,又喜欢进一步学习校园排舞的学生,在下一次选课时,作为骨干学生挑出来,他们在新模块教学中能帮助教师构建新型的课堂。

(3)严格把关,做好考试评价与学分管理工作。校园排舞要科学、系统地发展,一定要从细节做起,要把日常教学中突出或典型的案例记录下来,从中寻找规律,作为今后的理论素材或案例分析素材。

(4)分析选课数据。把学生第一志愿选择排舞课程的数据与第二志愿数据做比对,然后在第二次选课时,再将这些数据做比对,就可以总结自己一年来的课程效果以及学生的意见。

二、教师的要求

学生是课堂参与的主体,教师是组织课堂教学活动的导演。斯坦豪斯在研究中主张教师应成为项目开发的主体,并积极投入项目开发研究过程之中,同时提出了"教师即研究者"的口号。在校园排舞推广过程中,教师有着两重不同的身份。对教师可以从不同角色来要求。

(一)第一重身份的要求

教师的第一重身份是校园排舞的规划者,主要负责整个项目的实施,并整合各种资源进行跟踪管理。当然,并不是所有的教师都是规划者,一般来说规划者是课题的主持人或是学校领导。通过对校园排舞的实践与研究,规划者要努力把握校园排舞开发的内涵,并参与校园排舞的开发实施。

1.规划者应组建一支由校园排舞开发的积极分子和骨干组成的队伍,促进教师队伍不断提高校园排舞建设水平。好的规划者造就好的课堂,他的理念与思维能提升执行者的综合能力,是提高校园排舞教学质量的决定因素。

2.规划者应引导教师钻研教育理论,培养探究意识,积累国内外校园排舞资源,挖掘自身潜能,提升排舞领域的科研水平,提高课堂创新能力,促进教师专业能力的持续发展。

3. 规划者要带领大家一起成长。规划者要努力促使所有课程执行者成为校园排舞的建设者、研究者、开发者，成为校园排舞领域的专家型教师，通过大家一起努力，带领大家一起成长。

(二)第二重身份的要求

教师的第二重身份就是校园排舞执行者，执行者根据规划者的方案进行实践操作，执行者既可以是规划者，也可以是一般的体育教师或课题组成员，好的执行理念可成功引导学生进行课堂参与，好的执行者可以把排舞推广得更到位、更扎实。

排舞拓展（选自《厦门市海沧中学校园排舞图册》）

校园排舞执行者才是校园排舞开发的主体，更新执行者的教育观念，能提高校园排舞教学的课堂效率。教师通过集体研讨，不断反思和改进教学，研究、创造、发展、丰富教学教法，可以逐步形成具有个性的教学风格。教师要转变意识、理念，积极构建富有本校特色的教学，按"健康快乐同在"的理念来引导自己课堂行为，成为校园排舞开发高水平的执行者。

在校园排舞实施过程中，应积极转化执教者的教学意识，创新意识会促进新教学方法的形成，新的教法突出学生的主体地位，让学生通过体验、观察，按兴趣选择排舞学习。执行者在教学的过程中要引导鼓励学生以自己的方式理解校园排舞，同时改变传统教学方式，实现教学方式由注重结论的"传承式"、"灌输式"转变为注重过程的"探究式"、"体验式"，并继承发扬传统教学方式的优点。

(三)教师的自我发展要求

校园排舞开发要做强、做大、做深、做广，必须提高规划者或者执行者的综合能力。教师专业素养的提高离不开专业培训，开展以校为本、有的放矢、优质高效的师资培训，才可能真正发挥教师在校园排舞开发中的主导作用。师资培训要解决的主要问题是：领会校园排舞设计的基本理论和评价方法，努力解读校园排舞开发的目标与规划；领会校园排舞教与学的特点，开展生动活泼、优质高效的教学活动，实现"体验—总结—分享"的校园排舞课堂学习模式。为了更好地开发校园排舞，教师要从以下几点发展自己。

1. 教师应自主研究，吸取百家精华。教师发展除了教师自身努力之外，还可以请一些经常深入中小学的体育教学理论工作者来校开专题讲座，进行业务培训方面的具体指导。争取让参与校园排舞开发的教师出去学习、进修，更新教育观念，培养创新意识。把校排舞队带出去交流、比赛、学习，让教师把握校园排舞发展的最新动态，挖掘教师开发校园排舞的潜能。

2. 教师要做好引路人，促进学生思考。著名教育家陶行知先生说过："发明千千万，起点一个问。"学生在课堂有话说，是教师精湛教学艺术的体现。教师要改变观念，培养学生敢于"顶嘴"、善于提问题的习惯，这是新时代教师需要提高的教学艺术，也是评价教师能力的一个指标。目前我们习惯使用启发式教学，设置一个

问题,让学生参与讨论回答,我们体育课教学,常常把学生当成技能的获得者,整个学习过程学生都是被动的,更多的是让学生模仿,他们缺少自己的独特思维。显然,这不利于学生创新意识的培养,那怎么样才能让学生说话呢?可以从拓展思维进行引导,如可以教学生1个八拍简单的击掌,当学生学会之后,让大家自己去想,还是1个八拍击掌,有多少种变化?然后再进一步提升,结合脚步动作进行击掌。这些启发式的提高,都能促进学生进行思维创新。

3.教师要注重学生思考问题能力的培养。很多教师不喜欢学生在课堂提问,感觉学生在课堂上提问,是对自己的不尊重。著名教育家、英国诺丁汉大学第一位华人校长杨福家教授认为:"什么叫学问,学问就是指怎么学会问问题,而不是学会答问题。如果一个学生能够懂得去问问题,怎么去掌握知识,就等于给他一把钥匙,就能去打开各式各样的大门。"我们应该授人以渔,教会学生怎么不断提出问题、思考问题。"所谓学生的问题意识是指学生在认知活动中遇到一些难以解决的、疑虑的实际问题或理论问题时产生的一种怀疑、困惑、研究的心理状态。它在学生的思维活动和认知活动中占有十分重要的地位。培养学生的问题意识,不仅关系到学生的全面发展,而且关系到新课程改革的成败。"①

三、学校的要求

校园排舞开发需要人力、物力做保障,人力、物力是开发校园排舞的硬件;开发校园排舞还需要学校做好软件的准备,软件包含课堂、竞赛、科研等方面。

(一)适宜的硬件

1.人力资源。开发校园排舞的基本前提是要有广泛的群众基础,此外,还要有一支具有深厚的理论基础与实践能力,能群策群力,投身于校本课程研究开发的优秀团队;当然,要做到这些,少不了学校领导的大力支持,只有学校重视校园排舞的开发与研究,创造条件、提供平台,校园排舞开发才能顺利进行。

2.物质保障。校园排舞的推广及运用需要多部门的积极宣传及后勤保障,良好的教学环境是开发校园排舞的根本保障。宽广的操场是推广校园排舞的基本要求,天气好时或要进行较大型的排舞推广时就选择室外,这样能扩大排舞影响力;专用教室是推广校园排舞的有力保障,天气不好或进行小班化教学时,可选择在室内专用教室进行。

(二)和谐的软件

有了适宜的硬件,学校要开发校园排舞还应该具备先进的管理理念,构建推广平台;组建较强的科研团队,让课题或校本课程引领项目的开展。

1.理念先行。要构建学校推广平台,打造学校特色名片,坚持"素质引领,均衡发展,管理创新,特色立校"的工作理念,重视创新教研形式,以教研促教学,加强对校园排舞课堂教学、竞赛、科研等方面的研究。

2.科研引领。积极领会中央七号文件精神,大力发展学校阳光体育。对于学校来说,应当做好校本课程建设,用科学发展观统领校园排舞开发工作,以课题研究为契机,开发校园排舞校本课程,重视科研,集思广益,加强对校园排舞教学、竞赛经验的总结与提炼。

四、社会的要求

(一)社会教育环境的营造

校园排舞要得到广泛推广,要有一个良好的教育大环境。地方要大力发展教育,重视校本课程建设,能用科学发展观统领教育教学工作,坚持"特色立校"的办学理念,重视创新教研形式,重视校本研训,加强对模块教学的研究,这样的教育大环境才有利于校园排舞开发。

(二)健康社区文化的建设

随着经济的发展,民众追求身体健康成为业余生活的主要目标之一。目前很多地方健美操协会对各社

---

① 赵国忠:《教师最需要什么》,江苏人民出版社2008年版,第83页。

区进行义务排舞宣传、推广，使得各个社区排舞运动得到快速普及，这为实现学校和社区的交流提供了可能。良好的社区环境，可以让家长也站在学习新潮排舞的最前沿。

(三)和谐幸福家庭的构建

随着经济的发展，很多人在追求健康，家长也逐渐形成终身体育的意识，能积极支持孩子学习排舞，自己也积极参与排舞学习。健康的家庭文化有助于促进和谐幸福家庭的构建，家长与孩子一同关注健康，一同关注校园排舞，寻找共同话题，有助于家长与孩子的交流，家长也能随时了解孩子的发展需求。

我国著名教育家陶行知先生提出"生活即教育"、"社会即学校"的教育发展理念，因此校园排舞的全面发展需要构建家庭、校园、社区的"家校区"一体化模式，从不同渠道去宣传校园排舞，形成良性循环，这样才能促进校园排舞更进一步的推广。

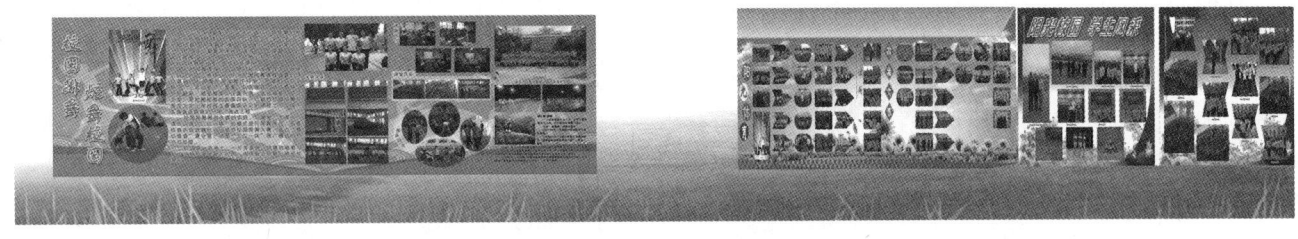

厦门市海沧中学定期制作校园排舞宣传图片(选自《厦门市海沧中学校园排舞图册》)

第三节　课程开发规划

校园排舞要得到长久开发，必须依托课程来进行。校园排舞开发的理论依据除了来自传统的教育理论之外，还源自实际推广得出来的经验。有了这些理论依据，我们构建校园排舞课程就有理可依，校园排舞课程开发应从课程说明、课程纲要、课程管理、课程评价四大方面来进行。

一、课程说明

校园排舞开设初级课程、中级课程、高级课程三个层次的教学班。应当以"三维发展"作为校园排舞三个层次教学的理论支撑，用校园排舞课程理念来确定其三个层次的目标；以发展目标来确定校园排舞三个层次教学的内容设置，采用目标引领内容的课程模式；根据课程规划来确定三个层次的水平计划。

课程说明参考表

层次	课程简介	水平目标
初级课程	是学习校园排舞的入门课程,以"快乐体验"为主,目的为让大家建立校园排舞观念,培养兴趣,体会校园排舞给大家带来的快乐;初步体会校园排舞的"三好四美",所学内容动作节奏强、方向变化简单。	让学生积极参与校园排舞推广,建立对校园排舞的认识,培养对校园排舞的兴趣;以"我排舞,我参与"为教学目的,初步了解校园排舞的"三好四美";掌握初级课程的学练方法,区分出简单的不同风格的排舞。
中级课程	在初级课程的基础上进行提高,是针对有兴趣进一步学习校园排舞,在初级班的基础上能进行更主动学习的学生而开设的一门课程,中级排舞主要是让大家体会校园排舞动作的美感、速度、力量。	让学生热爱校园排舞,从学习中体会校园排舞带来的健康快乐。以"我排舞,我快乐"为健康目标,实现"三好四美"目标,提高学生自身对校园排舞之美的认识,强调积极主动参与,培养学生带得走的能力。
高级课程	高级课程就是为创建一个良好的学习环境,使学生能根据自身的经验进行创造性学习,培养其创新精神与思维,让学生自身对校园排舞有更高的认识,以提高自身综合能力而开设的一门课程。	让学生学会自创自编,以"我排舞,我行"为实践目标高层次地解读校园排舞的"三好四美"。强调校园排舞学习是为了提升自我综合能力,学生以自主学习为主,理解多元的舞蹈组合元素,能用自己的智慧解读校园排舞。

二、课程纲要

校园排舞课程纲要是本章节的核心内容,是校园排舞课程体系的依据。有了合理科学的校园排舞课程纲要,校园排舞开展才有理论依据,教师制订教学计划才有据可依。

校园排舞课程纲要包括校园排舞内容框架、校园排舞学习指导两大方面。

校园排舞内容框架参考表

层次安排	教学目标	学时安排	教学内容	主要方法
初级课程	树立"我排舞,我参与"的积极的课程目标意识。	18	基本由32拍不同的循环节奏所组成,初级课程融合了多种社交舞步,如牛仔、恰恰恰、曼波和桑巴等的基本舞步,使动作简单易学,能够跳出自己的风格。具体舞曲有:《查尔斯顿牛仔》、《5678》、《小精灵》、《一起共舞》	看录像及教师示范、讲解;学习者学练相结合;反复练习、相互观察纠正
中级课程	树立"我排舞,我快乐"的健康的课程目标意识	18	基本由32、48或64拍等不同的循环节奏组成,中级课程融合了武术、街舞、牛仔、摇滚和民族舞、现代舞等舞步,让排舞在多元素组合与变化之下,增加魅力。具体舞曲有:《功夫熊猫》、《林间漫步》、《昆力奔驰》、《拍拍手》	看录像及教师示范、讲解;学习者学练相结合;反复练习、相互观察纠正
高级课程	树立"我排舞,我行"的实践的课程目标意识	18	由三个或三个以上段落组成,段落重复不固定,动作难度大且变化复杂。高级课程融合了恰恰恰、爵士舞、舞厅舞、街舞等舞蹈元素,具体舞曲有:《读你》、《请你恰恰》、《柔声细语》、《快乐列车》	看录像及教师示范、讲解;学习者学练相结合;反复练习、相互观察纠正

校园排舞

校园排舞课程指导参考表

层次	初级课程	中级课程	高级课程
具体内容	《5678》、《查尔斯顿牛仔》、《小精灵》、《一起共舞》	《功夫熊猫》、《林间漫步》、《昆力奔驰》、《拍拍手》	《读你》、《请你恰恰》、《柔声细语》、《快乐列车》
具体目标	认知：初步了解校园排舞这项运动，且能认识其运动规律与特点。 情感：让学生主动积极参与，感受校园排舞给自己带来的快乐。 技能：掌握初级课程的内容，掌握校园排舞节奏，四肢协调。 舞风舞韵：初步认识校园排舞"三好四美"目标，了解校园排舞目标内涵。	认知：加深对校园排舞的理解，认识其独特性，建立校园排舞概念。 情感：培养对排舞的热爱，从校园排舞学习中提升对美的认识。 技能：掌握中级课程的内容，能较好地控制节奏、协调四肢。 舞风舞韵：体会校园排舞"三好四美"的发展目标。	认知：能读懂校园排舞，有个人见解，能用自己的肢体动作诠释它。 情感：把对校园排舞的认识提升到一种专业高度，能享受其创新的主题。 技能：掌握高级课程的内容，进行自我创编，发展自身综合能力。 舞风舞韵：读懂校园排舞的"三好四美"目标，能用自己的能力实践"三好四美"目标。
学习方式	以积极参与为主，在参与中了解校园排舞，通过自己的观察与体验，实现彼此合作、自我学习，培养积极思考问题的习惯。	以自主学习为主，结合探究学习，通过观察、体验，把中级课程的特点及要求把握好，注重互动学习、创新学习方式的培养。	以体验分享为主，通过教师的提示，学生自己进行体验、创编，与同学一起分享、总结所学的内容，最后进行运用，实现合作、探究学习。
教学策略	设置不同的练习节奏，自主学习，在探讨中发现问题，形成符合学生自己的学习方法，巩固技术。注意培养学生的节奏意识，重视肢体语言的培养，寻找属于自己风格的动作。	让学生体验、感受舞美，进行自主学习，在学习中发现问题，然后再寻找解决问题的办法。强调"三好四美"目标，让学生围绕"三好四美"进行校园排舞学习与思考。	让学生学习分享，并进行校园排舞创新学习、创新思维的培养。通过自我学习设置、动作编排，培养他们积极思考问题的习惯；实现"三好四美"目标，在实践中提高自己。
教学评价	以实现教学目标为评价依据，注重学习的过程性评价。主要侧重学生整个课堂参与意识的体现、在学习过程中发生了哪些积极的行为变化，以此作为评价标准。	以实现"三好四美"目标为评价依据，注重过程性和终结性评价，主要侧重学习方式的培养及学习综合能力的提升，以此作为评价标准。	以自主学习、自我管理、实现"三好四美"目标为评价依据，注重学习过程中个人创新思维能力以及个人独特领悟能力方面的突破，以此作为评价标准。
实施建议	初级课程教学时，先进行完整示范，让学生进行体验式学习，在体验过程建立对校园排舞的初步认识，变"要我学"为"我要学"。在学习中逐渐建立对校园排舞的情感。	中级课程教学时，主要阐述学习的目的和意义，让学生自觉地围绕校园排舞进行学习，强化学习过程中自主意识的培养，在学习中感受"三好四美"的舞风内涵。	高级课程教学时，主要培养学生对问题的探讨与钻研的精神，强化创编、创新能力的培养，强化学习中主观能动性意识的培养，倡导合作学习，引导学生自主学习习惯的养成。

三、课程管理

校园排舞以课堂教学为主，教师在课堂上把校园排舞发展目标解读给学生，让学生明白所要学习的内容及所要达到的目标，促使学生主动掌握动作技术；学校把大课间作为课堂教学的一个实践舞台，实现校园排舞的有效推广，学生在体验过程中分享、总结；课外兴趣小组及专业队训练，是使校园排舞往专业方面发展的一个渠道，要把校队建设成一支能代表学校参与各系列竞赛、重大节日会演的队伍，在校园树立一面旗帜，引领校园排舞往高水平发展。

课程管理包括教学管理、资源管理、成绩管理、目标管理四大块。

（一）教学管理

课堂排舞教学实施的目的主要是通过课堂教学，让学生知道校园排舞这个概念，了解校园排舞"三好四美"目标。通过不同层次的校园排舞的学习，了解所学的各支校园排舞的特点，实现各个层次目标。通过课

堂教学与评价,进行比较系统的校园排舞动作的学习,为大课间推广做准备。在教学教法上以讲解分析为主,让学生明白排舞运动的特点及规律,掌握所学的各支校园排舞的跳法。学法上以学生自主学习为主,并和同伴进行探究、合作,在总结分享中掌握各层次校园排舞。

大课间推广校园排舞,主要是让大课间实施校本化管理,把课堂上学到的排舞运用于大课间。全校师生树立排舞概念,促进阳光体育运动开展,树立大家的终身排舞意识。大课间时采用的教学教法以示范指导为主,让学生明白各排舞的要求及跳法。在学法上以体验式为主,让学生通过自己的体验,知道该如何完成排舞动作学习,这一阶段主要采用合作、自主学习方式,让每个学生能大方展示所掌握的排舞,能按要求学习排舞。全校学生能根据音乐进行完整的排舞动作展示,可达到在大课间体会跳排舞的快乐的目标。

课外运动队训练实施目标主要是组建运动队及兴趣小组,提高排舞技术动作,让校园排舞往更高层次发展,实现课堂、大课间、课外三者的有效统一。教法上是教师提出动作要求,学生根据比赛要求进行动作提高训练,结合视频观摩,让学生能够掌握更专业的技术动作。学法上是让学生共同探讨,了解技术动作特点,探究合作,共同提高,学习体会校园排舞动作的创编。最终目的是让每个运动队的学生能掌握各层次的排舞跳法,能根据特定的音乐,进行一支完整排舞的创编与组织;让学生能跟着不同音乐完成不同排舞的"串烧",并能进行简单的排舞队形变换,不断提高创新思维能力。

(二)资源管理

良好的组织管理是确保校园排舞顺利实施的有力保障。应成立以校长为组长、负责全盘工作的校园排舞组织机构,办公室负责参与校本教师的考勤及制度制定,教务处负责校园排舞课程的制定与安排,德育处、团委负责校本内容的宣传,总务处负责物质、场地等后勤保障,年段长、班主任负责协调、配合工作,体育教师负责具体推广、研讨、分享、总结、运用等工作。

对资源进行有效管理是确保校园排舞顺利实施的基本前提。校园排舞资源也可称为教学资源,泛指一切对校园排舞建设有利的人力和物力。校园排舞资源应该抓好人力资源、场地资源、经费资源、信息资源这几方面的管理。

校园排舞以人为本,因此合理有效的人力资源配置与管理,能让校园排舞实施起来事半功倍。体育教师是校园排舞开发的主体,做好体育教师人力资源管理就显得尤其重要,再结合校园排舞开发条件,对其他成员进行课时、工作量、制度等方面的管理与规范,可让校园排舞主要执行者得到合理的管理与安排。此外,还应对参与校园排舞的学生及其家长做好相应的管理工作。

良好的硬件是实施校园排舞的基础条件,校园排舞实施前就应规划好场地与器材配置,需要哪些设备应及时报给后勤组,确保校园排舞的顺利实施。校园排舞可以实施小班化教学,也可以开展团体协作,这就要充分考虑场地、音响器材等物质条件,因此要进行专门的器材、场地规划,以确保校园排舞开发实施的万无一失。

确保校园排舞顺利开发要有专项经费,经费主要来源有上级教育主管部门财政拨款、社会各种捐赠等。学校排舞队要出去和兄弟学校交流或者学习,要有相应的经费保障,校园排舞讲究服装的合理搭配,因此不同的排舞需要搭配不同的服饰,这些都要经费。因此,做好这方面的管理,才能确保校园排舞顺利实施。

国际排舞发展很迅速,目前已有4000多支排舞,且随着每年金曲的新增,每年都有新的排舞出现。校园排舞开发小组要及时了解国际排舞动态发展、网络上发布的排舞信息及报纸杂志对排舞的宣传等等,只有对信息进行及时的追踪,才能确保校园排舞的新颖与时尚。

(三)成绩管理

对学生选修校园排舞,要做好评价与成绩管理。高中采用模块教学,以学分管理作为成绩,综合评价合格者,给予及格,并给予相应的成绩和学分。每18课时为一个层次教学时间,完成18课时学习且考核通过的同学,能拿到学分。大课间及课外表现融入综合评价,作为学生过程性评价的参考。校园排舞的学分,可以累加到高中三年必需修满的11个体育学分中去。

初中的"基础加特长"模式,其中也要涉及期末体育分数的评定,要采用综合评价方式给予成绩,同时结合大课间、下午课外时间训练情况来评价学生参加校园排舞学习总的表现,根据表现给予综合评分,再把综合评分纳入初中体育课成绩。结合学校德育处工作,把学生参加校本课程的成绩纳入初中部学生的综合考评。

(四)目标管理

"舞风舞韵"是校园排舞开发的核心目标,通过一系列校园排舞的学习,要让学生明白其真实内涵,把"舞风舞韵"目标作为评价的一个指标,希望能引起学生的注意。只有真正了解校园排舞发展的目标,才能把排舞的精神琢磨透,才能学有所成。

具体措施是针对每个学生,设定一份目标跟踪记录。在学习前就对"舞风舞韵"目标的认知、具体的标准、自身与其七要素的对照先做个自我评价,看自身擅长什么,薄弱点是什么?然后有针对性地进行培养、跟踪。

我们从"三好"与"四美"两大块来阐述,对学生学前与学后七要素的变化进行跟踪管理。这是一份定性的评价,即学生评价自己在学习前后对"舞风舞韵"的理解与认识,以此作为学生学习评价中自主评价的依据。

"三好四美"评价参考表

项目		学前		学后	
		概念认识	具体量化指标	概念认识	具体量化指标
三好	身体良好				
	心理完好				
	气质姣好				
四美	感受舞美				
	促进形美				
	提升神美				
	塑造心美				
备注	身体良好:个人身体状态良好,能积极参与运动。 心理完好:个人心理素质良好,能融入团队活动。 气质姣好:个人精神面貌良好,气质、神态姣好。 感受舞美:学会欣赏、掌握排舞各类型舞码的动作美。 促进形美:学会追求好的形体,形体匀称,发育良好。 提升神美:对神态与审美的认同与追求,学会对美的辨别。 塑造心美:能虚心接受意见,尊重别人,自信并能发扬自己的优点。 根据这些简单的标准,进行目标管理。				

厦门市海沧中学排舞队队员训练场景(作者提供)

第四节　课程开发拓展

2006年12月23日,教育部部长周济在全国学校体育工作会议上讲话指出,在素质教育当中,体育占有非常重要的地位,要把体育作为全面推进素质教育的重要突破口和切入点,作为工作的主要方面。校园排舞"舞风舞韵"建设可以使学生实现健强的体格,同时塑造健全的人格,具有很强的教育性和引导性,便于实现学校特色教学发展目标。要把校园排舞作为特色来推广,我们应该先寻找可拓展的领域,然后寻找可拓展的渠道,最后结合拓展建议开发校园排舞。

省级录像课课堂风采（选自《厦门市海沧中学校园排舞图册》）

一、拓展领域

阳光体育运动就是倡导在阳光下运动,而校园排舞能够使人在运动中享受健康与快乐。学校可以结合阳光体育运动,开展校园排舞推广,为了确保开展工作更有成效,可以成立"阳光体育校园排舞开发小组",各中层行政职能部门、体育组、团委和各年段积极配合,把校园排舞推广作为阳光体育运动来抓,认真组织实施校园排舞训练,以全面推进素质教育,提高全体学生健康水平;动员全校师生,积极组织开展校园排舞活动,形成了全员参与的群众性体育锻炼的良好风气。

1.新型教学模式的制定。"促进学生健康,为了每一个孩子的终身发展"是校园排舞项目开展的"核心追求",要以此为目标设计校园排舞课程结构和发展体系。校园排舞模块实行分层次教学,学生根据自身的能力和兴趣来选修,学校应制定出供学生选修不同层次课程的依据和标准。

2.构建"三好四美"的拓展平台。校园排舞能让学生身体、心理更加健康,气质更加姣好;通过长期的训练,学生可以领略不同舞种的美,提高自身的审美能力,也会促使自身形体变化。只要参加校园排舞学习,久而久之,学生便能培养出一种自信之美,在学习中不断提高自己,肯定自己,同时给予别人正确的评价。因此,教师应积极搭建这个拓展的平台。

3.培养学生的兴趣爱好。快乐是兴趣的源泉,学生若能感受到学习排舞给他们带来快乐,就会产生浓厚的兴趣。有了兴趣作导师,学生就能融入各种各样的排舞学习,就会驱动自己去了解排舞,变"要我学"为"我要学",全身心投入,并积极运用、推广排舞,从而促进自身全面发展。

4.积极挖掘学生自身的潜能。让学生通过体验式学习,结合思考、总结、共享,初步学会组织训练、创编排舞、评价自己和他人,并在校园排舞学习过程中体会探究学习、自主学习和合作学习,真正体会这三种学法的实质与关系;让学生通过校园排舞学习,掌握其他课堂学不到的知识和方法;让学生树立自主学习的观念,尊重他人,帮助别人。

5.师生专业发展的规划。校园排舞的开发除了本校体育教师之外,还可以请外面的专家、教师来校指导,以帮助提升教师的专业能力。也可以让学生走出去学习,在实践中体会校园排舞的其他功能。

校园排舞要做强、做大,我们应该从学校、教师、学生三个主体来拓展,包括教学模式的制定、发展平台的构建、兴趣爱好的培养、学习潜能的挖掘、教师发展的规划等5个领域,通过这些领域的拓展,最终形成学生健康的情感、积极的态度、正确的价值观,实现教师的专业化发展。

二、拓展渠道

校园排舞是学校体育一项新兴的健身项目,舞步吸收了国际排舞元素,具有校园特点与学生特征,既可小团队一起跳,也可万人齐跳;这是一项将体育与艺术充分结合的运动,对于增强学生身心健康、营造积极的校园文化氛围具有很好的推动作用。校园排舞可通过课堂教学、大课间分享、课外提高、校级排舞大赛、区级夏令营、市级比赛、校际交流等渠道来开发。

开发校园排舞,主要是为了实现排舞推广的新突破,要有针对性地进行教育观念的更新,做到科研促进教学,培养教师自身进行创新的意识,创设更多能促进学生创造性思维形成的课堂,建立"排舞宣传—课堂学习—大课间分享—课外提高—系统评价"的拓展渠道。

(一)课堂教学

1.高中模块教学

高中课改,以模块为教学单位,有助于学生的运动技能得到提高,实现教学专业化。模块的设置是为了使学生学习更加系统,能在高中三年掌握1~2项比较专业的运动技术,为终身体育服务。校园排舞模块按层次可分为:初级课程、中级课程、高级课程。学生根据自身的能力和兴趣来选修,学校应制订出学生选修不同层次课程的依据和标准。教师要制订好初级课程—中级课程—高级课程每个层次之间的关联及承接的教学计划,制定好考核内容及评价标准。若学生在不同层次班级里,想继续学习原层次内容,允许其重修18课时。学校可以在高一同时设初级课程、中级课程,高二同时设中级课程、高级课程,高三同时设中级课程、高级课程。

2.初中采用"2+1"模式

2009年,我国初中开始实施每周三节体育课的教学安排,因此学校可以采用基础加特长的模式来上课,即两节上基础课,一节开展特色教学,这样就能确保初中学校特色教学得到发展。

(二)大课间分享

课堂学习校园排舞,推广的面比较窄,把课堂上学到的排舞运用于大课间上,可以树立全校师生共舞的概念,让大家体会大课间分享校园排舞带来的快乐;应组建体育骨干队伍,让骨干充当助手,帮助他们学会怎么教学排舞,学会怎么利用音乐进行队形变换,积极引导体育骨干发挥骨干的作用,促进大课间分享校园排舞,实现全校推广排舞。

大课间分享校园排舞,同学们主要采用体验式,感受校园排舞的魅力,根据音乐进行完整的校园排舞动作展示,和着音乐,解读舞景,培养自己的兴趣爱好。

(三)课外活动

课外活动除了学生自发进行锻炼之外,还可以通过组建运动队来提高校园排舞的技术动作,培养骨干精英,夯实群众基础,推动校园排舞往更高层次发展。应当利用课外活动这个时间段,进行校园排舞的展示、汇演,亮出校园排舞队独特的风采,引领校园排舞往更高层次发展,实现校园排舞更快、更广、更精彩的普及。

(四)其他渠道

课堂、大课间、课外三个渠道能保证校园排舞的有效推广。但要想更进一步提升校园排舞的内涵,必须

结合其他渠道。

1. 参加竞赛。各地区每年都有以舞蹈为主的比赛,教师应该积极组队,让学生出去锻炼,全面提升学生的综合素质;也可以在学校自己组织校园排舞大赛,以校园为舞台,让学生积极参与,将自己的个性与智慧融合在一起,炫舞校园。并以校园排舞为元素,参加各级别的比赛,如国家级排舞大赛、省级录像课比赛,以及市级创新大赛等,这些都可以促进学生排舞水平的提升,提高校园排舞知名度。

2. 科研引领。开展研究性学习,以理论引领校园排舞,探讨开发渠道与方法;多做课题,课题能促使教师去做科研,科研能促进教学能力的提升,应鼓励教师把课题研究过程的做法、经验提炼成总结、论文;构建校本课程,实现校园排舞的飞跃发展;以校园排舞为元素,进行教学设计,开展片段教学。这些措施都可以促进校园排舞的深层次发展。

3. 夏令营。校园排舞夏令营以"构建团队"为组营理念,以"青春、个性"为口号,能让来自不同地方的排舞爱好者,在短暂的学习时间里,了解、学会校园排舞。校园排舞夏令营可以结合拓展训练,将校园排舞融入团队建设。校园排舞具有很强的趣味性,利用夏令营活动,可以让学生在短时间里进行高强度训练,体验跳排舞的成功感。

校园排舞开发拓展的渠道宽广,只要你真心喜欢校园排舞,哪怕仅仅几米见方的场地,也能邀约几个人,一起炫舞。校园排舞将给学生的人生提供一方舞台,抓住它,他们的舞台梦想将无限延伸。

三、拓展建议

根据厦门市海沧中学校园排舞推广 6 年来的实际经验,这里就校园排舞拓展提供几点建议,希望能引起实验校的共鸣与思考。

1. 学校要实施校园排舞推广,就要设立相关机构。如厦门市海沧中学以该校校长为"阳光体育校园排舞推广小组"的组长,构建了校园排舞推广模式,分管副校长亲自组织,德育处、教务处、总务处、年段长、班主任、体育教师全面参与校园排舞的实施开发、规划、指导、监督、评估等工作。校园排舞中心研究组主要由课题组成员组成,具体负责排舞推广、研讨、分享、总结、运用等工作。以"体验学习—领悟认识—团队合作—多元体验—自我实践—做中学—总结分享—运用推广"的体验式学习作为校园排舞推广普及的途径。

2. 让学生在体验中产生自我认识,实现学生的主体地位。校园排舞推广很重要的途径是依靠学生,让学生在学习中观察、反思,保证校园排舞的顺利实施。由于老师的精力有限,教师要做好骨干学生的培养工作,让骨干学生担当校园排舞推广的主力军,教师发挥引导作用,这样才能达到校园排舞的顺利实施,最终实现校园排舞的"三维发展"与培养宗旨。

3. 采用请进来战略,保证交流层次,确保校园排舞新潮化。请进来的战略很关键,直接决定了校园排舞的发展后劲。应当与国内排舞专家、教练保持沟通,时时把握排舞发展最新动态。如厦门市海沧中学在进行排舞推广期间,做到与中国教育学会"十一五"中小学"体育与健康"新课程资源利用与开发课题组保持沟通,随时了解校园排舞推广及运用课题发展情况;与福建教育学院体育与艺术研修部保持沟通,时时了解福建省各基层排舞发展动态;与厦门市教科院体育科保持沟通,时时了解厦门市各学校排舞发展动态。请不同的专家领导到校指导,通过专家的观察,把开发过程中存在的问题找出来,能更快促进校园排舞成长。

4. 走出去交流能提升整体队伍的素质。其中的关键在于多参加竞技比赛,多渠道和别人交流。可以与大专院校建立校园排舞共建关系,彼此的校队互相交流,增进了解,提高技术;参加各级别比赛,拔高金字塔塔尖,培养团队骨干;到同一课题兄弟学校去交流,相互研讨、指导、共同提高;走向社会,到社区交流,或者组织队伍和社区居民进行交流,或者把自编的校园排舞教授给他们,取长补短,积累实践经验。

5. 抓住机会,展示自己。机会都是给有准备的人提供的。抓好平日的课堂教学,从细节做起,机会来了,就能随时展示自己。要自己创造机会到兄弟校展示,利用各节日进行校园排舞表演,扩大影响力;举办年段校园排舞大赛,各班自行组织队伍,进行自编自创,可促进班级交流;引导学生积累经验、丰富学生的情感世界,可促进学生综合素质全面发展;利用校庆、运动会、艺术节、体育节等节日,进行校园排舞表演,能够以点带面。

校园排舞

6.制定评价标准,促进校园排舞科学发展。校园排舞作为校本特色来开展,其评价就显得尤其重要。因此,评价是否合理、有效,关系到校园排舞制定的目标能否顺利实现,也关系到学生学习校园排舞的积极性能否被有效调动。因此,校园排舞的学习评价应尽量突破只重视基本技能的单一评价,强调对学生的学习态度、情意表现、合作精神和出勤表现的评价,强化评价的激励和发展功能;既重视教师的评价,也重视学生的自我评价和相互评价;不仅重视定量评价和终结性评价,更重视定性评价和过程性评价。教师要做好初级课程—中级课程—高级课程每个层次之间的关联及承接工作,制定好考核标准及评价标准。

大课间活动剪辑(选自《厦门市海沧中学校园排舞图册》)

第四章 校园排舞课程标准

课程是教育领域使用最广泛的概念之一,但是对课程的定义却仁者见仁智者见智。我们要开发校园排舞课程,必须对现有的课程定义有充分的了解,从中尽可能探寻到贴近当前中国教育现实的所指。

"课程"是一个众说纷纭、难以界定的词汇,从词源学上来说,课程一词来源于拉丁语词根 currere,它的意思是"跑道"。用跑道的概念来解释课程,即运动员按照一定的规则进行比赛,强调规章制度的制定以及运动员参与的积极性,新课程倡导的动手能力、自主学习、体验学习,这些就是所谓的运动员的积极性。

西方课程论专家奥利瓦对各种课程本质观进行了分析,归纳和总结出了 13 种本质。其中具有代表性的看法有 6 种。[①]

1. 课程即教育内容或教材;
2. 课程是所设计的一种活动计划;
3. 课程是预期的学习结果;
4. 课程是经验;
5. 课程是具体的课业;
6. 课程是文化的再生产。

根据现代社会发展的要求、现代学生身心发展的需要,以及学校办学理念的不同,课程标准包含课程目标、课程内容和学习活动三种基本成分。校园排舞课程规划要根据学校特点与学生需求来制定。其动作设置与音乐选择都应考虑如何满足学生的需求并符合学校发展的要求。

校园排舞要想得到科学、长远的发展,除了教会学生具体的几支排舞之外,更应该让学生掌握校园排舞编排的方法,这也是校园排舞有别于广场排舞的显著特点之一。因此,学校应将校园排舞课程分为隐性课程与显性课程。隐性课程即本章第一节阐述的基础课程,其没有明确的课时安排,但具体的培养方法、锻炼注意事项等措施;显性课程是学校推广与普及的内容,我们将其分为:初级课程、中级课程、高级课程,需要对初级、中级、高级三个层次之间的关联、各层次的基本舞步及动作进行分析,着重是对各支校园排舞的情景进行分析,学生根据这些情景分析,置身其间,定能取得良好的学习效果。

一、隐性课程规划

隐性课程除了第一节的基础课程之外,主要是教会学生如何在 4000 多支排舞中提取符合自己特点及个性的排舞,学会如何利用舞曲与自己的智慧进行校园排舞编排。隐性课程学习规划建议从下列三方面着手:

1. 制定需求。根据学生个性特征,寻找适合学生的校园排舞。
2. 具体学习。制订学习计划,按计划进行学习。
3. 个性发展。学习者根据自己的能力大小,创编符合自己个性的校园排舞。

[①] 董翠香:《体育校本课程导论》,北京体育大学出版社 2006 年版,第 52 页。

二、显性课程结构图

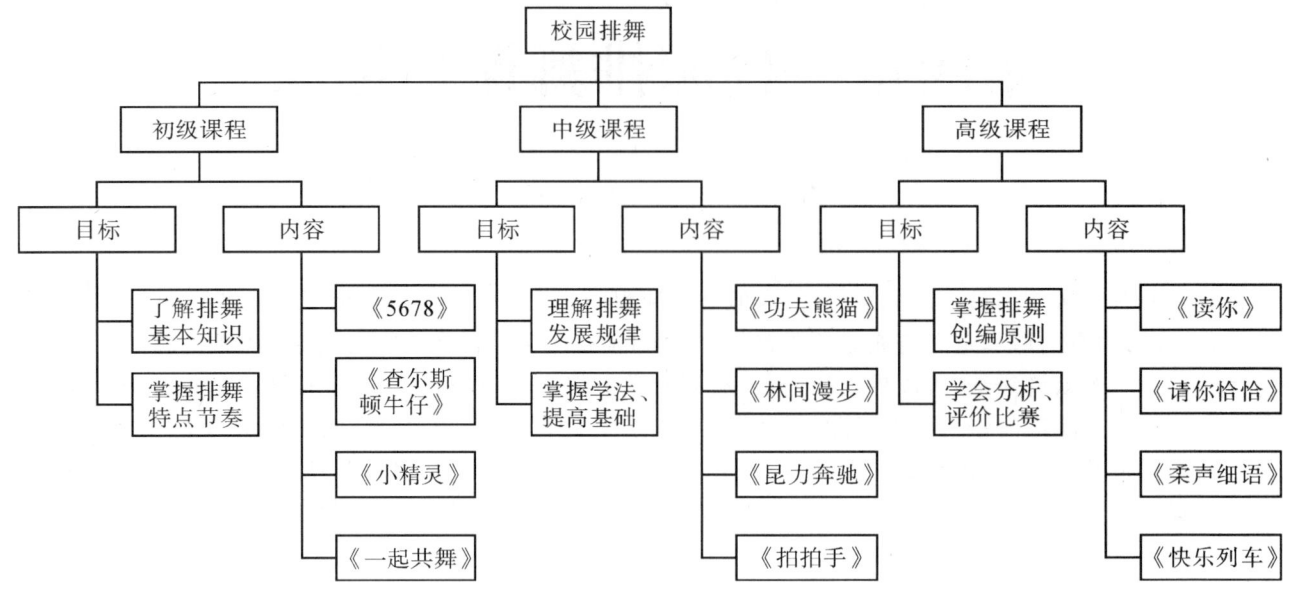

三、课程实施

1. 课程说明。校园排舞设置本来可以分为四个层次课程：基础、初级、中级、高级课程。我们建议把基础课程作为学习校园排舞必须掌握的基本技能，因此把基础课程渗透到初级、中级、高级三级课程体系里去。本书提到的校园排舞课程及评价，只包含初级、中级、高级三个层次课程。

2. 课程内容。初级、中级、高级三个层次的课程内容包含课程介绍、内容简表、情景分析、动作图解四部分。

第一节　基础课程

校园排舞课堂，两人一组的组合动作学习（作者提供）

四大元素对象之一的学生,是校园排舞开发的主体,为了让这个主体在学习中受益,必须从"舞风舞韵"、柔韧素质、耐力素质、力量素质这几方面来提高学生的综合能力。要抓好学生的综合能力培养,得从学生的兴趣、基本素质入手,将学生的综合能力作为"舞风舞韵"的延伸。学生的发展决定着校园排舞的发展,校园排舞基础课程的深入决定着校园排舞今后拓展的深度与广度。

一、"舞风舞韵"

"舞风舞韵"具体表现就是"三好四美",而"三好四美"训练主要通过课堂引导来进行,抓好"三好四美"的训练,对于提高学生排舞水平有着重要的意义,能够让学生明白健康的重要意义与美的重要内涵。学生的气质训练主要从学生的眼神、姿态抓起,进一步改变学生的身体形态,提高技术动作的灵活性,增强站姿、坐姿、走姿的规范;此外,通过靠墙站,来提高学生对身体的控制能力,增强腰、腿部力量,持之以恒、常抓不懈,可潜移默化地改善学生的外形与内在气质。教师可以通过具体的课堂案例分析,来增强学生"舞风舞韵"的领悟能力。

(一)"三好四美"训练基本方法

"三好"主要是从健康层面来提高。身体良好要靠长年累月地坚持训练,教师应通过强调健康的重要性,以及讲解运动与健康的关系,从思想上给予学生引导,让学生明白"健康第一"的实际意义;心理完好主要是培养学生健康、良好的心态,以及处理事情的积极态度,可以给学生创设案例,供学生讨论分析,让学生多查阅网上资料,进行自主学习,教师在课堂上应增加这方面的提示或者利用专门的时间来讲解心理健康的重要性,让学生保持乐观的生活态度、积极向上的生活习惯等,把握构建完好心理的原则与注意事项;好的气质是日积月累形成的,学习者应从细节做起,严格要求自己,主要从形态、眼神方面抓起,提升自身的文化修养。

"四美"主要从精神内涵抓起。应注意从平日的细节抓起,这样才能全面提升"四美"能力。感受舞美是对排舞的一种认知与了解的过程,要达到这一水平,就要提高学生课堂的观察能力,使他们注意观察同学的行为习惯,学习同学的优点,投入不同元素、不同风格排舞的体验,全面提升感受舞美的能力;促进形美,这是一种对自己形体的要求,也就是结合健康概念对形体美形成正确的认识、合理的追求;提升神美,在感受舞美的基础上对自己提出更高的要求,既能表达出自己对舞美的见解,又能提升自己对排舞内蕴的把握,提升神美是自己一种主动意识的建立,在自己行为规范之下提升对美的理解以及对舞者的神态认同与气质追求;塑造心美,主要强调舞者对自己、对别人的再认识,学会尊重自己、尊重他人,建立自信心,发现他人的闪光点,通过学习,提高自身对排舞的心灵感触,实现心灵美与发现美的有机结合。

(二)"三好四美"训练基本手段

"三好四美"包含7个要素,其训练手段分为两部分,其一是利用无形的力量进行提高,其二依靠有形的手段进行训练。

1.无形力量就是一种内在力量,是由内至外的气质内涵的体现

(1)一个人的气质由内部修养、言行举止、待人接物的方式、为人处事的态度等方面组成。大方、自信的神态能够给人一种舒适、随和的感觉。

(2)多看书、多思考。气质不是一两个月可以改变的,而需要一两年甚至更长的时间来培养。读书是最基本、最有效的途径之一。读书可以丰富自己的阅历,拓宽自己的知识面,特别是多看看伟人的传记、好的作品可以影响人的思想。

(3)健康的周围环境。一个好的生活环境、好的心态,对培养出好的气质,确实大有帮助。有些气质确实与生俱来的,但更多气质是后天教育培养的,若短期内无法改变天生因素和后天的教育背景,不妨试着培养自信,自信的人会变得更加美丽。

2.有形的手段靠形体练习来提高,形体练习是校园排舞基础课程的重要部分

(1)基本训练。通过原地垂直升降练习能够培养学生正确的身体姿势,塑造美好的形体;掌握正确的重

心练习、移动练习等身体动作的练习方法,对于发展学生的柔韧性、协调性等身体素质,提高其自身表现力,改善形体以及提高身体机能的健康发展,具有重要意义。

(2)有效教学。校园排舞的形体教学与训练,是将芭蕾基本练习方法与徒手姿态练习相结合,其中基本形态、姿态训练和柔韧、力量训练等方面,都是校园排舞练习的基础。主要包括站姿、芭蕾手位与脚位、擦地、半蹲、下胸腰、压腿、大踢腿、移重心等动作的练习。

(三)"三好四美"训练基本要求

"三好四美"除了要采用上述训练手段之外,还要注意下列要求。

1. 相信自己,展示自我

每一个人在性格或外貌方面,都有其独特的气质及优点,要相信自己是最美的,同时坚信通过后天的教育培养,可以让自己变得更富有内涵;要抓住机会,自信地展示自己。

2. 信任与关怀他人

待人热诚会获得别人的尊重,信任和关心他人是我们倡导的一种交友方式;在学习生活中寻找志同道合的朋友,能让自己更加快乐;具备宽广的心怀,是最具吸引力的气质之一;关怀、理解、体谅他人,将会获得相同的回报。

3. 保持应有的青春朝气,保持幽默感

步姿洒脱、意气风发是一个自信的中学生应有的气质;一个懂得在适当的场合和适当的时间展露笑容或保持幽默感的人,定能受到别人的欢迎;当别人误解时,学会原谅他人。

4. 不要惧怕显露真实情绪

不论在读书、生活中遇到什么样的挫折或喜悦,都不应加以隐藏,应该与他人一起分担或分享;当别人遇到困难时,要主动伸出援助之手,以帮助别人渡过难关。

二、柔韧素质

柔韧素质是人体各肌肉、关节、韧带等组织的伸展活动能力和弹性的总称。柔韧素质好坏主要取决于关节组织结构和关节的肌肉、肌腱、韧带等组织的伸展性,也受到天气、年龄、训练水平的一定影响。成套的校园排舞中,大幅度的上肢动作以及踢腿、控腿、劈叉和大跳等动作都充分体现了身体的柔韧能力。良好的柔韧性是提高运动幅度、动作速度、动作力量以及完成一些难度动作和高质量动作的基础,同时可以减少运动性损伤。因此发展柔韧素质,对提高校园排舞运动技术水平具有重要的意义。

(一)柔韧素质训练的基本方法

发展柔韧素质练习的基本方法包括动力拉伸法和静力拉伸法。动力拉伸法是指有节奏地多次重复某一动作的拉伸方法。静力拉伸法是指通过缓慢的动力拉伸,将肌肉、肌腱、韧带等软组织拉长,并停留一定时间的练习方法。

(二)柔韧素质训练的基本手段

根据校园排舞项目的特点和要求,训练时应采取以下练习,来发展运动员的肩、胸、腰、髋、腿的柔韧性。

1. 肩、胸、腰部的柔韧性练习

主要手段有压、拉、吊、转环、体转、体前屈、体后屈等,具体做法如下:

(1)面对墙壁或肋木,手扶墙壁或肋木做体前屈压肩、胸。

(2)背对墙壁或肋木,手臂后举扶墙或反握肋木,下蹲向下拉肩。

(3)侧向墙壁或肋木,侧向手扶墙或握肋木,向侧拉肩。站立体前屈,双手互握后举,帮助者一手顶背,一手向下按压练习者手臂拉伸其肩、腰部。

(4)悬垂,反握肋木,向下吊肩。两手握棍或绳,做直臂向后和向前的转肩练习,逐渐缩短握距。

(5)站立,连续快速直臂向前、侧、后绕肩。

(6)体前屈手握脚踝,躯干与腿尽量相贴,可在帮助者用力压背部,逐步垫高臀部或脚的高度的情况下练习;站在一定高度上做体前屈,手触地面。

(7)进行腿垫高的分腿体前屈,或手握肋木的高举腿分腿坐,或在外力下向后压腿的体后屈练习。

(8)俯卧,上体挺胸抬起,两手上举,帮助者站在背后,两手握练习者上臂,向后拉压肩胸,向后下拉伸腰部。

(9)仰卧在横马上成背屈伸,两腿固定,帮助者两手握练习者上臂,向后拉压其肩、胸、腰。

(10)仰卧成弓桥,向上顶腰和向前拉肩练习,逐步缩小手与脚的距离。

2.髋、腿的柔韧性练习

主要手段有压、搬、踢、控、绕腿、劈叉等,具体做法如下:

(1)压腿:将一腿置于肋木上,直膝、胯正,可向前、侧、后压腿。

(2)搬腿:单腿站立,一腿举起,直膝、胯正,在外力作用下,前、侧、后搬腿。

(3)劈叉压:在纵叉和横叉姿势下,两脚垫高,上体挺直,直膝、胯正,在外力或自身重量作用下,向下压髋。

(4)踢腿:包括大幅度的快速前、侧、后的正踢、绕腿以及体前屈后踢腿练习。可以通过扶把杆踢腿、行进间走步踢腿、原地高踢腿等进行练习。

(5)控腿:通过扶把杆和不扶把杆的单腿站立的前、侧、后高举控腿,体前屈后举控腿,仰卧劈叉的搬控腿练习,采取慢速控腿和搬腿、快速踢起控腿和搬腿方法。

3.综合性的柔韧练习

(1)柔韧性难度动作练习。在一定的柔韧能力练习基础上,结合校园排舞的难度动作和技术要求进行专门的柔韧性练习,如各类分腿大跳、大跳落成劈叉、支撑劈叉、控腿落成劈叉、纵横劈叉转换以及不同方向高踢腿等。

(2)柔韧操练习。除了以上的柔韧练习外,也可采用柔韧操形式进行练习,如关节活动操、拉伸操等。在优美的音乐旋律和节奏下做动静结合的拉伸操,速度由慢到快,幅度从小到大,可在不知不觉中使人愉快地提高柔韧性。

(3)高低冲击的排舞步伐组合练习。采用持续的高低冲击的校园排舞步伐组合进行柔韧练习,即在走、跑、跳中进行包括转肩、绕肩、扩胸、转体、踢腿、控腿、劈叉等在内的柔韧练习,可提高学生的兴趣,同时提高了耐力。

(三)柔韧素质训练的基本要求

1.专项特点,人舞结合。柔韧性训练必须根据校园排舞项目的特点和个人的具体情况来安排,在全面发展身体各部位柔韧性的基础上,重点发展校园排舞所需要的髋部、腿部、腰部的动力性和静力性的柔韧能力,尤其是发展肩、髋关节的全方位的伸展性和灵活性,大腿后部肌群以及腰背、腹部肌群、韧带的伸展性,并结合柔韧性难度动作进行练习,发展快速大幅度的前侧的踢腿、控腿以及地面和空中劈叉能力,达到专项技术要求。另外要根据不同学生的具体情况,做到区别对待,使训练更具针对性和实效性。

2.力量速度,有效结合。柔韧能力的发展是建立在肌肉力量增长基础上的,良好的柔韧能力同时反映出学生良好的力量能力。柔韧性有两种表现形式,一是静力性力量下的柔韧性,如控腿、支撑劈叉等;二是动力性力量下的柔韧性,如快速高踢腿、分腿大跳、劈叉倒地等。

3.温度影响,时间负荷。当室外温度为18℃时,有利于柔韧性的练习,若在冬天气温较低时,必须先进行慢跑或做热身有氧操,当机体达到一定温度(如轻微出汗)时,再进行柔韧练习。早晨人体的柔韧能力相对较低,练习强度要小些,而在下午柔韧能力较强,可进行大强度柔韧训练。

校园排舞队课外训练场景(作者提供)

三、耐力素质

耐力是指有机体长期工作抗疲劳的能力。根据竞赛规则,竞技排舞完成成套动作的时间在2分45秒左右,并要在高速度高强度下连续完成难度动作和排舞动作步伐的组合。所以学习校园排舞的学生的专项耐力是以无氧耐力和肌肉耐力为主。无氧耐力是指有机体在氧气供应不足的情况下,能坚持较长时间工作的能力。

(一)耐力素质的训练方法

1. 有氧耐力训练

排舞学生有氧耐力训练的目的主要是提高心血管和呼吸系统的有氧供能能力。一般采用持续训练和间歇训练两种方法。

(1)持续训练法。这种训练总负荷量较大,持续时间相对较长(不少于30分钟),没有明显间歇,练习强度较小,负荷强度控制在学生平均心率为140~160次/分钟,优秀排舞学生可为160~170次/分钟。

(2)间歇训练法。一次练习的负荷时间至少在5分钟以上,负荷强度中等(控制在平均心率为160次/分钟左右),每组间歇时要求学生在机体尚未完全恢复之际就进入下一次练习,一般以心率下降至120次/分钟时为间歇停止的依据。整个训练的持续时间至少保持在30分钟以上。

2. 无氧训练

学习校园排舞学生无氧耐力训练的目的主要是提高心血管和呼吸系统的以糖酵解为主的无氧供能能力,一般采用重复训练法和间歇训练法。

(1)重复训练法。一次练习的负荷时间为30~120秒,负荷强度大(平均心率控制在180次/分钟以上),间歇时间应充分,当机体完全恢复后就进入下一次练习。

(2)间歇训练法。一次练习的负荷时间为40~90秒,负荷强度大(平均心率控制在180次/分钟),间歇的时间不用很充分,心率下降至120次/分钟便可进入下一次练习。

(二)耐力训练的主要手段

1. 一般耐力练习

(1)发展有氧耐力。练习方法有1 000米以上长距离跑、5分钟以上跳绳、5分钟以上循环练习(把8~10种上下肢、腰腹力量以及弹跳力的一般素质练习按一定顺序、数量组合起来循环进行)。要求:5分钟以上的练习,组数3~5组。

(2)发展无氧耐力。练习方法有300、400米变速跑,快跑和慢跑结合进行,300、400米综合跑(把向前跑、后退跑、交叉步跑、侧滑步跑结合在每一段距离中进行),200米间歇接力跑(分4人一组进行),1~2分钟反复跑台阶。要求:5分钟以上的练习,组数为6~8组。

2.专项耐力练习

(1)发展有氧耐力。练习方法包括:持续30分钟以上的有氧操、5分钟以上专项循环练习(把8~10种上下肢、腰腹力量以及弹跳力的专项素质练习或成套的难度动作按一定顺序、数量组合起来循环进行)、5分钟以上不加难度动作的成套练习和增加难度动作的成套练习,等等。要求:组数为3~5组。

(2)发展无氧耐力。1~2分钟各种高低冲击的排舞步伐组合、1~2分钟各种高踢腿跑跳组合、2分钟以下的健美操成套练习。要求:重复6~8组。

(3)发展肌肉耐力。结合力量训练的手段,尽可能多地重复练习,重复组数在4~6组,练习密度在40%~60%,间隙时间为3~5分钟。

(三)耐力素质训练的基本要求

1.耐力训练首先必须结合排舞项目的特点要求,掌握持续训练法、间歇训练法、重复训练法在发展有氧耐力和无氧耐力中负荷强度、负荷量、持续时间、间歇时间的不同特点,科学合理调控好运动负荷。

2.有氧耐力练习和无氧耐力练习相结合,在发展无氧耐力的同时发展有氧耐力。根据不同训练时期和不同对象,二者的比例不同。儿童少年时期是发展有氧耐力的时期,女孩13岁、男孩14岁以后才进入无氧耐力的敏感发展期。随年龄增长和训练水平的提高可进一步发展专项耐力。

3.耐力训练时有一定的技术要求,每一项练习都要全力以赴,注意呼吸方法、节奏和深度。耐力训练只有超过比赛的量和强度,才能切实提高效果。为此在注意学生所能承受的生理负荷的同时,要重视培养学生顽强、刻苦、拼搏、耐劳的意志品质,提高其心理承受能力。

四、力量素质

校园排舞除了对动作的艺术性有一定的要求外,在比赛过程中,还要掺杂一些难度动作,其需要高速度和大幅度运动才能完成动作的不断发展。因此,力量能力的训练占有十分重要的位置,力量素质是校园排舞运动的基本素质之一。

(一)力量素质的概念

力量素质是指人体在工作时克服阻力的能力。肌肉工作所要克服的阻力包括外部阻力和内部阻力。外部阻力有物体重量、摩擦力以及空气阻力等,内部阻力有肌肉的黏滞性、各肌肉间的对抗力等。

(二)力量素质训练的基本方法

发展绝对力量有两个途经,一是改善和提高肌肉协调能力,二是增大肌肉体积。而力量素质的发展主要体现在相对力量、速度力量、耐力力量和静力性力量这4种力量的发展上。

1.相对力量训练

由于校园排舞是抵抗重力的运动,要求学生具有较大的绝对力量,体重又不能过重。因此学生的力量是以相对力量来衡量的。绝对力量的增长主要通过提高肌肉的协调功能来实现,使更多的肌群参加工作,提高肌纤维收缩的同步程度,改善肌群之间的协调性。相对力量训练应安排强度大、重复次数少和组数相对多的练习。一般采用自身绝对力量85%以上的大负荷强度,每组1~4次。练习时不能低于60%的中等强度,如果负荷强度小,参加工作的肌群少,便不利于刺激更多的肌群同时工作,力量增长的效果就低。

2.速度力量训练

在校园排舞中速度力量常表现为爆发力,如弹跳力、手臂推起力、操化动作的爆发力、腰腹收缩力等。爆发力训练是在保证动作技术规格的情况下,尽量快速完成动作,培养肌肉快速收缩能力,以适应校园排舞高速度和大幅度完成动作的特点。可通过跳跃、深跳、单腿跳、分腿大跳、跳台阶、倒地俯卧撑等来练习。进行爆发力训练时的负荷强度应以项目需要和个人力量能力来定,范围为30%~100%,参照竞技体操项目确定的负荷强度,可采用40~60%负重练习,或者克服自身体重练习。

3.静力性力量训练

在校园排舞中各种平衡、支撑、托举以及躯干直而稳固的控制等都是以静力性力量完成的。所以应选择校园排舞中静力性的难度动作、和同伴配合的静力性动作,以及动静结合的复合型力量训练组合来练习。静力性力量训练内容应结合专项动作,达到专项要求的阻力和肌肉高强度的紧张程度。运动强度范围为60%～100%,可采用负重和克服自身重量练习。

(三)力量训练的主要手段

根据上述力量训练方法,可采取以下发展前臂、上臂、肩、胸、腰、臀、大腿、小腿等肌肉群力量的各种手段进行训练。

1.上肢和肩带力量练习

(1)推撑力量练习

一般练习:利用体操凳进行一般俯卧撑、推倒立、双杠屈伸、站立推举杠铃、仰卧推举杠铃、俯身提拉杠铃练习,还进行持亚铃的手臂练习,包括前上举、侧上举俯身上举、腕屈伸等。

俯卧撑动作练习:进行双臂、单臂、肘侧倒、肘后倒、单腿、后举腿、分腿、背水平、推起、腾空转体的俯卧撑,跳起落成双臂或单臂俯卧撑等练习。

(2)直臂支撑力量练习

一般练习:进行脚位置放高的仰撑、侧撑、俯撑以及靠倒立静力练习,进行爬倒立、双杠支撑和摆动、双杠支撑移动、鞍马支撑移动等练习。

(3)支撑动作练习

进行后举腿支撑、分腿支撑、背水平支撑、直角分腿支撑、直角分腿并腿支撑、高直角支撑、支撑转体等练习。

(4)托举力量练习

推举杠铃并顶举一定时间。托举同伴,同伴可选择平卧、站立、直角支撑、俯撑等姿势。

(5)拉引力量练习

引体向上、爬绳等。

2.躯干力量练习

(1)腹肌力量练习

各种仰卧收腹练习:起坐、举腿、两头起、举腿绕环。各种悬垂收腹练习:举腿、举腿绕环、起上体。各种快速踢腿练习:扶肋木前踢腿、原地和移动向前高踢腿、跑跳。

(2)背肌力量练习

在高位上的俯卧抬上体、两头起背肌、摆腿。扶肋木的快速后踢腿、原地和移动向后高踢腿、跑跳。

(3)侧腰肌力量练习

侧卧起上体、仰卧体转起坐扶肋木的快速后踢腿、原地和移动的向侧高踢腿、跑跳。

(4)躯干控制力量练习

仰卧,脚和肩背分别置于体操凳上,身体保持一定时间的伸直,腹部可负重。俯卧,脚和前臂分别置于体操凳上,身体保持一定时间的伸直,背部可负重。进行直角支撑、高直角支撑、背水平支撑下的躯干控制力量练习。

3.下肢力量练习

(1)弹跳力练习

一般练习:连续深蹲跳练习、连续蹬跳10～20米、跳短绳、跳台阶、连续起踵。以上练习可负重,单腿、双腿做,跳绳和跳台阶还可两腿交替做。

大跳动作练习:各种连续双腿和双腿起跳的大跳步,包括纵跳、团身跳、分腿跳、屈体跳、横劈叉跳、纵劈叉跳、转体跳、交换腿跳、前跨跳、侧跨跳等。各种跑跳和高踢腿组合练习,可负重做。

(2)落地缓冲力量练习

主要采用负重半蹲起和静止负重半蹲的交替退让练习,可肩扛杠铃,练习时平行开立,膝稍内扣,上体直立,成半蹲姿势(膝关节角度约为135度),保持一定时间,然后直立。采用扶肋木和不扶肋木的前、侧、后搬腿和控腿,前屈后控腿平衡等练习,可负重做。

(四)力量素质训练的基本要求

1.首先必须确定每个练习要发展的是哪部分的肌肉力量,其属于何种性质的力量,分清不同类型的力量训练的负荷强度、量以及间隙时间。发展绝对力量主要依靠发展肌肉间的内协调性。

2.结合专项力量性难度动作进行训练,达到技术和力量同步发展。

3.在全面发展大肌肉群和主要肌肉群力量的同时,注意发展小肌肉群力量,均衡发展身体两侧肌肉群力量,还要重视肌肉群与肌肉群之间的协调训练。

4.应注意培养肌肉紧张与放松的调节意识以及呼吸动作的协调配合意识。在训练课中应把发展相对力量、速度力量、静力性力量安排在前,把发展耐力力量安排在后。

厦门市海沧中学排舞队参加2012年"为厦门市国际马拉松喝彩"比赛现场(杨陆辉老师提供)

排舞运动技能形成和发展的练习曲线

练习曲线是心理学研究的成果,练习曲线能揭示在运动作技能形成过程中某些重要而且特殊的规律。

从曲线看,练习到某一阶段时,成绩会停滞不前,呈水平状态,甚至有下降的趋势。在心理学上,这种情况被称为高原现象。出现高原现象的原因是什么,如何应对呢?

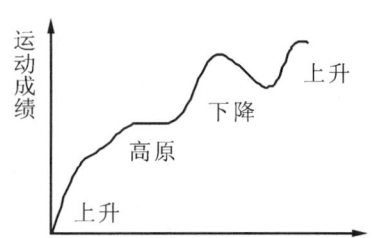

客观原因	应对策略
错误动作没有纠正,学练环境、场地设施、教师指导等的改变以及长期疲劳和营养不足导致体力下降。	及时纠正错误动作,适时改变学练方法,确保并改善锻炼条件,保持营养平衡。
主观原因	应对策略
只注意个别动作,忽视整体动作学习,日常生活中的烦恼导致热情和兴趣下降,产生骄傲自满情绪,意志品质下降等。	学练时注意结合动作的整体要求,放松心情,调整精神面貌,严格要求自己,自觉积极练习。

校园排舞

2011年12月，厦门市海沧中学师生参加厦门市第五届中小学体育专业委员会换届选举演出，师生共舞（李玉英老师提供）

第二节 初级课程

校园排舞初级课程是根据中学生的特点，利用青少年模仿力强、接受能力快的优势，针对这个年龄阶段特点编排的课程，充分体现了教学的独特性和趣味性。其动作简单、新颖、果断有力，富有时代感。节奏鲜明，有2个八拍、4个八拍、6个八拍，将变化多端的不同节奏的动作有规律地组合在一起，能有效地培养初级课程班同学的协调性、灵活性和韵律感。

一、课程介绍

（一）课程特征

初级课程由4~6个八拍组成循环动作组合，整体动作显得比较可爱、富有动感。学生能在简单的学习后掌握其跳法，并在学习过程中逐渐体会到自己的进步，这样就能逐渐建立起对排舞的认知，也能在学习中建立自信，培养对排舞学习的兴趣。初级课程选用的4支排舞的动作难度均呈阶梯推进，如初级课程中的《一起共舞》这支排舞动作难度适宜，有助于学生树立信心，每学完一支排舞，都能使学生期待进入下一支排舞的学习。特别需要指出的是，初级课程排舞音乐节奏感鲜明，不仅能吸引初学者，而且初学者能根据节奏及清晰的音乐，进行简单的动作学习。动作与音乐的和谐组合，能使学生通过自己的理解较轻松地表达出每支排舞所包含的意境。

（二）学情分析

初级课程的舞曲比较可爱，适合低年级学生学习。初一、二学生比较好动，好奇感比较强，接受能力强，但由于正处发育阶段，很多肢体动作表现不到位。以《小精灵》为代表的这4支排舞动作以可爱、灵巧为主，展现舞者的活力，6个八拍的组合循环会让很多人不习惯，在动作分析时，教师要强调这一点。

（三）课程说明

课程目标：树立"我排舞，我参与"的积极目标意识；

课程说明：主要为了建立排舞概念，了解层次目标，培养学生的兴趣爱好；

课程特点:动作简单易学,方向变化简单,音乐节奏鲜明;
课程对象:初一、初二学生。

二、内容简表

初级课程内容参考表

层次班级	内容	教学元素	重点舞步	教学课时
初级课程	《查尔斯顿牛仔》	共2个8拍,4个方向	牛仔步	4
	《5678》	共8个8拍,4个方向	扭胯步	4
	《小精灵》	共3大段,6个动作元素	扭胯步	4
	《一起共舞》	共6个8拍,2个方向	踢腿步	4

三、情景分析

(一)《查尔斯顿牛仔》

查尔斯顿是美国及世界各地富豪的聚居地,这个海滨小镇,也是风光旖旎的度假圣地。查尔斯顿春夏时节特别美,百花盛开,芬芳四溢,与挺拔青翠的棕榈树争相辉映,构成了一幅摇曳多姿的亚热带风情图。牛仔舞起源于美国,跳牛仔舞时舞者手脚的关节放松,身体自然晃动,踏着轻松的脚步,且不断地转圈。牛仔舞跳起来的感觉是激动人心的,有时有强烈的扭摆和迅急的连续的旋转,使人眼花缭乱。《查尔斯顿牛仔》幽默诙谐,令人兴奋,充满着自由浪漫色彩,体现了舞者的自由奔放,能让学生感受到音乐之美、排舞之美。学生通过这支排舞学习,能感觉到牛仔舞粗放的动作、欢快跳跃的音乐节奏、丰富多变的舞步。

(二)《5678》

《5678》是典型的校园舞蹈,适合初中生跳,舞步简单、富有动感,学生能在跃动中感受校园学习生活的欢快与自由。校园生活总是多姿多彩、青春浪漫的。学生扭着羞涩的舞步,踏着强有力的节奏,寻找校园生活的感觉。"5678"是一种节奏口号,体现中学校园的一种生活节奏:课堂—课间,教室—操场。这支舞要体现学生在课间、操场的一种奔放态度、一种追求轻松自由的态度。课堂、教室是学习的天地,而课间、操场是玩耍的天堂。《5678》共4个八拍,4个方向,音乐里唱着 five-six-seven-eight,学生能从每段转换中感受到《5678》的律动,第八拍欢快的跳动转身更能显示出初中生的朝气与活泼。

(三)《小精灵》

精灵指聪明、调皮、惹人喜爱的舞者。这支排舞形容小女孩非常聪明但又有些任性,总有让人想不到的主意,就像《射雕英雄传》中的黄蓉一样,而舞者就需要这份任性,同时跳出自然的纯真。《小精灵》这支排舞适合低年级跳。一群初中一、二年级的女学生,在可爱又富有灵动的音乐指引下,一起舞动。她们犹如上天派到凡间的小精灵,用生命唱响校园排舞。《小精灵》以6个八拍为一个循环组合,打破过去四、八拍的循环组合,这是对舞者惯性思维的挑战。舞者踏着欢快的舞曲,舞动出青春少女特有的朝气,上下旋转、左右摇摆,展现出小精灵应有的美,最后两个八拍,重复开始的两个八拍,有点峰回路转的感觉,值得体会。

(四)《一起共舞》

这支排舞讲述一位拳击者参加比赛的整个过程:从赛前热身到比赛过程中的进攻与防守,再到庆祝比赛胜利,最后手舞足蹈来宣泄自己的情感,表达自己的喜悦与激情。《一起共舞》分两部分:第一部分搏击操有4个八拍,主要讲述拳击手的比赛情况,包括:从开始比赛,到经历激烈的比赛过程,再到比赛结束;第二部分16步,共两个八拍,主要是一种简单的舞步,通过肢体的旋转,表达拳击手胜利后的愉悦心情,以及所有参与者亢奋的心情与激昂的状态。拳击手做准备活动时动作应显得缓慢,进行热身时由慢到快;在表现比赛过程的反应敏捷、进攻防守到位时,动作力量展示是最关键的;取胜后的心情也可以通过舞步来诠释,能表达出拳击者欢快、亢奋的心情;最后的舞步凌而不乱,潇洒飘逸。

四、动作图解

《查尔斯顿牛仔》

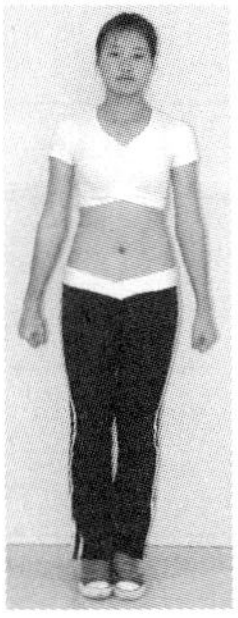

预备:成立正姿势。

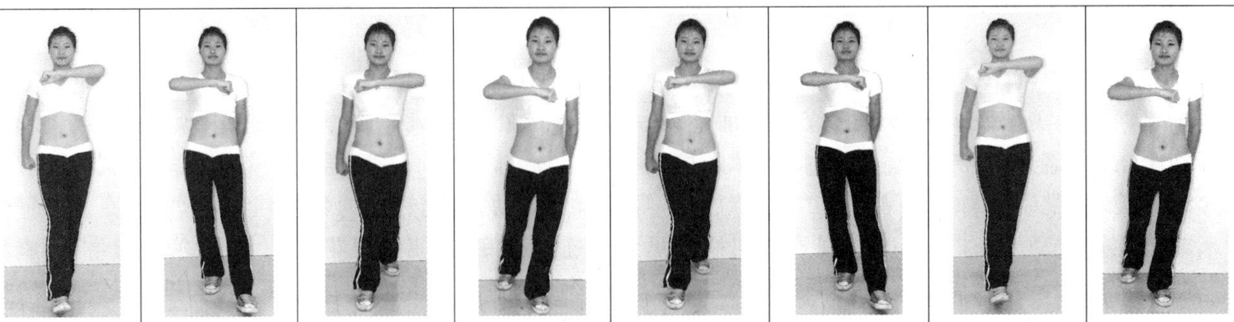

1	2	3	4	5	6	7	8

第一八拍:1 右脚往前迈一步;2 左脚往前跟一步;3 左脚后撤一步;4 右脚后撤一步;5~8 重复 1~4;双手同时自然摆臂。

1	2	3	4	5	6	7	8

第二八拍:1~2 右脚跟往右侧点两次,同时双手往右上方推两次;3~4 右脚后交叉再接前交叉,同时双手自然摆臂;5~8 同 1~4,方向相反,同时往右转 90°,重心在左脚,右脚脚尖点地。

《5678》

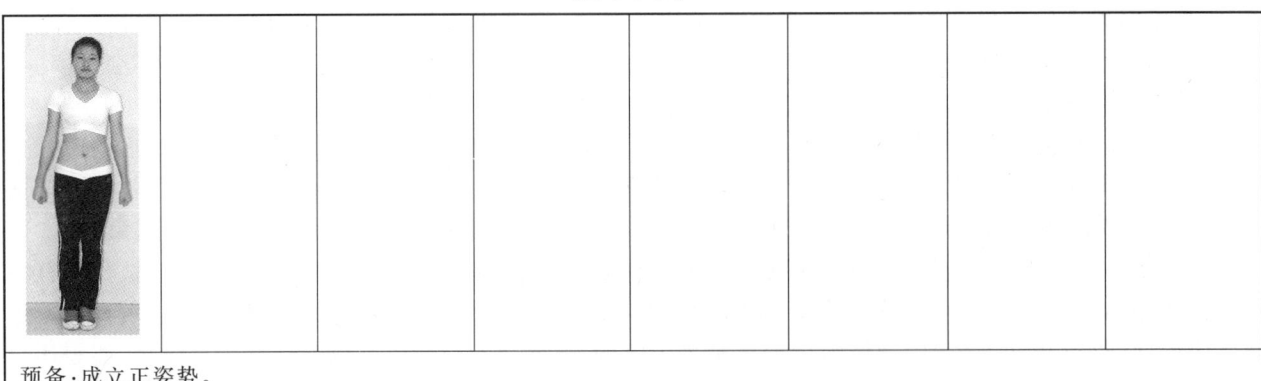

预备:成立正姿势。

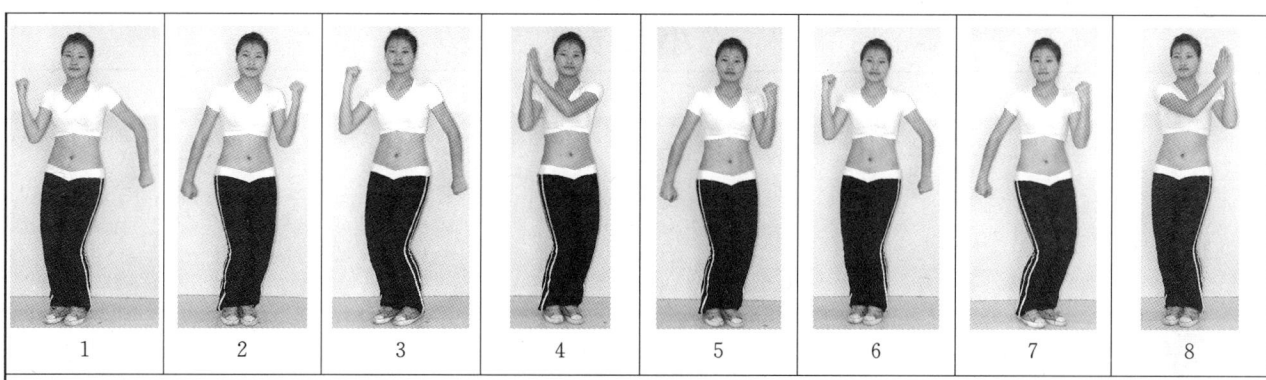

第一八拍：1～4 脚跟、脚尖依次往右挪，同时双手自然摆臂接击掌；5～8 重复 1～4，方向相反。

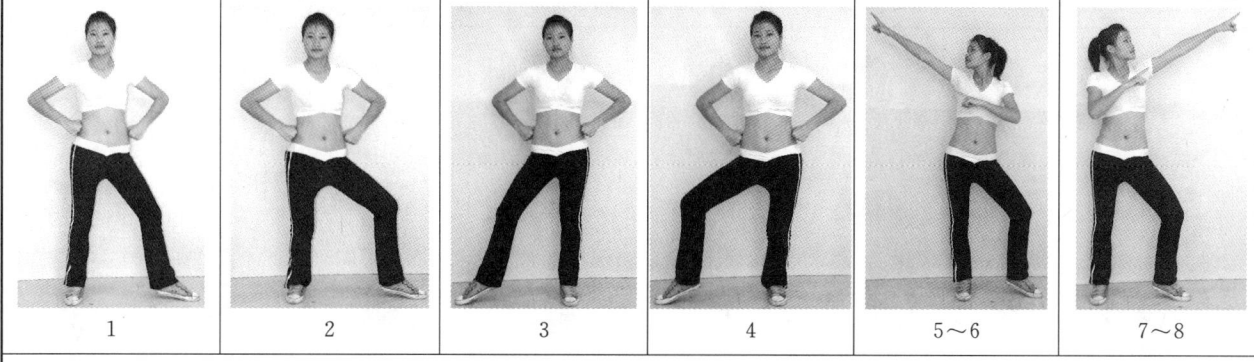

第二八拍：1～2 左脚侧点地，右膝弹动两次；3～4 同 1～2，方向相反，双手叉腰；5～6 重心由左往右移，同时双手由左往右摆；7～8 同 5～6，方向相反。

第三八拍：1～4 往右并步，同时右手上举，左手叉腰；5～8 同 1～4，但方向相反。

第四八拍：1～2 左脚前交叉，右脚弹踢，同时双手合掌前伸；3～4 同 1～2，方向相反；5～8 双脚踏步，左转 90°，同时双手胸前环绕。

《小精灵》

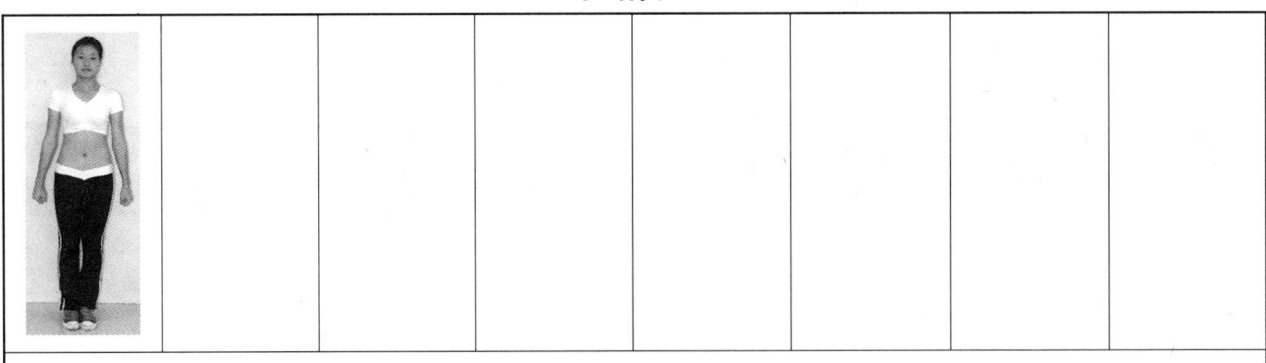

预备：成立正姿势。

第一八拍：1～2往右并步跳，右手眼前自然甩臂；3～4同1～2，方向相反；5～8踏步左转360°，同时双手上下侧摆。

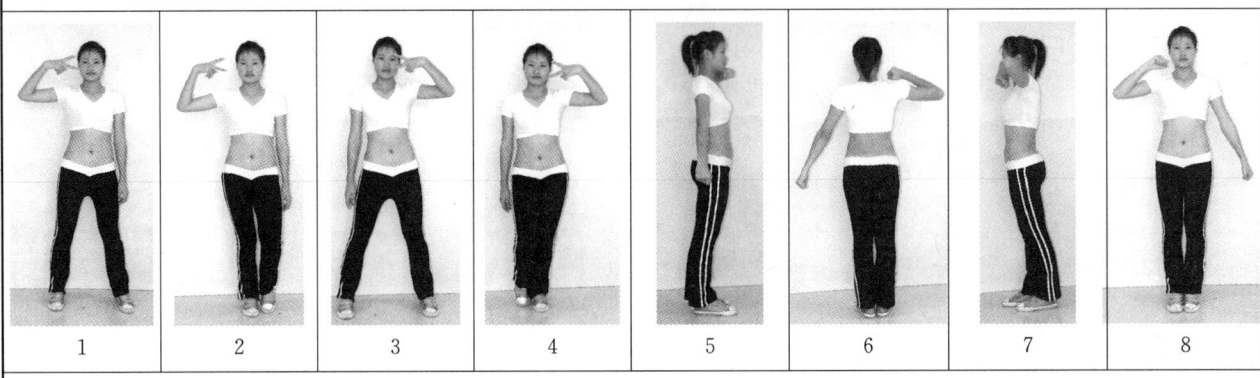

第二八拍：1～2展肩含胸，往右侧并步，同时击掌；3～4同1～2，方向相反；5～6同1～2，右转90°；7～8同1～2，左转转90°，还原。

第三八拍：1～2左右垫步，同时双手上举；3～4右转360°；5～6往右并步，同时伸、收双手；7～8同5～6，方向相反。

第四八拍:1~2顶右胯,同时双手上下摆动;3~4同1~2,方向相反;5~6左转90°,展肩、含胸,手臂自然下垂;7~8右转90°,还原。

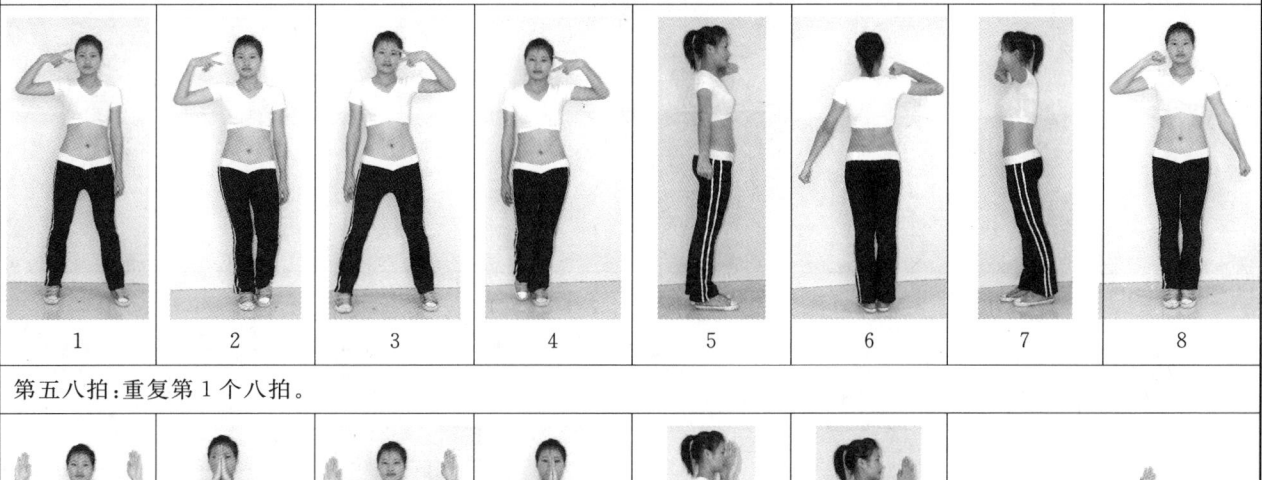

第五八拍:重复第1个八拍。

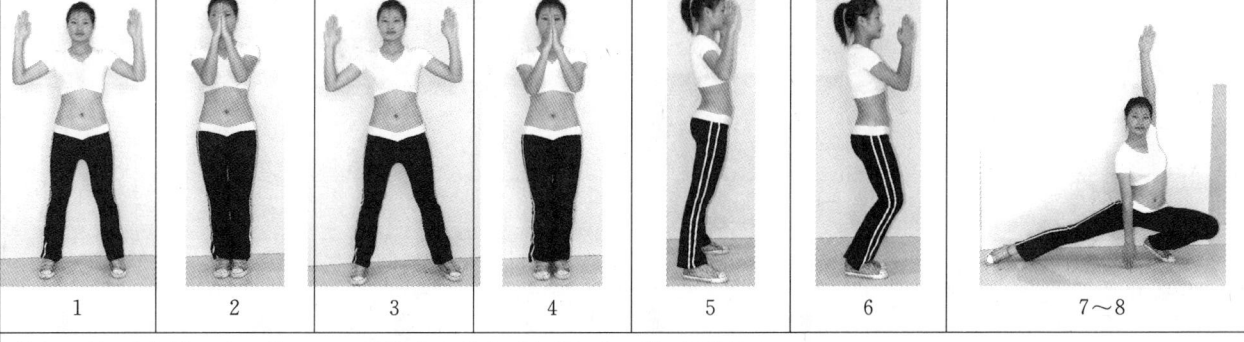

第六八拍:重复第2个八拍;7~8两拍成左仆步,同时左手上举,右手触地。

《一起共舞》

预备:成立正姿势。

第一八拍：1～4 左脚往右后交叉，成并步，同时双手外展接击掌；5～6 右脚侧点地两次，同时右臂冲拳屈臂；7～8 并步往右侧跳，同时右手冲拳两次。

第二八拍：同第 1 个八拍，方向相反。

第三八拍：1～4 左右弓步冲拳；5～6 并步前后跳，同时左冲拳屈臂；7～8 并步前跳，同时左冲拳两次。

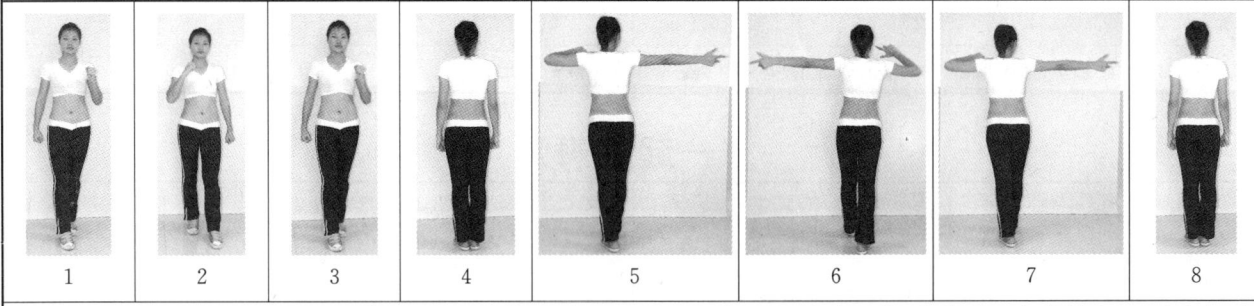

第四八拍：1～4 右脚开始，往前走 3 步同时左转体 180°，双手自然摆臂；5～8 右脚开始，往前走 3 步成并步，双手右左平举摆动至还原。

第五八拍:1~2右脚前后点地,同时双手自然摆臂;3右脚前交叉外摆,双手自然摆臂;4左脚左移一步,右转90°,左手侧平举;5左脚前交叉,左手握拳屈臂至胸前;6右脚向右侧移一步,右手侧平举;7右脚前交叉,同时双手握拳屈臂至胸前;8左脚向左侧移一步,同时双手下摆。

第六八拍:1~4:往右转360°,双手自然侧摆接击掌;5~8:同1~4,方向相反。

第三节　中级课程

校园排舞中级课程是专门为有一定基础的学生开设的,它将传统的发展身体的基本舞码融于现代舞的节奏中,让学生更容易接受。中级课程其特点是动作新颖,节奏鲜明,能全面地锻炼身体。对于正处于发育期的青少年学生较为适用。尤其在发展身体的灵敏度、柔韧性和协调性方面都能起到积极的作用。

一、课程介绍

(一)课程特征

中级课程强调动作的整体性,由当初4个8拍的动作提升到8个8拍,在内容安排上明显丰富于初级课程,在动作节奏上也快于初级课程,整体动作显得比较富有动感。中级课程选用的四支排舞,从易到难排序,逐渐过渡,学生可以在学习过程中体会自己的进步,逐渐加深对排舞的认知。初级、中级课程的层次提升呈阶梯推进,彼此之间的衔接很连贯。初级课程中《一起共舞》的动作难度已经达到中级课程《功夫熊猫》的难度,因此从初级课程转入中级课程的学习在动作难度改变上感觉不会那么明显,这样有助于学生树立信心,能自然地进入下一支排舞学习。

(二)学情分析

中级课程的每支排舞在动作上比初级课程要高一层次,主要学习对象是已经选修过初级课程的学生,在学校主要针对初三、高一两个年段。这一阶段的学生发育逐渐到位,能把肢体语言渗透到对动作的理解中,其动作富有学生个性特点,动作力度明显,学生能从这4支排舞的学习中体验到健康快乐的发展理念。中级

课程的特点是承上启下,既有初级课程的可爱灵巧,又有高级课程的肢体语言。

(三)课程说明

1. 课程目标:树立"我排舞,我快乐"的健康校园排舞目标意识;
2. 课程说明:提高技术动作,培养学生主动参与意识,树立终身体育意识;
3. 课程特点:动作美妙易学,方向简单多变,音乐节奏较快;
4. 课程对象:初三、高一学生。

二、内容简表

中级课程内容参考表

层次	内容	教学元素	重点舞步	教学课时
中级课程	《功夫熊猫》	共4个8拍,4个方向	交叉步	4
	《林间漫步》	共4个8拍,4个方向	爵士方形步	4
	《昆力奔驰》	共3大段,12个动作元素	恰恰步	4
	《拍拍手》	共8个8拍,2个方向	扭胯步	4

三、情景分析

(一)《功夫熊猫》

"功夫"一词让人想起中国特有的文化,而加上熊猫,更能彰显独特的中国元素。可以说功夫已然足够吸引眼球,加上胖墩墩、憨厚的熊猫形象,展现在大众眼前的将是别样的风景。《功夫熊猫》是一部电影,可爱的熊猫展示着中国功夫,如今演绎成排舞,主题曲不变,从那动听的旋律依旧能听出那只可爱的熊猫在夏练三伏,冬练三九。希望舞者能有这份恒心,学习熊猫那勤奋的精神。此"功夫"分三段:前奏的行拳礼,加上第一段中醒目的中国功夫元素,让多少功夫迷为之振奋。第二段开始才把功夫与排舞巧妙融合起来,像一个优雅的绅士系着领带打着太极那般引人注目。其中的一招一式,都让人心动、让人向往。第三段急促而迷人的舞步,似那只熊猫打着醉拳,交错但不杂乱,清晰而有节奏,引人入胜扣人心弦。

(二)《林间漫步》

校园的林间小径,让人感到校园生活的宁静,迎着清晨第一缕阳光,漫步林间小道,那份静谧只可意会,不可言传,小径中有漫步的老者,也有晨读的学生,花香鸟语,一派生机盎然的样子,让人感受校园美好的生活,感受到生命的纯真。《林间漫步》共4个八拍,讲述舞者在校园林间轻盈漫步,不经意间扭动身体,时而欢跳,时而舞动,身段婀娜多姿,突然发现有人注视,舞者立刻收回刚扭出去的胯,转为漫步,脸挂微笑。

(三)《昆力奔驰》

《昆力奔驰》给人的感觉是充满了动力,犹如一辆急速行驶的奔驰车,给人无限动感与力量。《昆力奔驰》作为排舞来演绎,可使这支排舞具有鲜明的节奏,动感的音乐让人想跳跃起来,正如标题诠释的那样,想奔驰,想昆力奔驰,舞者将浑身的力量通过这支排舞展示了出来。《昆力奔驰》共4个八拍,人们仿佛看到:一部奔驰车飞奔在大道上,前方突然路径曲折,驾驶员随即改变方向,临危不乱,时而哼着欢快的曲调,时而加速前进,曲折道路之后,眼前一亮,又迎来康庄大道,车子继续向前飞奔,勇往直前。

(四)《拍拍手》

《拍拍手》,容易让人想起欢庆的场面,其实,它表现的不是庆祝胜利的场面,而是一次普通的校园舞会,在舞会上,大家通过彼此的拍拍手,通过彼此眼神的交流,消除陌生感,从而相互熟悉起来。在舞曲中,我们仿佛能听到一个声音在呼唤着:"来吧,来吧,一起跳舞;来吧,来吧,一起拍拍手;来吧,来吧,一起打破陌生的

气氛。一起跳舞,一起拍手,一起欢呼。校园是一个大家庭,让我们手拉手,手拍手,走到一起来。"

《拍拍手》这支排舞共 5 大段,每一段由 10～14 个 8 拍组成:一群陌生的朋友,初次在校园舞会见面时,面对陌生的面孔,带着些许尴尬,但随着排舞音乐响起,大家扭着不太灵活的胯,一拍连着一拍,渐渐地,肢体灵动了起来,眼神也随着肢体四处流动,曲终人不散,最后大家一起拍拍手,亲密无间。

四、动作图解

《功夫熊猫》

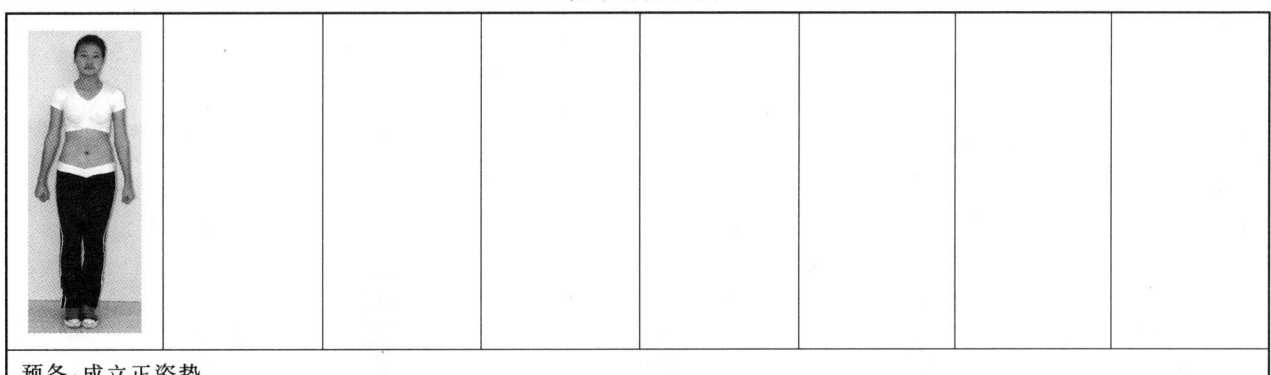

预备:成立正姿势。

第一段

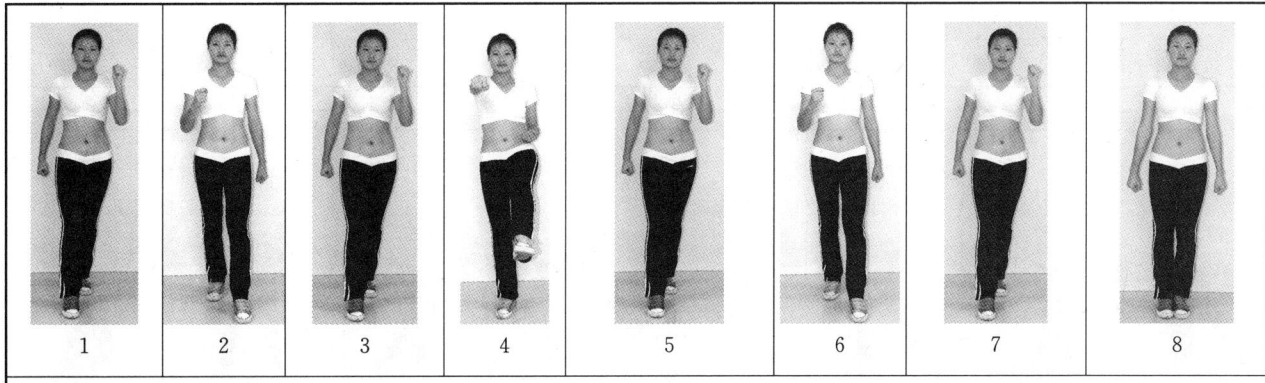

第一八拍:1～4 右脚先往前走 3 步,左踢腿,1～3 双手自然摆臂,4 成右冲拳;5～8 左脚先,往后走 3 步,8 并步跳,5～7 双手自然摆臂,8 还原。

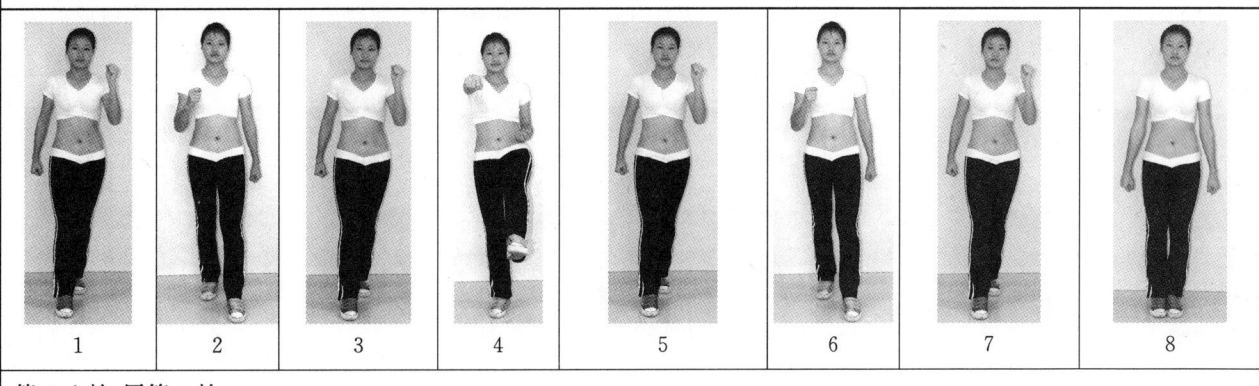

第二八拍:同第一拍。

校园排舞

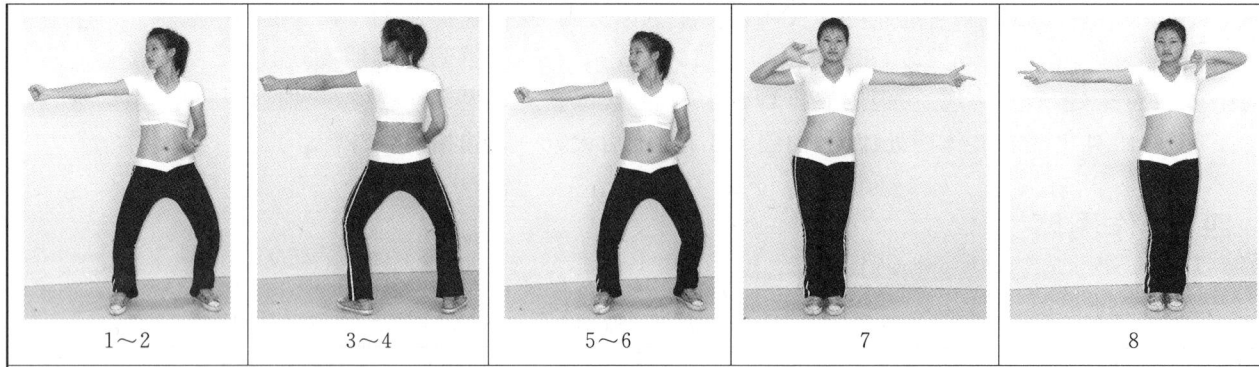

| 1～2 | 3～4 | 5～6 | 7 | 8 |

第三八拍：1～2 右脚右跨一步成马步右冲拳；3～4 转体180°成马步左冲拳；5～6 转体180°成马步右冲拳；7～8 左脚向右并步，同时扭胯并左右平举摆臂。

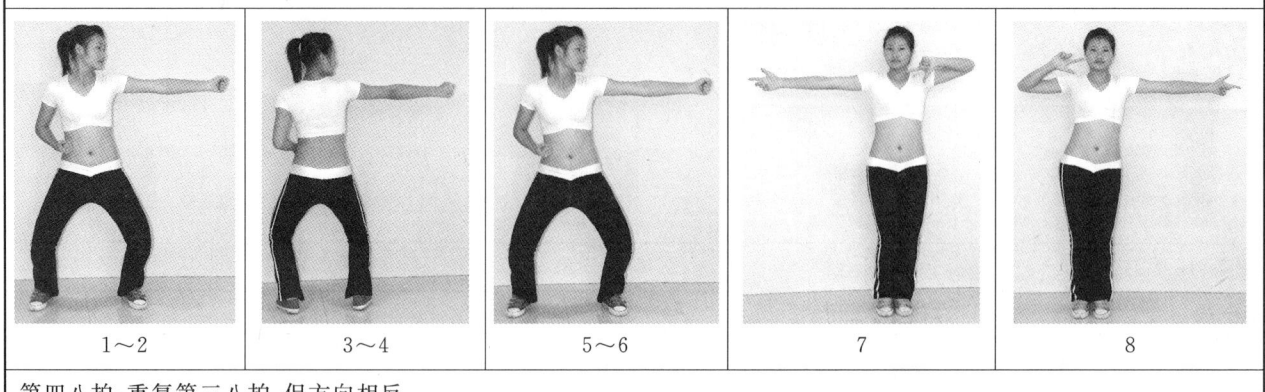

| 1～2 | 3～4 | 5～6 | 7 | 8 |

第四八拍：重复第三八拍，但方向相反。

第二段

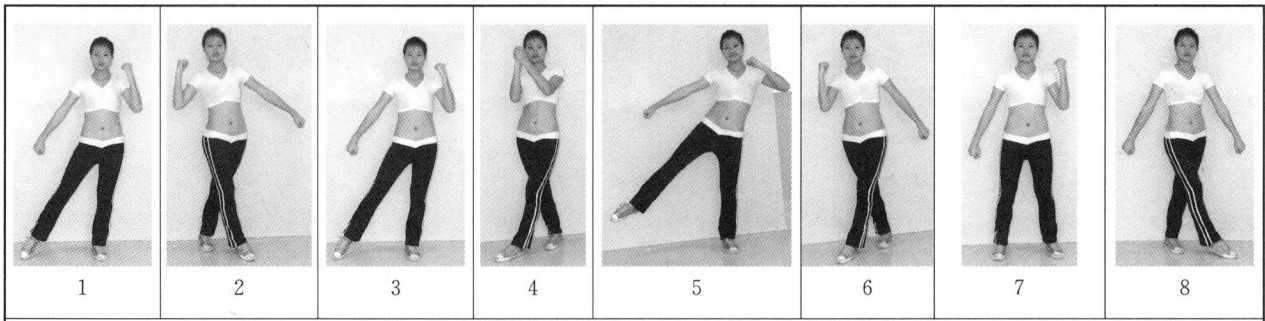

| 1 | 2 | 3 | 4 | 5 | 6 | 7 | 8 |

第一八拍：1 右脚侧点地，2 左脚后交叉，3 右脚侧点地，4 左脚前交叉，同时双手上下摆臂成击掌；5～6 右侧踢腿成后交叉，同时双手上下摆臂；7～8 向左侧移一步，右脚前交叉，同时双手上下摆臂成还原。

| 1 | 2 | 3 | 4 | 5 | 6 | 7 | 8 |

第二八拍：重复第一八拍，方向相反。

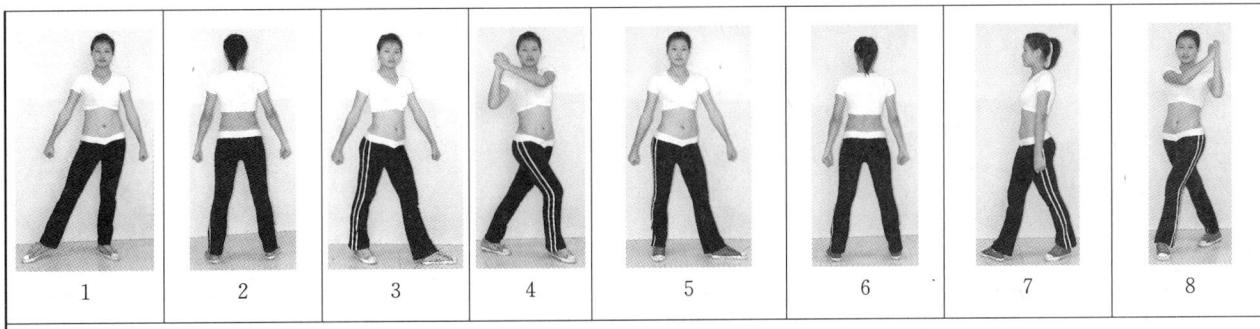

第三八拍：1~4 往右转 360°成左脚后交叉，两臂自然放体侧成击掌；5~8 重复第 1~4，但方向相反。

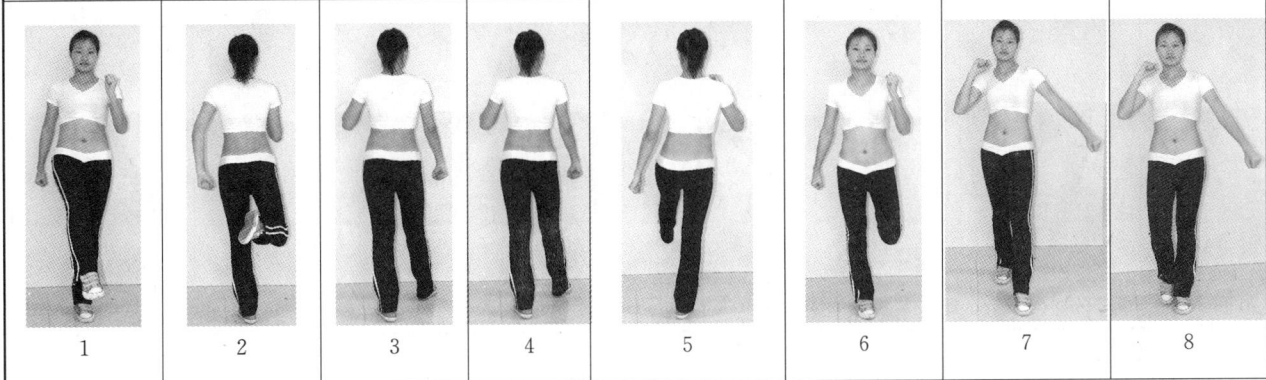

第四八拍：1~2 右脚前踢，往左转 180°，小腿后屈，同时双手自然摆臂；3~4 右脚往前并步跳，同时双手自然摆臂；5~8 重复 1~4，但方向相反。

第三段

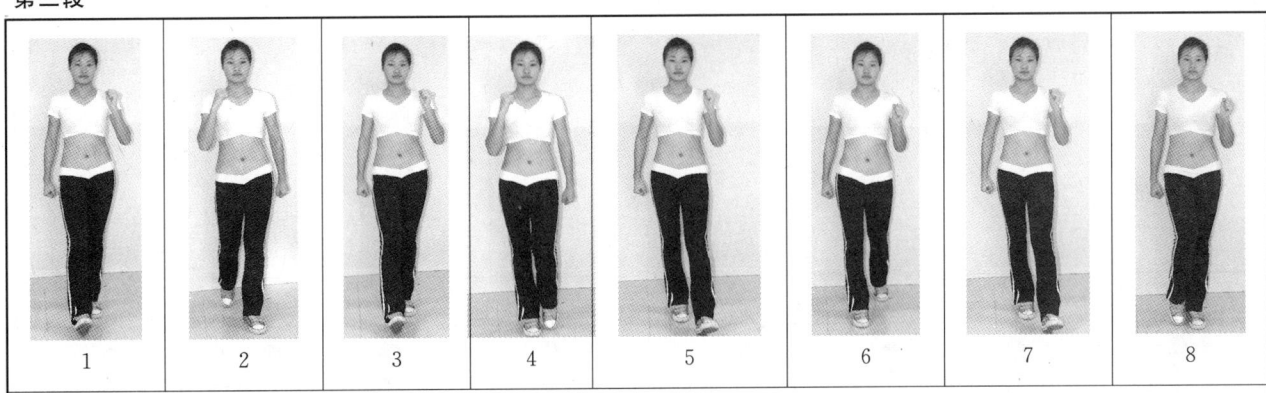

第一八拍：1~4 右脚依次前后点地成并步跳，同时双手自然摆臂；5~8 重复 1~4，但方向相反。

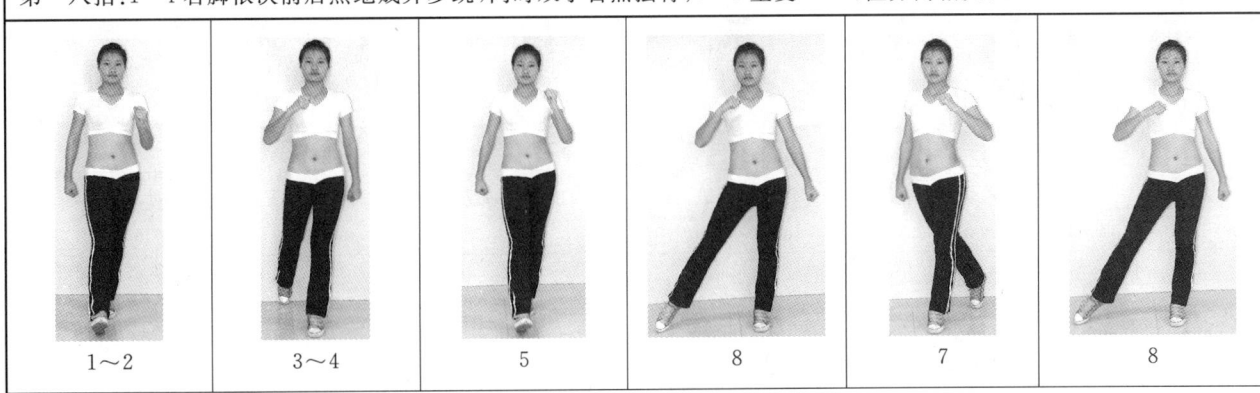

第二八拍：1~4 右脚前后分别点地两次，同时双手自然摆臂；5~8 右脚依次前、右、后、右侧点地，同时双手自然摆臂。

第三八拍：1～4右脚出发，往前交叉走4步，同时双手胸前交叉，下伸，交叉，上举；5～8重复1～4。

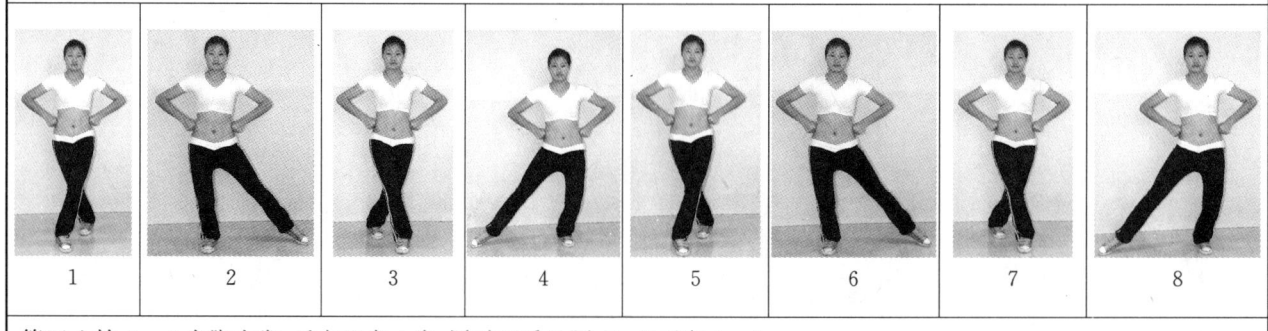

第四八拍：1～4右脚出发，后交叉走4步，同时双手叉腰；5～8重复1～4。

《林间漫步》

预备：成立正姿势。

第一八拍：1—2右脚前交叉接垫步，同时右手侧平举，左手屈肘至胸前；3～4左脚左侧移一步接垫步，手臂同1～2；5～6同1～2；7～8同3～4。

第二八拍：1~4 左脚开始，走爵士方形步，同时左手放在后背，右手从体侧经后往上，再下摆；5~8 同 1~4。

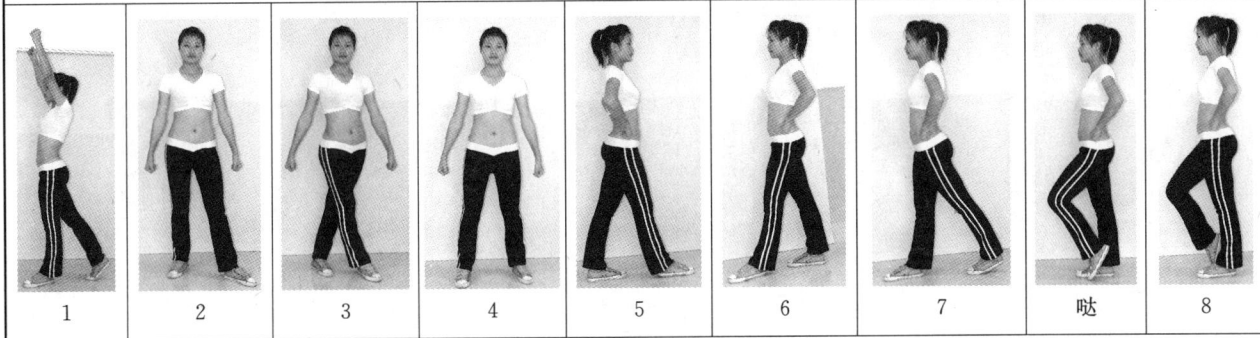

第三八拍：1~4 右脚后、前依次交叉，同时双手由上往下摆；5 右脚迈一步同时左转 90°，6 两脚原地向后左转 180°；7~8 右脚前迈一步，左脚并步换脚，同时双手叉腰。

第四八拍：1~2 右脚斜侧迈出，左脚跟进，顶右髋，3~4 同 1~2，1~3 双手经胸前，一前一后上方打开，第 4 拍双手屈臂至胸前；5~8 同 1~4，方向相反，第 8 拍还原。

《昆力奔驰》

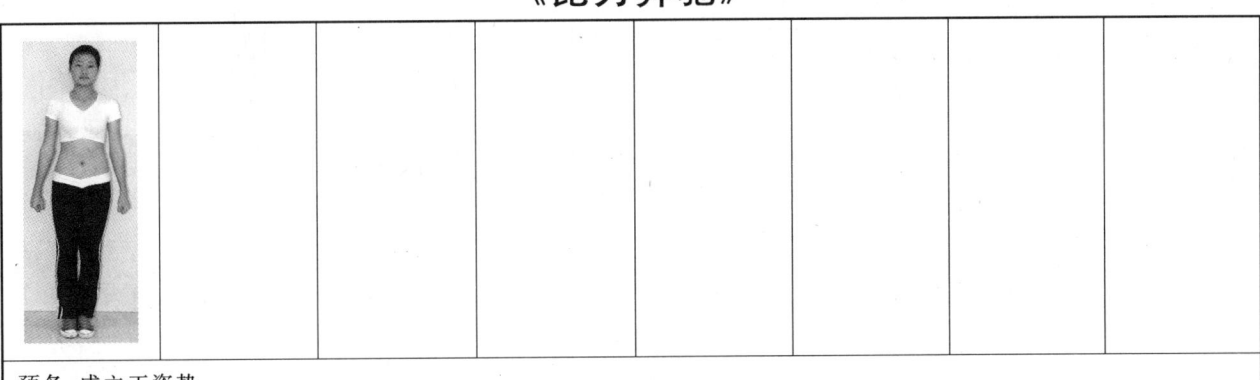

预备：成立正姿势。

第一八拍：1～2左脚垫步往左跳转90°，同时双手左摆，3～4右脚垫步往左跳转90°，同时双手右摆；5～8同1～4。

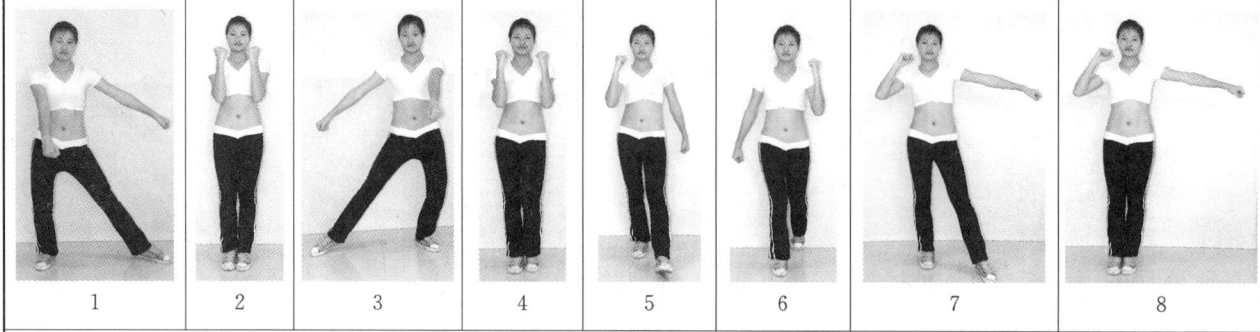

第二八拍：1成右弓步，两臂成一前一侧向下开臂，2左脚回收成直立，双手屈肘至胸前；3～4同1～2，方向相反；5～6左脚前后点地，同时双手自然摆臂；7～8左脚往前并步跳，右屈臂左直臂置体侧。

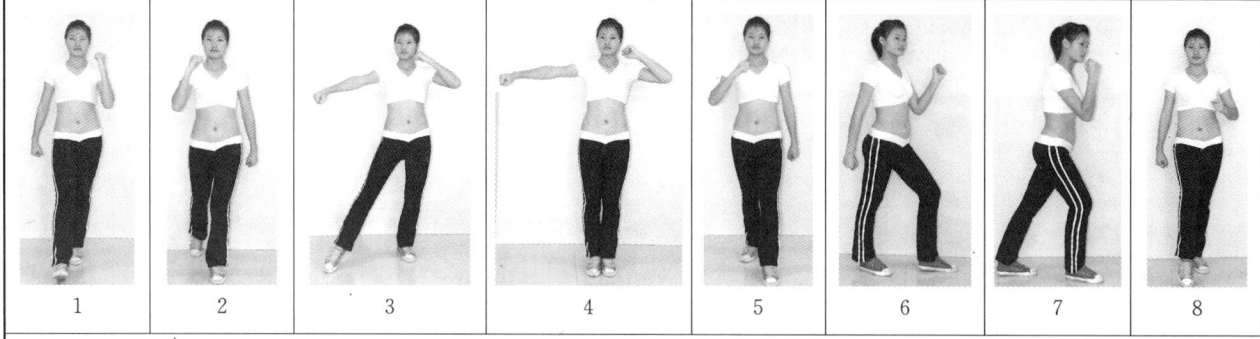

第三八拍：1～4右脚前后点地接并步跳，1～2双手自然摆臂，3～4左屈臂右直臂置体侧；5左脚前进一步，6右脚垫步，7左脚后退一步，8右脚垫步，同时双手自然摆臂。

第四八拍：1～2右脚后撤，左垫步，同时左手叉腰，右手往后方上举；3～4右脚往前走一步，左脚跟上，左屈臂右直臂置体侧；5～6上左脚后右转身180°，5自然摆臂，6双手叉腰；7～8上左脚接并步跳，同时右屈臂左直臂置体侧。

《拍拍手》

预备：成立正姿势

第一段

第一八拍：1~2 右跨一步，左脚半蹲，左并步屈膝，同时双手自然摆臂；3~8 重复 1~2，第 8 拍击掌。

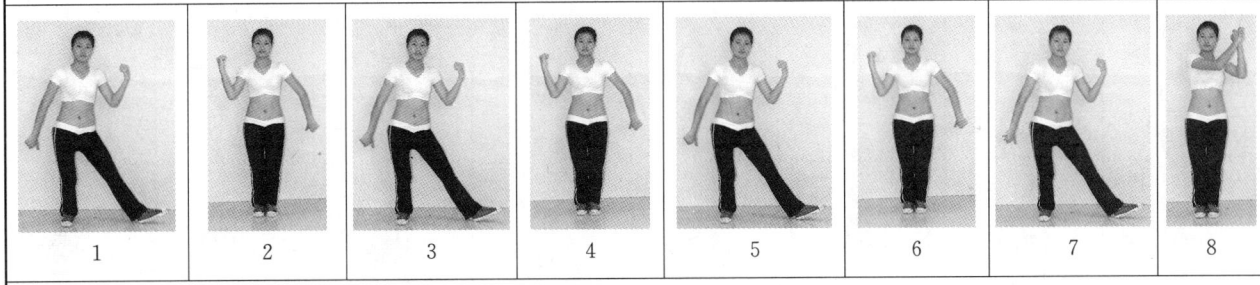

第二八拍：重复第一八拍，但方向相反。第三、四八拍重复第一、二八拍。

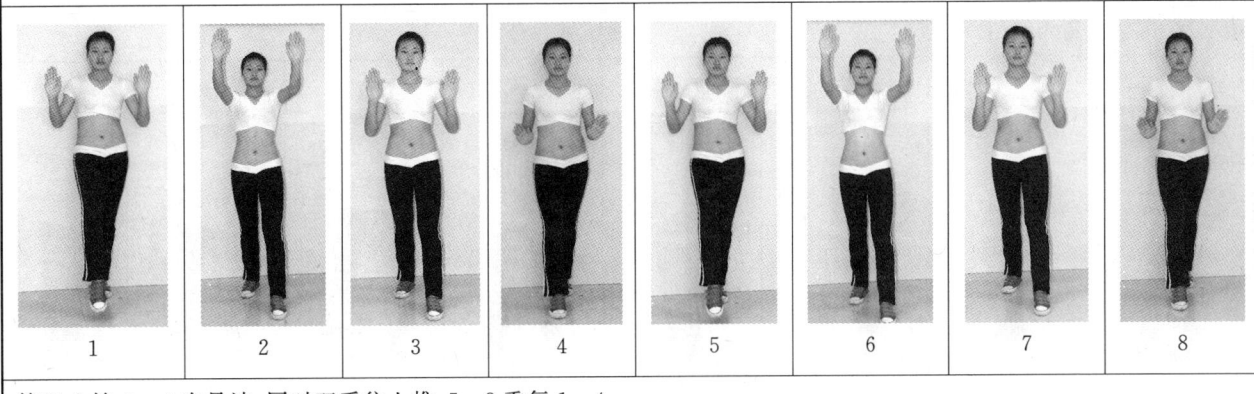

第五八拍：1~4 右曼波，同时双手往上推；5~8 重复 1~4。

第六八拍：1～4左脚在前，右脚在后，屈膝弹动，同时双手前伸后屈；5～8重复1～4。

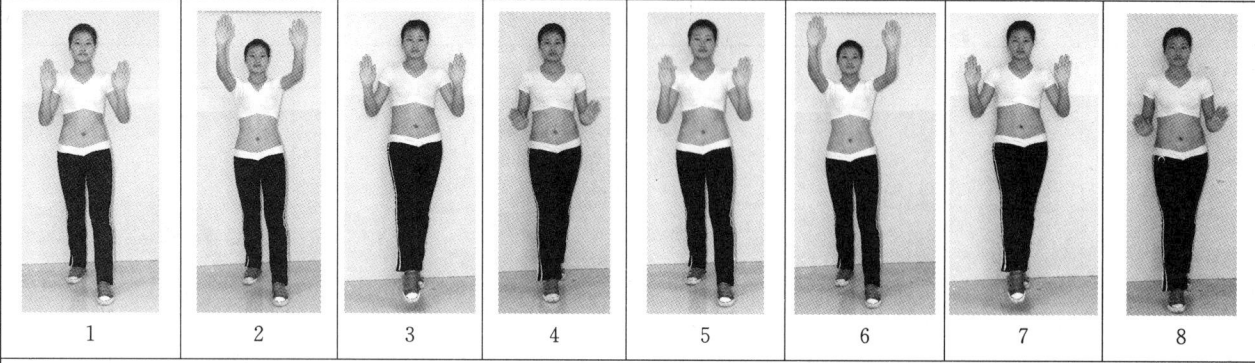

第七八拍：重复第五八拍。

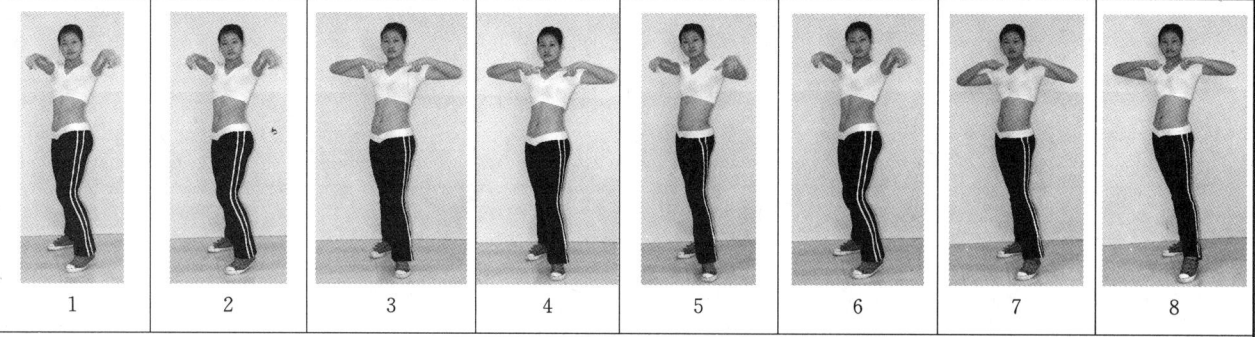

第八八拍：重复第六八拍。

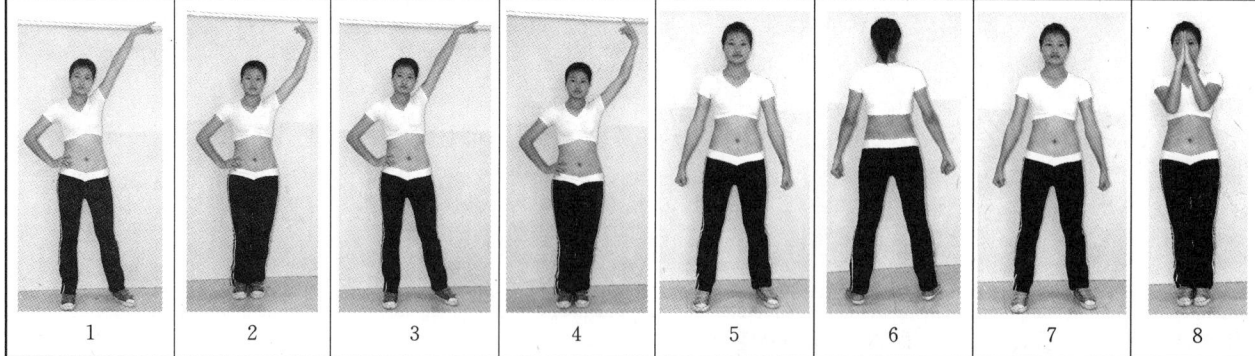

第九八拍：1～4往右并步走，同时右手叉腰，左手上举绕手腕；5～8右脚往右绕360°，5～7双手置体侧，8胸前击掌。第十八拍重复第九八拍，方向相反。上面动作作为第一段，以下还有四段，除插入的过渡动作外，其余与第一段同。

过渡动作一:1~2双膝开合、开,同时双手放置于膝盖上;3~8重复1~2。

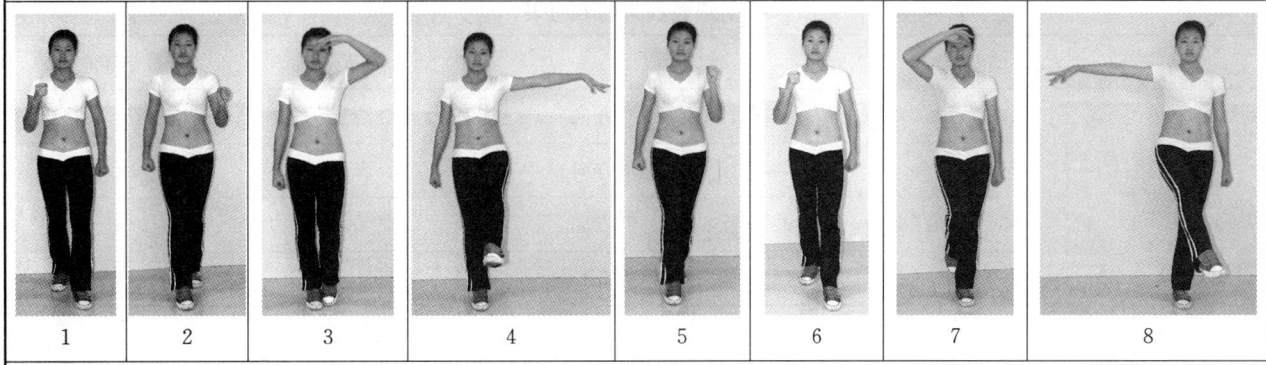

过渡动作二:1~4左脚往前走三步成左踢腿,同时双手自然摆臂成右甩臂;5~8动作同1~4,但方向相反。

第一段没有过渡动作。
第二段在第一段第4拍与第5拍之间插入过渡动作一、二。
第三段同第二段。
第四段同第二段,完成过渡动作一、二、一。
第五段同第二段,完成过渡动作一、二、一、二、一。

第四节　高级课程

高级课程是根据高中生的心理、生理特点而创编的。该层次排舞力求动作新颖、实用和优美。而且课堂中融入创编,配上优美的节奏音乐,既可以作为排舞健身的手段,又可以在舞台上进行表演。该层次排舞题材新颖,动作优美且柔中带刚。动作以抒情的摆动、波浪、扭胯为主,充分展示了高中生的姿态美。

一、课程介绍

(一)课程特征

高级课程选用了4支风格迥异的排舞,强调动作的柔性美与节奏的快速衔接,其动作复杂,节奏感强,层次提升呈阶梯推进。校园排舞三个层次课程之间的衔接相当连贯,中级课程是一个过渡的层次,其中《拍拍手》动作难度与高级课程《读你》动作难度相当。高级课程总体上动作难度大,除了要学习规定舞码之外,课堂上还增加了很多自创动作的学习。高级课程整体动作显得比较成熟、观赏性更强。

(二)学情分析

高级课程安排的内容显得比较成熟,融入很多扭胯动作,动作对肢体要求比较高,其动作包含柔性美。高级课程主要是引导学生根据音乐情景进行自我创编。因此学习对象要有一定的排舞基础,能自己进行排舞学习,在学校里主要针对高二、高三学生。这一阶段的学生已经有独立的思维,身体发育完毕,能较好地融入自己的智慧进行排舞创编。

(三)课程说明

课程目标:树立"我排舞,我行"的实践校园排舞目标意识;
课程说明:提高学生综合能力、创新能力,全面实现"三好四美";
课程特点:动作元素多元,方向复杂多变,舞曲美妙;
课程对象:高中二年级、三年级学生。

二、内容简表

高级课程内容参考表

层次	内容	教学元素	重点舞步	教学课时
高级课程	《读你》	共4个8拍,2个方向	恰恰步	4
	《请你恰恰》	共4个8拍,3个方向	恰恰步	4
	《柔声细语》	共4个8拍,4个方向	交叉步	4
	《快乐列车》	共4大段,32个动作元素	交叉步	4

三、情景分析

(一)《读你》

《读你》,把排舞当成一本书,把舞者当成读者,翻开第一页,开始品读自己。读的是自己对排舞的一种感觉,一种领悟。音乐响起,舞者肢体开始舞动,伴随着轻柔的音乐,大家踏着轻盈的步伐,目光相视,读你、读我,读懂彼此的心灵。心灵涌动时,舞者的灵魂也在感受着排舞的魅力:是排舞让我们这些舞者聚在一起,让我们了解自己和对方,《读你》最终解读的是舞者的心灵,解读的是舞者的灵魂。

《读你》这支排舞共4个8拍。演绎了舞者对排舞品读的过程,在品读排舞的同时也在品读自己。伴随空间多维的旋转,舞者视线也多维地转换;恰恰恰,显示的是舞者的那份自信与洒脱,每次恰恰恰,舞者在舞出那份精彩的同时,已然通过肢体让别人读懂了自己。

(二)《请你恰恰》

恰恰恰,富有动感的3个字,连在一起就形成一股势不可挡的热情,让人心潮澎湃,让人想立刻跳起排舞,这就是恰恰恰的魅力,让我们跟着音乐节拍,一起来恰恰恰,这节拍,正好属于青春的节拍。舞者踏着青春节拍,舞出自己的那份青春与潇洒。《请你恰恰》是舞者发出的最真诚的邀约:周末校园别徘徊,请到校园排舞来,不要在一旁发呆,一起大声呼喊,让校园周末动起来。音乐、阳光,样样都浪漫,烦恼、忧愁都与我无关,让我们大家一起来恰恰恰。《请你恰恰》这支排舞共4个8拍。激昂的音乐声响起,恰恰恰,请你恰恰,舞者每次转身,都那么华丽,每次都面向另外一群的舞者,大家都可以大声喊出:恰恰恰,我们一起来跳个舞,一起感受排舞给我们带来的激情与快乐。

(三)《柔声细语》

轻柔的音乐,在缓慢低吟着,一位舞者,低着头,在沉思着:该如何在轻声细语中读懂自己?舞者迈着轻柔的步伐,道出内心深处的细语,将自己的心灵世界,展现无遗。音乐悠扬地荡漾着,舞者的脚步轻柔灵巧,渐渐地,急促的步伐、多方位的旋转取代了轻柔的步伐,换为快速的脚步转换,如一阵急骤的阵雨,让人感受山雨的狂暴,全然颠覆了《柔声细语》的字面含义。《柔声细语》这支排舞共4个8拍,舞者在优美的音乐声中进行独舞。舞者漫步出场,带着那份低沉,一拍一动间,悄悄地加快了节奏,步伐时而疾进、时而旋转,舞者那份低沉瞬间得到释放,情绪立刻迸发开来,尽情吐露舞者的心声,炫目的舞步就是舞者"柔声细语"的杰作。

(四)《快乐列车》

校园排舞三个层次共12支排舞,《快乐列车》成了压轴之舞,仿佛一列火车从车站出发,一路风景,一路感受,路过查尔斯顿这座迷人的海滨城市时,镇上有跳牛仔舞的舞者,有一群活泼可爱的《小精灵》,《一起共舞》。累了,在《林间漫步》,再开上《昆力奔驰》,驰骋在跑道上,回到校园一起《拍拍手》、《请你恰恰》、《读你》,到达终点。列车驶入车站的那一刻,不是别离,而是快乐的重逢。

此排舞共4个8拍,中间有一段慢节奏,情景设置就是列车驶入山洞,速度由快转慢,给出学生调整的时间,然后列车缓慢加速,学生又开始快乐地驾驶着列车,前行。

四、动作图解

《读你》

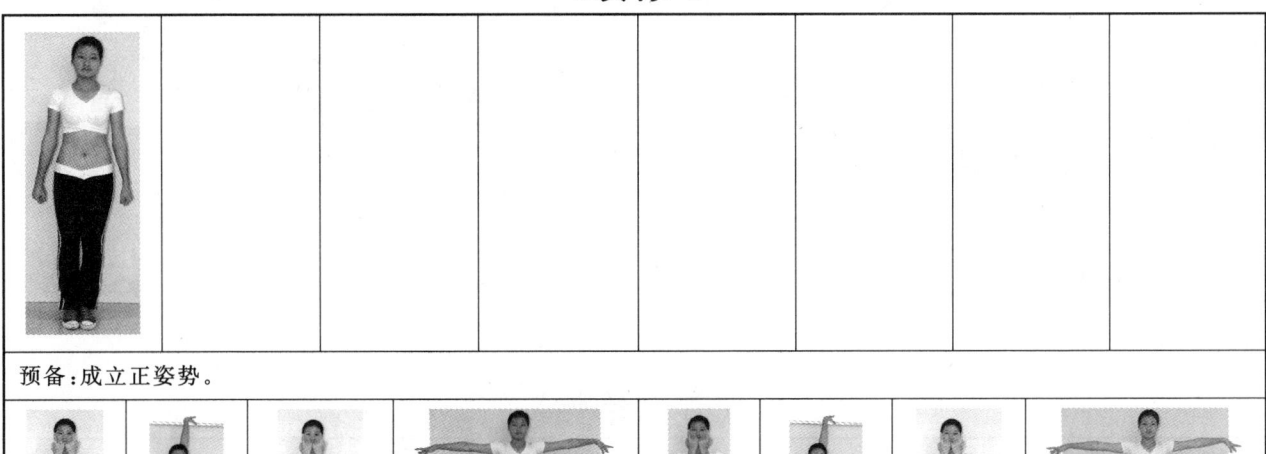

预备:成立正姿势。

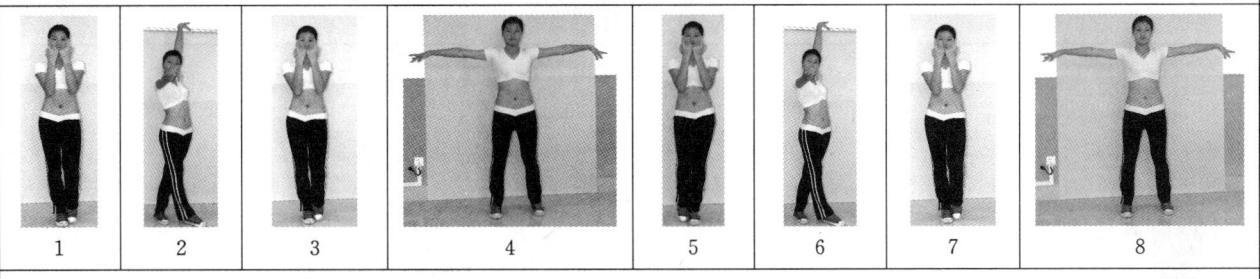

第一八拍:1 并步,双手胸前屈臂,2 右脚前交叉,右手前平举,左手后上举,3 左脚左侧并步,双手胸前屈臂,4 右脚右侧迈一步,双手侧平举;5～8 左脚右侧并步,其余动作同1～4。

第二八拍:1 向左转身90°同时右脚往前走一步,2 向左转身180°,3～4 左脚往前并步走,同时左手放置背后,右手从上至下画"Z"字形后再往前推2拍;5 左脚迈一步,6 向右转180°,7～8 右脚往前并步走,上肢动作同1～4,方向相反。

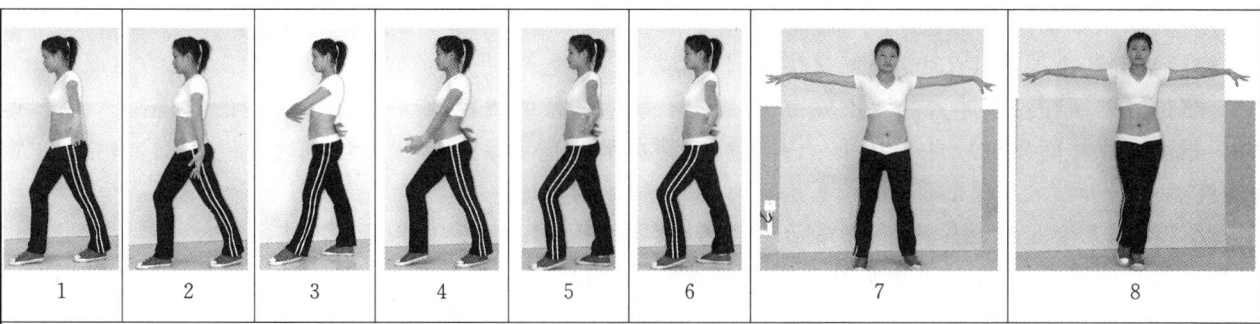

第三八拍：1~2右脚往前迈一步，左脚垫步，同时双手由两侧往中间交叉，掌心朝上由上往下摆；3~4右脚后撤一步，左垫步，右脚往前迈一步，同时左手由上至下画"8"字形，右手置背后；5~6右脚前迈一步，右脚后垫步，同时右手置背后，7~8左转90°接并步跳，双手慢慢打开成侧平举。

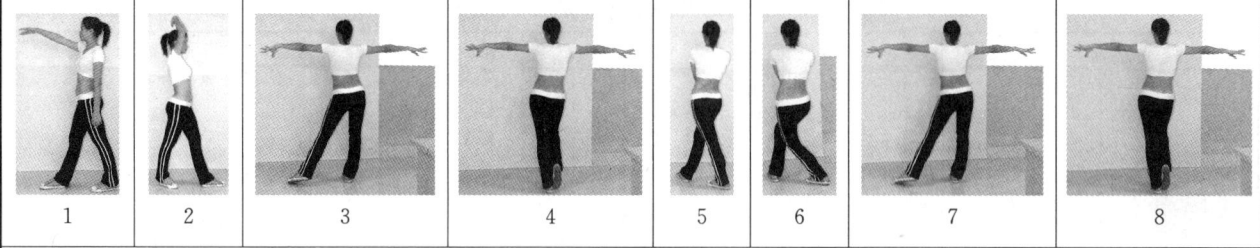

第四八拍：1向左转身90°同时右脚往前走一步，2向左转身180°，左手置背后，右手从上至下画"Z"字形；3~4左转90°同时右脚向右侧移一步接并步，双手侧平举；5~6左脚后交叉，同时双手胸前交叉；7~8右脚右移一步接并步，同时双手侧平举。

《请你恰恰》

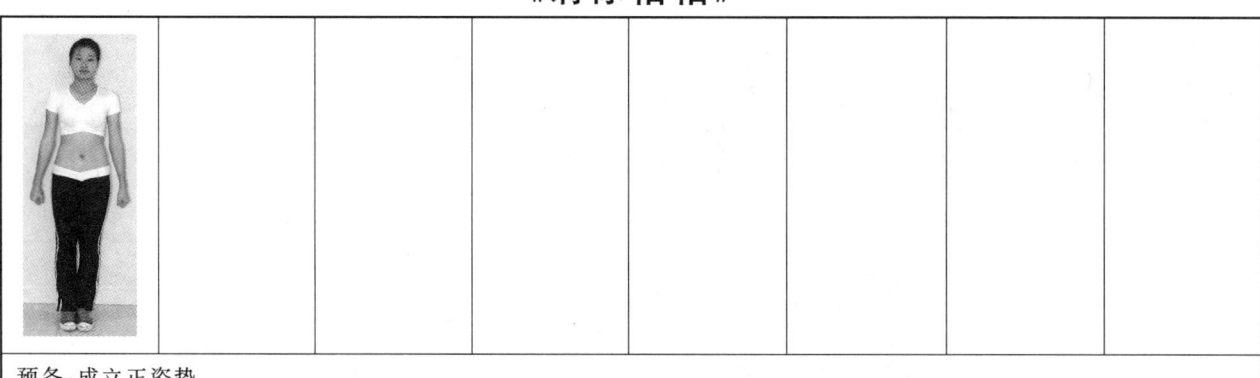

预备：成立正姿势。

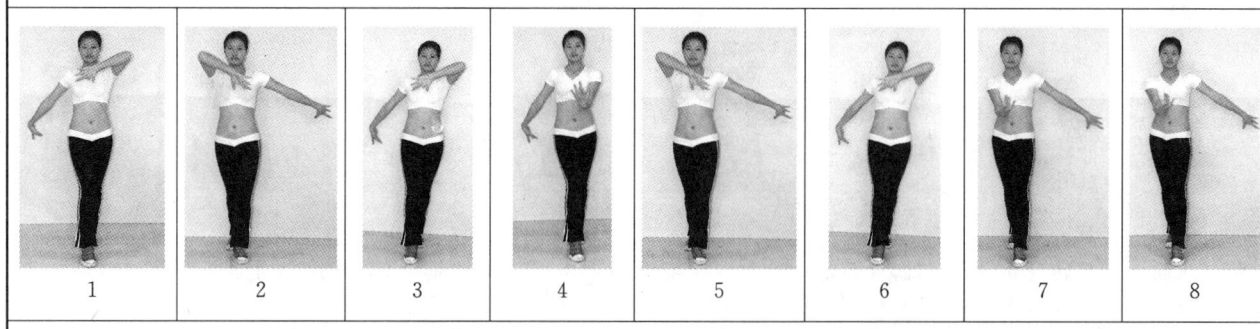

第一八拍：1上右脚，2上左脚，3~4右脚接恰恰，同时左手在前右手在侧，轮换，左手由上往下摆；5上左脚，6右脚垫步，7~8左脚后撤接恰恰，上肢动作同1~4，方向相反。

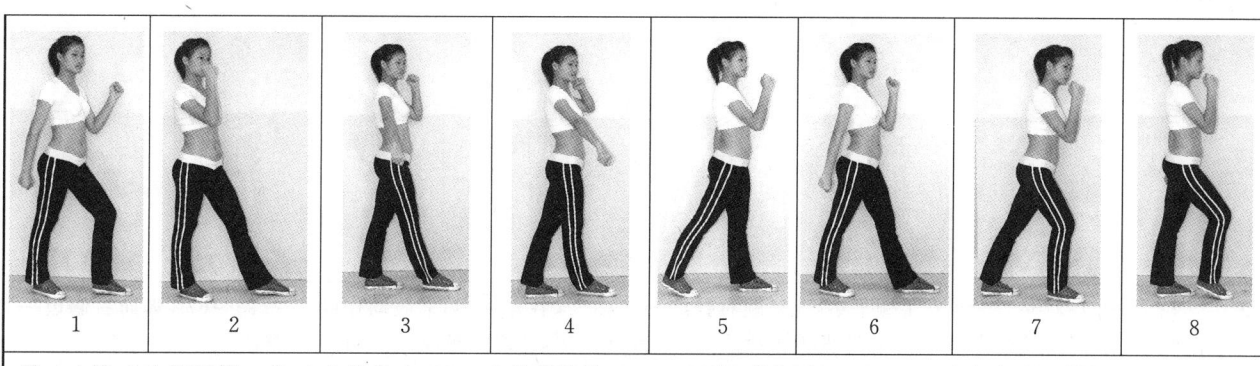

第二八拍：1右脚后撤一步，2左脚垫步，3～4右脚接恰恰，1～2双手自然摆臂，3～4左屈臂右直臂置体侧；5～6左脚前迈一步，右脚垫步，双手自然摆臂；7～8左脚后撤接恰恰，右屈臂左直臂置体侧。

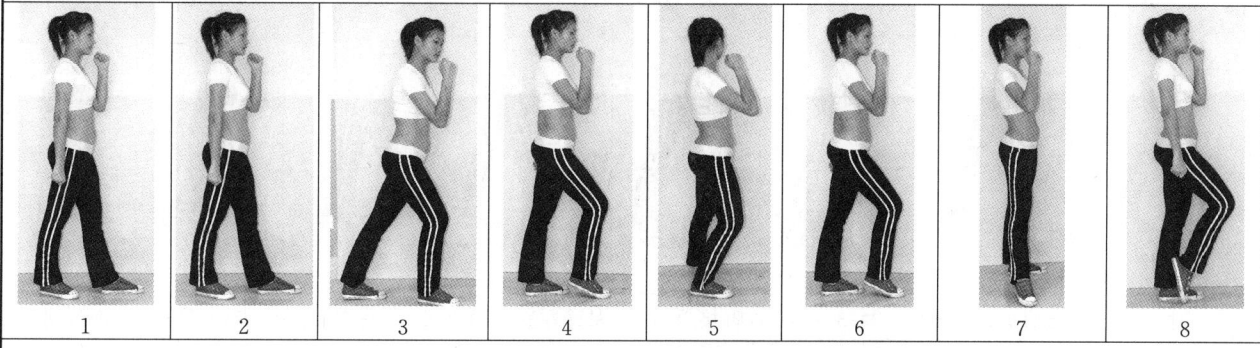

第三八拍：1右脚后撤，2左脚垫步，3～4右脚前迈接恰恰，1～2双手自然摆臂，3～4右屈臂左直臂置体侧；5～6左脚向左侧移一步，右脚并步；7～8右脚向右侧移一步，左脚并步接右脚垫步，同时双手自然摆臂。

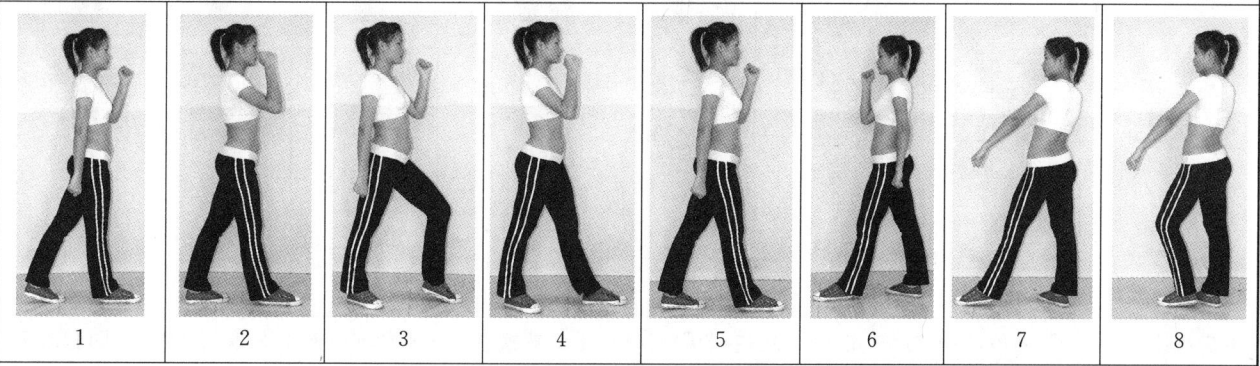

第四八拍：1右脚上步，2左脚垫步，3～4上左脚接恰恰，同时双手自然摆臂；5上右脚，6左转身180°，双手自然摆臂；7～8左脚迈一步接恰恰，右屈臂左直臂置体侧。

《柔声细语》

预备：成立正姿势。

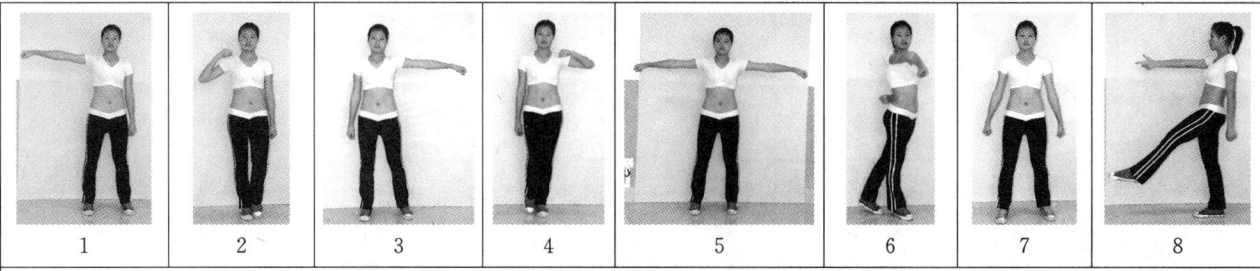

第一八拍:1~2往右并步同时右手侧平举,前臂顺时针绕360°;3~4往左并步,上肢动作同1~2;5~6右脚向右侧迈一步,左转90°,左脚后交叉,同时双手侧平举成摆臂;7~8右转身180°,左脚前踢,同时右手前平举。

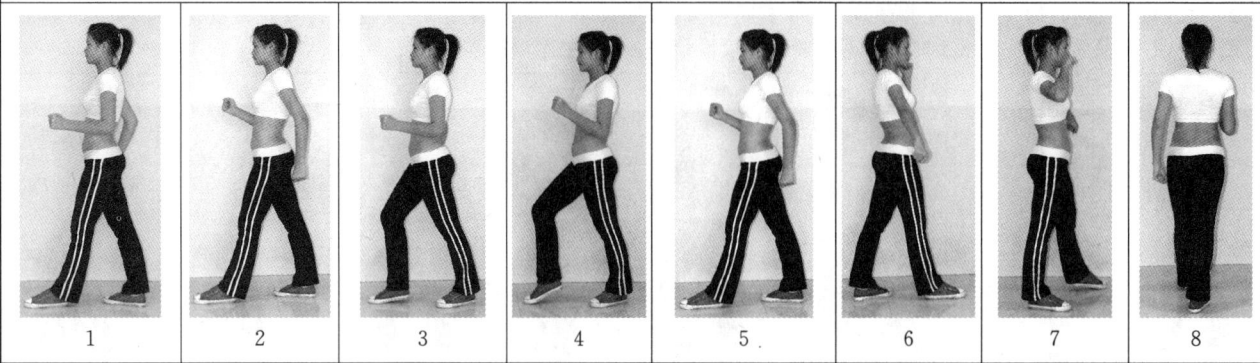

第二八拍:1~2左曼波,双手自然摆臂;3~4上右脚接恰恰,右屈臂左直臂置体侧;5左脚前迈一步,6右转身180°,同时双手自然摆臂;7~8上左脚接恰恰,同时右屈臂左直臂置体侧。

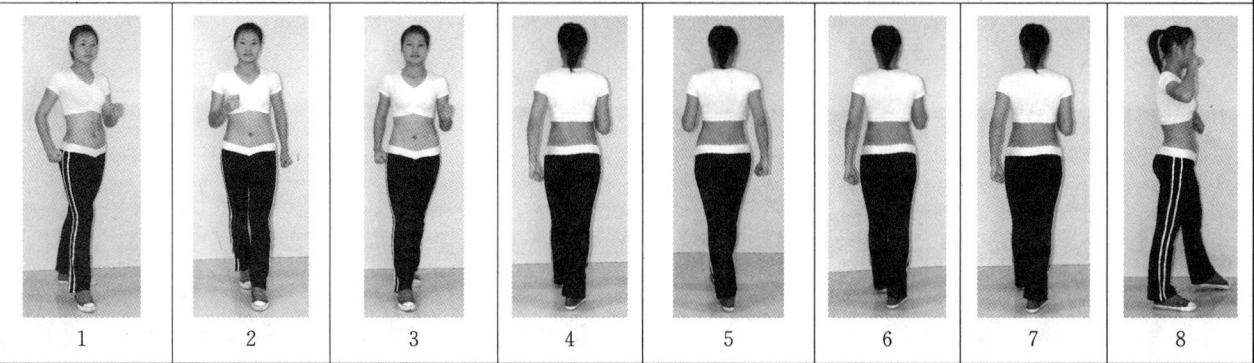

第三八拍:1~4右脚开始,往右转90°走3步,左转180°,同时双手自然摆臂;5~8右脚往前走3步,右转90°,同时双手自然摆臂。

第四八拍:1~2右脚往前迈一步,左转180°,同时双手自然摆臂;3~4右脚前迈一步接并步跳,同时左屈臂右直臂置体侧;5左脚迈一步,6右脚垫步,同时双手自然摆臂;7~8以右脚为轴,右转身360°成左支撑,同时双手自然摆臂。

《快乐列车》

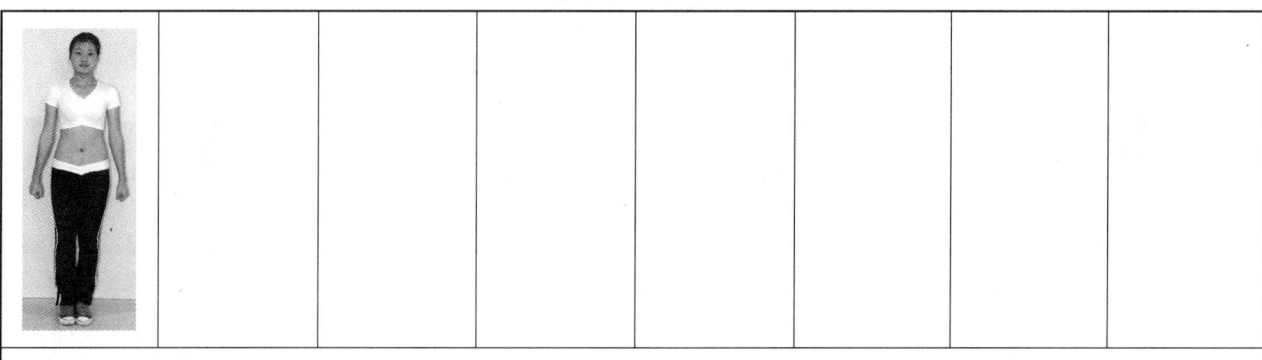

预备：成立正姿势。

第一八拍：1~2 右脚跟着地往前迈一步并内摆、外摆，同时双手屈肘置胸前，由右往左方向摇摆；3~4 重复 1~2；5~8 重复 1~4，但下肢方向相反。

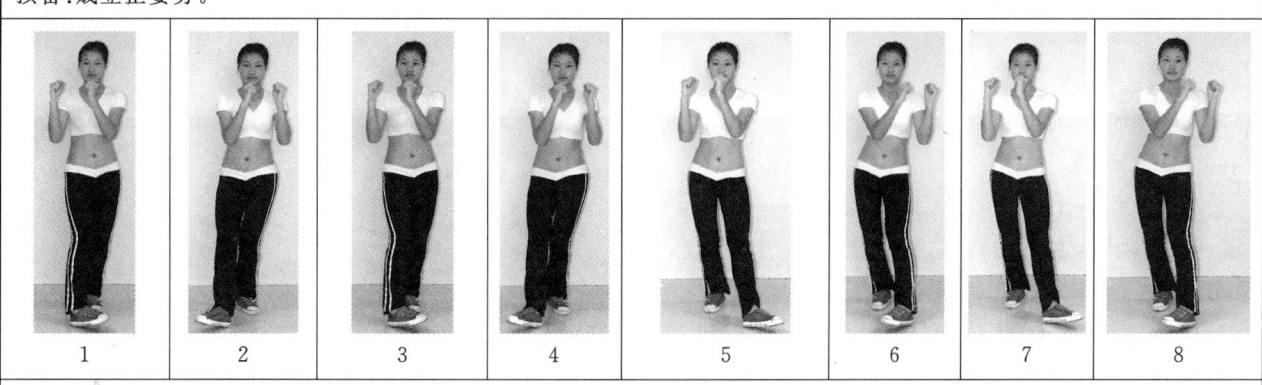

第二八拍：1~4 右脚前交叉，左脚并步，右脚后交叉，左脚并步同时右转 90°，1~3 双手叉腰，4 双手侧平举；5 右脚后交叉，6 左脚并步，7 右脚前交叉，8 左脚并步同时右转 90°，5 双手叉腰，6 双手侧平举，7~8 双手叉腰。

第三八拍：1~8 右脚后、前依次交叉接并步走，8 左脚右转 90°成并步，双手叉腰。

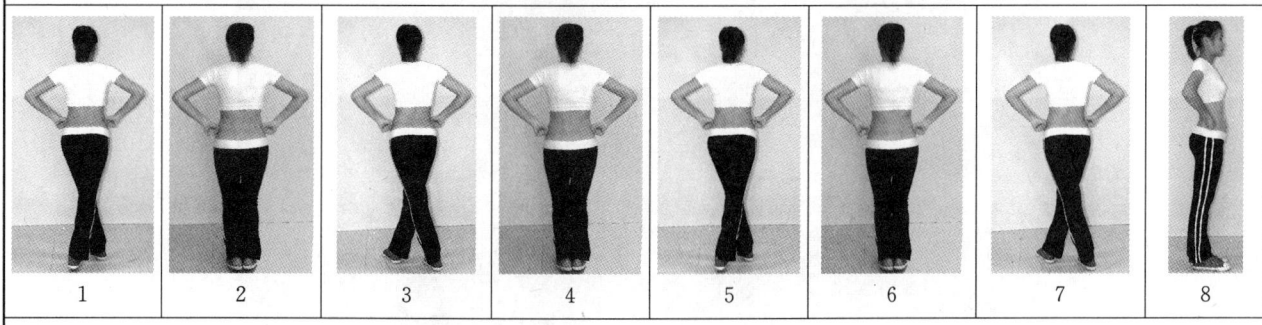

1—2	3~4	5—6	7~8

第四八拍：1~2 右脚往前迈一步，脚尖垫步，双手叉腰；3~4 左脚往前迈一步，脚尖垫步，双手叉腰；5~8 右脚开始，往前跑跳 4 步成并步，同时双手前平举。

实践与探究

一、编操规律

1. 先上后下，上下结合；
2. 先左后右，左右均匀；
3. 有屈有伸，屈伸结合；
4. 有快有慢，快慢结合；
5. 活动全身，突出重点。

二、创编原则

1. 针对性：针对不同对象、年龄、性别、能力以及参加活动的需求，有目的地创编。
2. 全面性：整个身体参与，使身体各部位肌肉、关节、韧带以及内脏器官充分活动，全面发展身体素质。
3. 科学性：负荷由小到大，动作由简到繁，强度由弱到强再到弱，最后恢复至平静状态。
4. 音乐与动作的一致性：音乐是排舞的灵魂，排舞动作与音乐的节奏、风格一致，能够更好地让舞者体验它所带来的美好感受。

三、根据以上的规律与原则完成下列要求

1. 寻找适合做热身操的音乐，寻找 4 个八拍的热身操。
2. 试着编 6~8 节热身操或者 6~8 节消除疲劳放松操。

厦门市海沧中学排舞队参加 2012 年"为厦门市国际马拉松喝彩"比赛现场，卢晗霏同学精彩瞬间（杨陆辉老师提供）

校园排舞基本舞步

任何舞蹈都由其基本舞步作为支撑的,要想学好排舞,就需要掌握基本舞步。因此,本节着重阐述排舞的基本舞步,学好基本舞步,是学好校园排舞的前提。

校园排舞基本舞步参考表

Anchor Step	支撑步	Kick Ball Cross	踢踏交叉
Ball Change	脚掌换步	Knee Roll	膝关节转动
Behind Half Turn	向后半转	Lambada Step	伦巴达舞步
Body Roll	转身、屈体	Limp Step	徐行步
BodyRoll(side/snake)	转身(侧面)	Lock（Back）	向后卡住、锁住
Boogie Jump	布吉跳	Louie Swivels	路易旋转
Boogie Walk	布吉步	Lunge	弓步
Broken Box	霹雳舞	Mambo Step	曼波步
Butterfly	蝶舞	Merengue	梅伦格舞
Buss Step	布思步	Monterey Turn/Spin	蒙特雷旋转
Caixo(Samba Bounce)	桑巴跳	Moon Walk	月光舞步
California Schottische	加州苏格兰漫步圆舞曲	New York	纽约步
Camel Walk	骆驼舞步	Paddle Turn	划桨转
Cha Cha(Turn/Shuffle/Chasse)	恰恰舞(旋转/拖步走/追步)	Pigeon Toe	内收足
Charleston Kick	查尔斯顿踢	Pivot 1/2 Turn	原地半转
Clockwise	顺时针方向	Point	点地
Coaster Step	卡斯特步	Prizzy (Jazz) Walk	爵士步行
Corta Jaca	推割步/快踢步	Progressive Box	直行方步
Counterclockwise	逆时针方向	Push Step	推滑步
Coutra	反向	Roger Rabbit	罗杰兔
Cross Ball Change	脚掌交替变换	Ronde(Front/Back)	圆舞曲
Cubanbreak	古巴蹦步	Running Man	滑步
Cucaracha Diagonal	螳螂舞斜步	Rumba Box	方形伦巴
Dolphin Step	海豚步	Rumba Step	伦巴步
Dorothy Step	多乐茜步	Sailor Step	水手步
Drag	趋步/拉步	Samba Step	桑巴步
Dwight	德怀特	Scissors Step	剪刀步
Fish Tall	鱼尾步	Scuff/Brush	刷步
Fiare	外倾	Scoot	疾行
Flick	弹踢腿跳	Shimmy	西迷舞
Front Back(Reversed)	向前向后(反向的)	Lindy Step	林迪舞步

续表

Full Turn(360degrees)	全转360°转	Shoulder Roll(shrug)	耸肩
Gallop	猛冲	Side	侧行
Grapevine/Vine	葡萄藤舞/藤蔓舞	Skate	滑行
Heel Ball Cross	脚跟脚掌交叉步	Slide	滑动
Heel Bounces	足跟跳	Spiral Turn	螺旋转
Heel Fan	脚跟扇形步	Spot Turn	原地转
Heel Grind	脚跟磨	Step	步法
Heel Split/Switches	脚跟分开/转换	Stomp	踏步
Heel Swivels(Twist)	足跟旋转	Stroll	漫步
Hinge	铰接	Sweep (front/back)	前摆/后摆
Hips Bump	臀部碰撞	Swivel	旋转、旋步
Hips Grind	髋关节磨	Tap	踢踏步
Hips Roll (Circle)	臀部扭转	Three Step Turn	三步转
Hips Sway	臀部摆动	Toe Fan	脚尖扇形步
Hitch	急停	Toe/Heel Strut	脚尖/脚跟、支撑
Hold/Freeze	暂停	Toe Split	脚尖分开
Home(in place)	归位	Twinkle(Waltz)	闪步
Hoola Hoop Turn	呼啦圈旋转	Twist	旋转
Hops/Jumps	单足跳/跳跃	Vaudevilles	轻松歌舞剧
Hustle(Forward/back)	急促向前/后推	Volta(Samba)	垫步(桑巴)
Jackie Gleason Step	杰奇·格里森步	Waltz Box 3/4	方形华尔兹步
Jazz Box	爵士舞	Heel Jack	足跟抬起
Jazz Hand	爵士手	Rambl(Forward/Back)	漫步(向前/向后)
Jessie Polka	杰西波尔卡	Rock(Forward/Side))	摇摆(向前/向后)
Jumping Jacks	开合跳	Witzard Step	威廉德步
Kick	踢	Zigzag "Z"	"Z"形步

第五章　校园排舞课程评价

校园排舞课程评价，是对校园排舞实施过程中人与课程的界定，是教师、学生、校园排舞三者之间关系的总和。高中新课程改革强调评价的重要性，校园排舞想得到合理、科学的发展，就应当把课程评价作为一项主体来抓，突出校园排舞课程评价在校园排舞开发中的地位。因此，评价是否合理、有效，关系到校园排舞目标能否顺利实施，目标能否顺利完成；也关系到学生学习排舞的积极性能否被有效调动。

校园排舞课程评价力求突破只重视技能掌握程度的局限，而更强调学生学习主动性、情感态度表现、探究合作、"三好四美"达标程度等等，强化评价的激励和发展功能；既重视教师的终极评价，也重视学生的自我评价和互动评价；既重视定量评价和终结性评价相结合，也重视定性评价和过程性评价相统一。

课程评价要强化三个理念，即尊重学生、数据真实、客观全面。

一是评价要尊重学生，尊重不同群体的差异，考虑学生自评与互评的成效。新课程改革强调"以生为本"，因此我们课程评价就要把尊重学生摆在首位，使评价为学生服务。

二是评价要注重真实性，评价的结果是为了客观真实地反映学生真实水平，教师要注意结合多种评价形式全面地体现学生学习效果，评价要注重以可量化的数据为依据，让被评价者心服口服；

三是评价要全面，从不同方面进行评价，旨在促进学生进步，促进学生综合能力发展，让学生看到自己的优点，树立信心；也通过评价让学生发现自己的不足，以便自己找到改正或改进的方向。

中学时期，学生正处于身体、心理和技能发展的敏感期。因此，在构建校园排舞课程评价时，必须尊重科学，以体育与健康的科学原理为基础，根据学生的年龄特点与心理特征，科学地选择课程评价内容，使课程评价形成一个合理的难度梯度，逐渐提高要求，便于学生循序渐进地掌握。同时，在构建课程评价内容时，要考虑学生的个体差异，无论在课程评价内容的安排上，还是在课程评价的方法与措施上，都应当留有一定的拓展空间，便于教师在教学的实施中因材施教，使校园排舞课程评价促进学生发展。

本章节首先从评价对课程的重要性进行阐述，在制定课程三个层次的水平标准评价，让评价具有更直观的效果；其次从课堂教学评价入手，使得校园排舞课堂评价具有非常强的可操作性；最后从学生自我拓展评价介入学生的课外学习，以此促进学生自主锻炼习惯的养成，树立终身体育意识。

第一节　评价概述

一、评价原则

校园排舞教学评价应以学生发展为基础，评价要关注不同层次校园排舞所设定的目标要求，因人而异，既尊重个体差异，也考虑个体努力程度，对其进行合理引导，以促进每个个体最大可能地实现自身价值。

1. 评价功能的发展性原则。校园排舞评价是为了更好地引导校园排舞朝健康、科学的方向发展;促使教师提升业务素质,努力钻研教学教法,让科研引领教师业务发展;促进学生主动地参与校园排舞学习,力争达到"三好四美"的发展目标。

2. 评价主体的多元性与互动性原则。校园排舞课程评价是校园排舞课程设置的重要环节,符合新课改注重课程评价的精神。其广义的评价主体包括学校、家长、社区,狭义的评价主体包括教师、学生。可以说,从评价主体看,涉及面广,体现了评价主体的多元化,评价的多元主体能实现评价的互动,良好的互动,才能确保评价的合理与到位。

3. 评价内容的多样性原则。评价内容包括校园排舞水平标准评价、课堂教学评价、学生自我拓展评价,这三方面评价相辅相成,构成一个完整的体系。多样的评价内容有助于课堂教学更加开放,有助于学生学习更加自主,有助于校园排舞可持续发展。

4. 评价过程的针对性原则。校园排舞课程的评价主要针对校园排舞目标的确定、音乐的选择、内容的组织、结构的编排方式等方面展开。

二、评价意义

新一轮基础教育高中体育改革把校园排舞课程评价摆到与教学同等的高度,校园排舞教学评价是高中体育改革的重要产物,对校园排舞发展具有很强的指导性,它影响着校园排舞改革的发展方向与高度。要想引导校园排舞持续发展,就要制定合理有效的评价制度,建立促进学生各个层次全面发展的评价体系。评价不仅要关注学生的最终成绩,而且要注重学生在学习过程中对知识的积累与理解,及时发现学生已有的能力,理解学生的需求,提升学生的发展潜能,促进学生在原有水平上继续发展。

1. 评价是为了引导校园排舞可持续发展,满足学校体育发展的需要,丰富体育课程设置,通过评价数据分析,可以看出课程设置哪些地方还需要提高与完善。

2. 评价是为了促进学生发展,能客观地反映学生真实水平,最终促进学生更好地学,通过评价数据分析,能从不同侧面发现学生的优缺点,从而更有效地指导学生发展。

3. 评价是为了促进教师专业化发展,让教师关注不同学生的个体差异,寻找解决问题的办法,发现课程的优缺点,促进教师更好地教学。

总之,课程评价能促使学生采用更合理的学习方法,提高学习效率,为教师改善教学策略提供依据,成为学生学习的动力、教师发展的指示灯,促进校园排舞往更高方向发展。

校园排舞课堂教学,师生互动。(张向阳提供)

三、评价内容

评价内容包括以下几个方面：

1. 水平标准评价。校园排舞水平标准评价包含初级、中级、高级三个层次水平标准的评价，评价内容包括各套校园排舞的技能等级标准以及学生的体能（耐力、力量、柔韧）、综合能力这三个方面。

2. 课堂学习评价。校园排舞学习评价是校园排舞整个开发过程中课堂评价的具体体现，内容包括学习情况评价、过程性评价、终结性评价等共12个小项的评价。

3. 自我拓展评价。内容包括课外学习态度、课外锻炼计划的制订和实施、自主学习过程中的自控能力、完成动作的成功感、学习的团结合作意识这五个维度，五个维度都不是单一存在的，而是相互影响，相互促进。

四、评价模式

合理的评价系统是构建有效学习方式的保证。校园排舞学习评价要注重其可持续发展，不能只是简单地进行成果总结，更多的应是一种过程性、动态的评价；评价结果出来之后，要进行合理、有效的分析，这样才能有助于今后个体发展的最大化。正如斯塔弗尔比姆所说的，评价"最重要的意图不是为了证明，而是为了改进"。

1. 过程评价和终结评价相结合。应加强和重视过程评价在终结评价中的比例。比如，在评价时要充分考虑校园排舞设置的总体课程目标是否达到？其过程表现如何？学生的能力是否在原有的基础上得到大幅提升？结合过程性评价与终结性评价，可以了解校园排舞开发过程的情况及学生发展的一些信息。过程性评价更多地考虑学生的过程表现、进步幅度，这种评价有助于给那些基础差的，但又很努力的学生找到自信。

2. 评价主体多样与互动相结合。评价形式可以分为自评、互评、师评三种形式。根据评价内容的多样性，我们采用的评价主体也是多样性的，且评价主体之间是互动的。自我评价是一种比较直观、显性的评价，自我评价在内容设定上要多考虑评价参与者的主观能动性这层因素，有时可以作为同学之间互评与教师评价的参考；采用互评时，先参考自评状况，再结合学习过程中对同学的观察分析，使评价更客观、更具有操作性，互评中也可以考虑学生对教师的评价，只有这样互动的评价，才能促使教与学共同提高；师评在学生学习评价中是最客观的，是对学生进行整体性、过程性评价的一种把握。师评结合自评与互评，这样的评价最终能使评价更合理、真实。

3. 定量评价与定性评价相结合。校园排舞进行终结性评价时，不能忽视对学生的身体素质、体能、综合素质等各种指标的量化分析。要建立学生个人成长档案，积累日常数据和材料，为最终评价提供合理依据，最终使定性评价和定量评价得以有效地结合，这种评价有助于校园排舞建设更加规范、合理化，对学生的评价更加客观、准确。

4. 传统与创新相结合。校园排舞课程评价的创新性在于评价的过程把"三好四美"纳入考评范围，"三好四美"主要看学生七要素的改变状况，通过自我评价看学生"三好四美"指标的完成情况；教师的终结性评价主要看学生"三好四美"的终结性评价数据，根据数据来衡量教师采用的教学策略是否有效以及提升空间是否广阔？从这两方面数据来看校园排舞"三好四美"七要素设计是否合理？哪些地方值得改进提高？这种评价有助于突破原有的评价思维，拓宽评价视野。传统的评价主要采用考试，新课程改革只把考试作为评价的主要方式之一，但不是唯一的，它结合了其他的评价方式。课程评价应根据评价的意义、性质、内容和对象，选择与课程相符合的评价方法，结合过程性评价及终结性评价，体现评价过程的全面化，再结合问卷、访谈、课堂风采展示、成长记录等形式观察和评价学生，充分利用评价的特有功能促进学生的进步，使评价成为促进学生发展的一个重要过程。

第二节 评价操作

　　校园排舞课程评价的目的是为了真正实现各层次规定的教学目标,真正体会、理解发展内涵,从多方面衡量学生学习效果,从最终效果来分析整个校园排舞课程设计的优缺点。

　　新课程改革强调课堂教学要注重评价这一环节,因此良好的评价是衡量一节课效果如何的关键。评价主体的多元化与互补性决定了课堂评价的有效性与合理性。校园排舞学习评价可以反映出校园排舞设计的好坏,影响校园排舞课程设计评价。评价内容包括学习情况、过程性评价、终结性评价三大项。每一项评价都含有自评、互评、师评三种形式,这三种评价相互制约,给予学生充分的自主权,也提高了教师评价改进的空间。自评是基础,是学生认识自我的一个过程;互评是同学之间相互了解、相互沟通的一个过程;师评是综合,是结合学生整个学习过程而进行的一种评价,比较全面、客观。

　　校园排舞课程评价操作包括:三个层次的水平标准评价、课堂教学评价、自我拓展评价。

一、水平标准评价

课程水平评价内容参考表

水平内容	初级课程		中级课程		高级课程	
	教学内容	评价内容	教学内容	评价内容	教学内容	评价内容
技能素质	《5678》	交叉步、扭胯等组合动作	《功夫熊猫》	武术元素及组合动作	《读你》	恰恰步及组合动作
	《查尔斯顿牛仔》	牛仔舞步及组合动作	《林间漫步》	爵士方形步及组合动作	《请你恰恰》	恰恰步及组合动作
	《小精灵》	6个八拍的起始循环	《昆力奔驰》	恰恰舞步及组合动作	《柔声细语》	扭胯、交叉步等组合动作
	《一起共舞》	搏击操及组合动作	《拍拍手》	扭胯步及组合动作	《快乐列车》	交叉步及组合动作
体能素质	柔韧耐力	坐位体前屈、800米	柔韧力量	坐位体前屈、掷实心球	力量耐力	掷实心球、800米
综合素质	音乐剪辑、排舞串烧	利用音乐进行简易的排舞串烧	音乐剪辑、排舞创编与动作组合	利用提供的音乐进行部分自编	音乐寻找及剪辑、排舞创编与组合	寻找合适的音乐进行动作创编组合

课程等级、学习评价等级与标准参考表

水平层次	内容评价内容	评价等级与标准			
		优秀88~100分	良好75~87分	及格60~74分	不及格60分以下
初级课程	技能	能够熟练完成所学的舞码,舞步动作准确、幅度大,准确把握音乐节奏,表现力强,与同伴合作愉快。	能够较熟练完成所学的舞码,舞步动作较准确,较准确把握音乐节奏,表现力较强,与同伴合作较愉快。	不能较好地完成所学的舞码,舞步动作基本准确,但不优美,把握音乐节奏较差,与同伴合作不太顺利。	不能掌握所学动作,姿态不正确,动作紧张、不协调,表现力差,与同伴无法合作。
	体能	主要从身体柔韧性与身体有氧运动能力两个方面来评价。评价标准参考《国家学生体质健康锻炼标准》。			
	综合素质	能按规定的要求剪辑音乐,能根据音乐进行排舞串烧,综合素质表现很好,能影响、帮助他人。	能按规定的要求剪辑音乐,能根据音乐进行排舞串烧,综合素质表现较好,能与他人相互合作。	不能较好地按规定的要求剪辑音乐,但能根据音乐进行排舞串烧,综合素质表现较不好,合作学习意识淡薄。	不能按规定的要求剪辑音乐,排舞串烧学习差,综合素质表现差,合作学习意识差。

续表

内容/水平层次	评价内容	评价等级与标准			
		优秀 88~100 分	良好 75~87 分	及格 60~74 分	不及格 60 分以下
中级课程	技能	能熟练完成所学的舞码,舞步流畅,动作幅度大,有力度,音乐与动作配合协调,有良好的表现力。通过分组合作,完成成套动作编排,能添加一些过渡动作使套路变得连贯,与同伴合作愉快、融洽。	能较熟练完成所学的舞码,舞步较流畅,动作幅度大,较有力度,音乐与动作配合较协调,有良好的表现力。在教师指导下,能添加一些过渡动作使套路变得连贯,与同伴合作较愉快、融洽。	能完成所学的舞码,舞步不太流畅,动作幅度小,音乐与动作配合不太协调,缺乏表现力。虽经教师指导,对动作的领悟力仍较差,且成套动作编排能力较差,与同伴合作不顺利。	无法掌握所学的舞码,舞步不流畅,动作不协调,表现力差,即使在教师指导下,学习动作的态度还是不积极,与同伴无法合作,感觉不愉快。
	体能	主要从身体柔韧性与动作力度两个方面来评价。评价标准参考《国家学生体质健康锻炼标准》。			
	综合素质	能根据指定的音乐寻找符合动作风格的舞码,进行自我创编;串烧能力强,综合素质表现很好;能影响、帮助他人。	能根据指定的音乐寻找符合动作风格的舞码,进行部分自我创编;串烧能力较强,综合素质表现较好;能帮助他人。	不能按指定的音乐寻找符合动作风格的舞码,不能进行自我创编;串烧能力较不好;综合素质表现不好。	不能进行音乐创编、舞蹈串烧;综合能力表现较差;学习意识淡薄,不喜欢与别人合作。
高级课程	技能	能熟练完成排舞舞码,舞步动作准确,动作有力度,能体现舞蹈美。能将一曲完整的排舞按要求进行队形与动作的编排,使队形复杂连贯,并能自由添加一些过渡动作使套路更加流畅,与同伴合作愉快、协调、融洽。	能熟练完成排舞舞码,舞步动作较准确,动作较有力度,能体现舞蹈美。能将一曲完整的排舞按要求进行队形与动作的编排,使队形复杂连贯,并能自由添加一些过渡动作使套路较流畅,与同伴合作较愉快、协调、融洽。	不能较好地完成排舞舞码,舞步动作基本准确,动作没有力度、不流畅,不能体现舞蹈美。不能将一曲完整的排舞按要求进行队形与动作的编排,虽经教师指导,仍不能创编过渡动作,与同伴合作不太顺利。	无法掌握所学的舞码,舞步不流畅,动作不协调,表现力差,即使在教师指导下,学习态度也还是不积极,与同伴无法合作,感觉不愉快。
	体能	主要从动作力度与身体有氧运动能力两个方面来评价。评价标准参考《国家学生体质健康锻炼标准》。			
	综合素质	能主动寻找音乐,自编动作,进行个人能力与舞蹈风格展现的创编;参与意识强,表现活跃,能将舞美展示得淋漓尽致;善于与同学沟通,与他人配合默契。	能主动寻找音乐,自编动作,进行个人能力与舞蹈风格展现的创编;参与意识较强,表现较活跃,能将舞美展示出来;较善于与同学沟通,与他人配合默契。	不能主动寻找音乐进行自编动作,无法将个人能力与舞蹈风格充分展现出来。参与意识不太好,表现不活跃,不善于与同学沟通,与他人配合不默契。	不能进行音乐创编、舞蹈串烧;综合能力表现较差;学习意识淡薄,不喜欢与别人合作。

二、课堂教学评价

校园排舞课堂评价主要从学生课堂表现进行考评,结合学生的起始状态、进步幅度、学习态度等可量化的指标来进行。为了更好地促进学生课堂参与,也为了更有利于教师把握课堂,可以借助评价的数据分析学生的学习情况。

(一)评价内容

1.学习情况评价。评价项目包括知识技能、课堂表现、出勤情况、课外参与。出勤是学习的前提,是学习的保证,有了出勤才有课堂表现,课堂表现反映知识技能的掌握程度,课外参与反映知识技能掌握的宽度;学习者的自身素质,决定知识技能掌握的高度。

2.过程性评价。包括进步幅度、学习观察、互帮互助、探究合作。对于学生来说,整个排舞学习过程的进步幅度是可以通过课堂表现展示出来的,良好的学习态度能促使个体学习进步;课堂学习时要做到仔细观察教师的示范,分析优秀同学的学习方法;互帮互助要做到与同学共同提高,在学习中及时发现问题、解决问题;探究合作是学习方法与学习态度相结合,强调在自主学习中提高自己,要与同伴互帮互助,进行探究性学习,一起快乐分享。这几点能比较客观地说明学生在整个学习过程中的表现。

3.终结性评价。主要从"综合能力、创新能力、编排能力、三好四美"这几方面来衡量学生学习的最终变化。终结性评价是过程性评价的最终表现。其中,综合能力主要看期末学生的综合表现,终结性考试可以作为评价依据之一;创新能力主要指学生的创编能力以及课堂学习方法、方式的创新;编排能力主要指对动作创编的悟性以及创编动作的效果;"三好四美"主要指学生对健康的理解以及对外在气质与内在美的追求等等。

(二)评价量表

各评价权重按学习情况占20%,过程性评价占20%,终结性评价占60%的比例来安排;学习情况评价中知识技能、课堂表现、出勤情况、课外参与按各占25%来计算;过程性评价与终结性评价计算方法与学习情况计算方法相同。

校园排舞课堂学习参考表

评价项目	评价主体	学生自评	学生互评	教师评定	总评
学习情况	知识技能(5分)				
	课堂表现(5分)				
	出勤情况(5分)				
	课外参与(5分)				
过程性评价	进步幅度(5分)				
	学习观察(5分)				
	互帮互助(5分)				
	探究合作(5分)				
终结性评价	综合能力(15分)				
	创新能力(15分)				
	编排能力(15分)				
	"三好四美"(15分)				

(三)各项评价标准

课堂评价分学习情况、过程评价、终结评价三大块,每一大块再细分为四小块,使得评价更好量化与操作。

课堂学习评价标准参考表

评价项目	等级	优秀 88~100分	良好 75~87分	及格 60~74分	不及格 60以下
学习情况	知识技能	完全掌握各层次课程的教学标与要求,能完全理解排舞舞码或曲目	能较好地掌握各层次课程教学目标,能较好地理解排舞舞码或曲目	能基本上掌握各层次课程的教学目标,能基本上理解排舞舞码或曲目	基本上不能掌握各层次课程的教学目标,基本不能理解排舞舞码或曲目
	课堂表现	课堂表现积极活跃,能起带头作用,主动参与课堂活动	课堂表现较积极活跃,起一定的影响作用,能积极参与	课堂表现一般,不主动积极参与课堂活动,态度较消极	课堂表现不积极,没用心去领会课堂目标,态度消极
	出勤情况	满勤,不迟到,不早退,不旷课	迟到、早退在2次以内,无旷课记录	旷课2次以内或迟到、早退3次以内	迟到、早退达3次及以上或旷课3次及以上
	课外参与	能积极进行课外学习,起骨干作用,引领班级其他同学	能主动进行课外学习,能帮助组织学习,起积极作用	能进行课外学习,但不会主动去合作,学习效果较差	不参与课外学习,学习态度不积极,不参与合作学习

续表

评价项目	等级	优秀 88~100分	良好 75~87分	及格 60~74分	不及格 60以下
过程性评价	进步幅度	能在排舞学习中塑造自己的个性，有明显的进步	能基本体会排舞内容，在学习中有一定的进步	进度幅度不明显，学习态度较不积极	几乎没有进步，且学习态度不积极
	学习观察	能理解不同排舞的风格、曲风，能观察教师教学、同伴学习，理解教学目标	基本上能理解不同排舞的风格，能较好地观察同伴学习，完成学习目标	只能理解较简单的排舞风格，领会简单的教学目标要求，无法做到观察学习	不理解排舞风格，无法领会曲风，理解不了教学目标，做不到观察别人
	互帮互助	通过学习，能很好地掌握各支排舞的节奏，能有效地帮助别人进步	通过学习，能较好地掌握排舞节奏，也能较好地帮助别人，共同进步	在学习过程中提升幅度不是很明显，没有与其他同学互帮互助	通过学习，无法提高自己，也无法进行互帮互助
	探究合作	能很好把握整支排舞曲风，能控制节奏，通过探究合作，能展现出不同排舞风格美	基本上可以把握排舞的曲风、节奏，能通过探究合作，较好地表现出排舞的舞美	只能基本上把握排舞的节奏，无法主动进行探究合作，无法理解排舞风格	无法把握排舞的节奏，无法体现不同排舞的风格，无法进行探究合作学习
终结评价	综合能力	综合能力得到大幅提高，有组织、管理、协调等能力	综合能力得到提高，能协助教师参与课堂管理和组织	综合能力有所改变，但效果不明显，能服从管理、组织	综合能力几乎没什么变化，不服从管理
	创新能力	创新能力得到提高，能针对不同的曲风。进行创编，创新思维得到锻炼	创新能力得到较好的提高，能较好地针对不同曲风进行排舞创编	创新能力提高有限，但无法深刻理解创新思维，无法主动进行排舞创编	创新能力几乎没有什么变化，无法理解创新思维，无法进行排舞创编
	编排能力	自我创编能力显著提高，可按不同风格进行创编	自我创编能力得到提高，能体现排舞的完整风格	自我编排能力有限，但能理解编排的具体含义	自我编排能力很差，无法理解编排的具体含义
	"三好四美"	能实现"三好四美"目标，完全理解"三好四美"内涵	"三好四美"有效提高，能较好理解"三好四美"内涵	"三好四美"有所变化，但还无法全面理解"三好四美"内涵	"三好四美"没有变化，无法理解"三好四美"内涵

三、自我拓展评价

校园排舞学习可以通过课堂、大课间、课外的三个渠道进行，也可以走进社区进行家校结合。"生活即学习"，"社会即课堂"，以这样的态度去规划学生自身的学习，充分利用课外时间，校园排舞各层次目标就会掌握得更快、更到位。

课外学习评价主要阐述个人的自我学习评价，可以从课外学习态度、课外锻炼计划的制订和实施、自主学习过程中的自控能力、完成动作的成功感、学习的团结合作意识这5个维度进行设计，5个维度都不是单一存在的，而是相互影响、相互促进的。评价可分为优秀、良好、及格、不及格4个等级，并制订相应的评价标准，然后给出最终评价结果。见以下两表。

新课程改革一再强调不能以简单的终结性评价来评价学习个体，应该以学生学习过程及进步幅度来衡量学生。校园排舞评价强调体验式学习，强调对自控能力的评价，体现"以生为本"，突显学生自主管理的新评价模式。新评价更加注重学生课堂上团结合作意识的培养，着重强调学生课外运动计划的制定与实施。

课外学习评价参考表

等级	学习态度	计划实施	自控能力	成功体验	团结合作
优秀					
良好					
及格					

续表

等级	学习态度	计划实施	自控能力	成功体验	团结合作
不及格					
自评					
互评					
师评					
综合					

自我规划评价等级标准参考表

方面	优秀 88~100分	良好 75~87分	及格 60~74分	不及格 60分以下
学习态度	课内外能积极参与锻炼，并能引导同学学习	能积极参与课外学习，并取得效果	上课不太认真，无法专心听讲，课外活动不积极	不积极参与课外活动，教师提醒之后，仍不参与
计划实施	能制订详细的运动计划，并努力实施，取得良好的效果	能制订较详细的计划，并实施，取得一定的效果	计划制订较一般，实施过程不太积极，没什么效果	没有计划，虽经教师提醒督促，仍不去实施
自控能力	自控能力强，能引导同学参与课内外的运动	自控能力良好，课外能积极进行锻炼，	自控能力一般，能进行适当的锻炼，但效果一般	自控能力差，有不良的学习习惯，课外没有运动的习惯
成功体验	有强烈的成功感，自身在课内外取得非常好的效果，积极影响别人	有较强的成功感，在锻炼的过程中也取得一定的效果	动作掌握一般，没有强烈的意识去追求成功的体验，学习体验过程不积极	动作完成不好，没有追求成功体验的意识，对体育锻炼认识不够
团结协作	能进行有效学习，并在学习中实现自主学习、探究合作	能进行自主学习，在合作学习中实现共同提高	较缺乏合作意识，自主学习过程不积极，体会不到探究合作	不能完成合作学习，自主学习积极性差，没有班集体意识

附1

2012年福建省中小学新课程体育学科优质课评选

校园排舞—"街舞青春"单元计划

学校：厦门市海沧中学　　　　学段：高一　　　　教师：连仁都

教学目标	认知目标：了解排舞中的街舞元素及动作特点；使95％的学生掌握"街舞青春"的基本知识及成套排舞的动作技能；提高对拓展理念的解读力。 技能目标：培养学生自主学习的能力，让他们学会观察；使85％的学生掌握"街舞青春"的动作规律；提高学生上下肢协调性、肌肉的爆发力；培养学生对节奏的控制力、对动作的创编能力。 情感目标：学生通过各种渠道参与，培养带得走的能力；调节情绪，缓解紧张的学习压力；提高课堂学习效率；培养合作意识，提高交往能力。		

学时	教学内容	主要方法	备注
1	1. 观赏成套校园排舞 2. 学习第一段动作 3. 进行元素归类	1. 看录像及教师示范 2. 示范、讲解、练习相结合 3. 反复练习、相互观察纠正	作业： 1. 搜集排舞元素 2. 复习第一段 3. 了解锁舞动作
2	1. 复习第一段动作 2. 学习第二、三段动作 3. 体验元素动作学习	1. 集体复习，相互交流 2. 看录像、研究学习、体验 3. 教师指导，领做学习 4. 练习第一至三段组合（含音乐）	作业： 1. 巩固第一至三段动作 2. 搜集队形编排资料，并尝试着去做

续表

学时	教学内容	主要方法	备注
3	1.复习前三段动作 2.进行元素内容创编 3.对前三段内容进行队形创编	1.看录像,了解别人怎么进行创编 2.温故知新,提高动作熟练程度 3.合作学习,提高小组长组织能力 4.根据音乐进行元素内容组合创编	作业: 1.复习前三段 2.预习组合动作
4	1.复习前三段动作 2.学习第四段动作 3.排舞串烧、元素创编实践	1.提示复习,集体练习 2.看展板复习,集中复习 3.看展板学习,分析讨论 4.教师示范领做,体验学习 5.小组学习,纠错提高,展示汇报 6.自主学习,创编合作,巡视指导	作业: 1.复习第一至四段 2.查找元素图片 3.预习第五、六段
5	1.复习第一至四段动作 2.学习第五、六段动作 3.继续创编实践	1.个人、集体、分组、观摩练习 2.交流体验、互相纠正、共同提高 3.汇报、交流、图片共享 4.学习、研究、创编、实践	作业: 1.复习第一至六段 2.继续元素编排 3.准备下节课展示
6	1.展示交流创编效果 2.相互评价	1.分组交流、集体交流展示 2.典型范例学习 3.自评、互评	作业: 1.预习下支排舞 2.寻找资料

附2

"街舞青春"组合动作教学设计

厦门市海沧中学　连仁都

一、指导思想

高中新课程改革,突出"以生为本"的教学理念,在教学中把学生放在课堂的主体地位;以"培养学生带得走的能力"为宗旨,开拓学生创新思维;以"健康第一"为指导思想鼓励进行运动参与,在运动参与中培养学生的运动专长及良好生活习惯;帮助学生树立终身体育意识,实现健康人生。

二、教材分析

本单元共6课时,本节课为第4次课。"街舞青春"注重动作的连贯性、律动性。组合动作是本节课的学习内容。"街舞青春"共6大段,这节课学习第4大段组合动作。通过本节课的学习,学生可初步掌握街舞动作的身体控制力,体会下肢动作的律动,为完成好上下肢协调配合打下良好的基础。同时通过个人、小组、集体的练习,可提高身体在不同空间位置的自我调节和控制能力,对学生平衡能力和协调性的发展,都有积极的作用。

三、学情分析

高中生自主学习能力比较突出,能在学习中进行合作探究,"街舞青春"在排舞中属于技术性比较强的项目,需要这种自主学习的能力。高中生身体素质已得到较全面的发展,具有富于挑战、展示自我的人格特点,课堂设置刚好能给学生提供展示的舞台。因此,积极引导学生参与课堂学习,能更有效地实现课堂教学目标,发展学生的运动能力,实现排舞的运动价值。

四、教学目标

1.认知目标:学生通过聆听与观察,了解"街舞青春"的动作结构和要领,明确锁舞、提拉等动作特点。
2.技能目标:通过学练,使学生掌握组合动作及配合的练习方法,提高动作协调性,完成课堂教学目标。
3.情感目标:让学生养成课堂思考问题的习惯,学会探究和创新的方法,增强团队意识,培养敢于挑战自我的精神。
4.重点:组合动作中跳转方位与提拉手位的控制;难点:组合动作上下肢配合的协调、连贯。

五、教法学法分析

(一)教法
1.挂图分析法:学习新技术动作时,采用挂图分析法,使学生更容易建立起动作概念。
2.分解示范法:在学习动作时,教师进行技术动作的分解示范,让学生对每个动作建立起直观的概念。
3.分层教学法:照顾个体差异,在学习过程中体现教师的因材施教。
(二)学法
1.模拟学习:在教师示范讲解完成之后,学生进行模拟练习,有助于动作技能的形成。
2.自主学习:在分组练习里,让学生结合挂图,结合自己对知识点的理解,进行自主探究。
3.合作学习:在练习过程中,同学之间建立合作关系,相互交流、相互纠正错误,共同提高。

六、教学过程

(一)开始热身部分(6分钟)
1.学生成4列横队,教师宣布课堂规定;利用拓展概念进行课前游戏,利用默契击掌培养团队精神,提高学生注意力。
设计意图:学习一开始,教师利用拓展练习,带领学生进行游戏,集中学生的注意力,活跃课堂气氛。
2."欢乐校园"排舞热身操。
设计意图:通过热身操,让学生自行组织热身活动,培养学生组织、管理能力。
(二)学习提高部分(34分钟)
在"街舞青春"学练过程中,利用挂图进行直观讲解,让学生建立正确的动作表象,加深学生对动作要领的理解,从而提高学生对动作的掌握程度,并组织学生进行探究学习、合作学习。
1.温故知新。教师通过语言引导,让学生跟着音乐复习。学生根据挂图,理解锁舞、起落等动作要点,教师进行重点动作复习,利用展板上的图解概括出动作要领,并进行示范。
设计意图:给学生自主探究学习的时间,让学生自己发现问题,并提出问题,然后共同解决。提高学生分析问题、合作学习的能力。
2.组合动作。这是本节课的教授内容,两个人一组,学习动作的搭配组合。
设计意图:强调学生自主学习、探究合作,培养学生的创新精神。教师创设情景,让学生参与课堂合作学习。
3."街舞青春"大串烧。组合动作加排舞元素,同时进行队形变化,结合学过的动作进行串烧。
设计意图:前三段内容,通过温故知新来完成;第四段四个八拍通过合作学习来体现;然后学生自主学习排舞元素,共八个八拍动作,共同串起"街舞青春";最后跟着音乐进行"大串烧"。这不仅能够锻炼学生的协调能力,也培养了学生自主学习、合作创编的能力。
(三)整理放松部分(5分钟)
在轻柔的音乐伴奏下,学生跟随教师进行放松动作的练习,配合呼吸,舒展肢体,在轻松、愉快的气氛中结束本节课。
设计意图:在柔美的音乐声中进行放松练习,使学生的身心得到放松,同时引导学生对本节课进行评价。

七、教学效果预计

使学生体验到个人在集体练习中的乐趣、作用和价值。预计整节课的练习密度约为45%~60%,练习密度中等偏上,学生平均心率为125次/分钟,热身操与"街舞青春"串跳后段心率可达到160次/分钟。

八、场地器材

场地:体育馆
器材:移动音响、耳麦各1部,展板7块

附3

校园排舞——"街舞青春"组合动作学习课时教案

街舞青春组合动作学习课时教案

课次 4	对象 高一	人数 40	时间 2012年6月5日	教师 连仁都
教学内容	排舞组合动作	重点:组合动作中跳转方位与提拉手位的控制 难点:组合动作上下肢配合的协调、连贯		
教学目标	1.认知目标:学生通过聆听与观察,了解"排舞组合"的动作结构和要领,明确"locking"、"up-down"等动作的特点 2.技能目标:学生通过学练,掌握组合动作及律动的练习方法,提高动作协调性 3.情感目标:让学生养成在课堂上思考问题的习惯,学会探究和创新的方法,增强团队意识,培养敢于挑战自我的精神			
课的结构	教学内容	教学活动方式与组织措施		次数与时间
开始热身部分	1.上课常规程序 (A)体育委员集合、报数 (2)教师常规检查 (3)宣布本节课内容	1.整队,师生问好,安排见习生 2.宣布教学内容、目标 3.队列队形:成四列横队 4.要求:集合快、静、齐,队伍背光 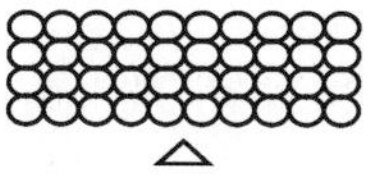		1'
	2.拓展练习 默契鼓掌: 内容:"123,321,1234567,ye!" 目标:提高团队意识,提高凝聚力	2.队形变换 要求:1、4排组成外圆,2、3排组成内圆  默契击掌组织与教法 第一遍:"123,321,1234567,ye!"击掌 第二遍:"123,321(不击掌),1234567,ye!"击掌 要求:靠心里数节拍,嘴巴不可以出声		2'2次 3'2段每段
	3.热身操:排舞 内容:关节活动+欢乐校园排舞 要点:2×4×8 目标:活动充分,调动情绪	3.队形变换要求: 教法:语言提示 学法:模仿练习 要求:积极参与,整齐,有节奏 组织:在第二段进行队形变换,由同心圆变为四个三角形 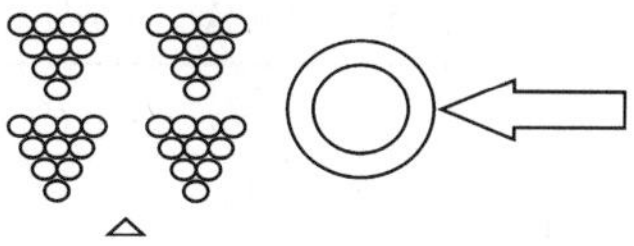		4*4*8

续表

课的结构	教学内容	教学活动方式与组织措施	次数与时间
学习提高部分	1. 温故知新 内容:街舞青春(1~3) 动作要点:锁舞、up-down	1. 组织与要求:队形变换以一组为例,按指定的四个区域,在第一段的第4拍进行队形变换,如下图所示 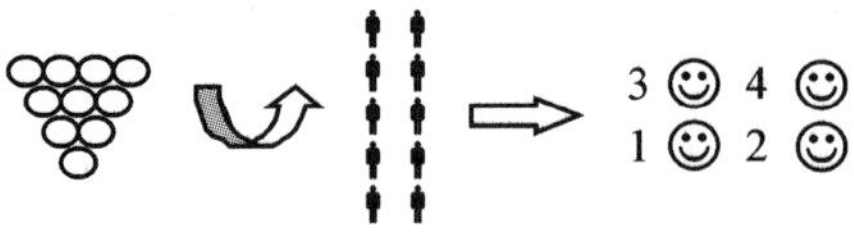 教法学法:纠错提高、自主练习、探究提高 组织要求:以挂图为内容,进行动作复习,重复练习,提高动作质量 组织方式:提问—伴奏跳—纠错提高—伴奏跳	6' 2遍
	2. 主教材学习 内容:4×8拍组合动作 要点: (1)肩侧/下屈、内旋转 (2)踏步、提拉 (3)跳转、击掌、波浪 (4)伸屈臂、点地、扭胯	2. 组织与要求 在第三段的第4拍,进行队形变换,如下图所示 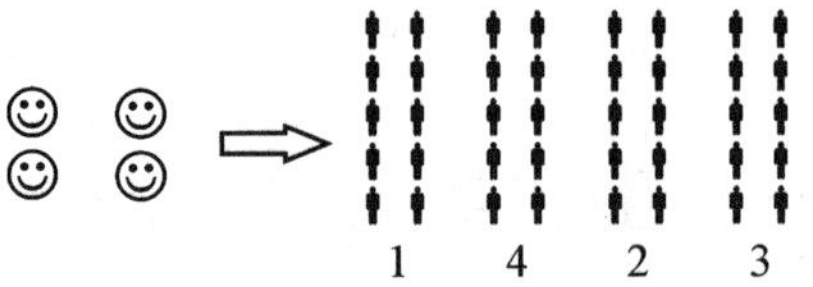 组织方式:(1)教师根据展板进行动作讲解;(2)教师示范;(3)学生根据图解进行动作探究;(4)学生边看边学,进行体验式学习;(5)教师巡视、纠正错误;(6)集体练习,共同提高;(7)代表展示	20' 每个环节各2~3次
	3. "街舞青春"大串烧 内容: (1)元素选择与创编 (2)前四段＋元素创编＋组合动作	3. 队形变化,如下图所示 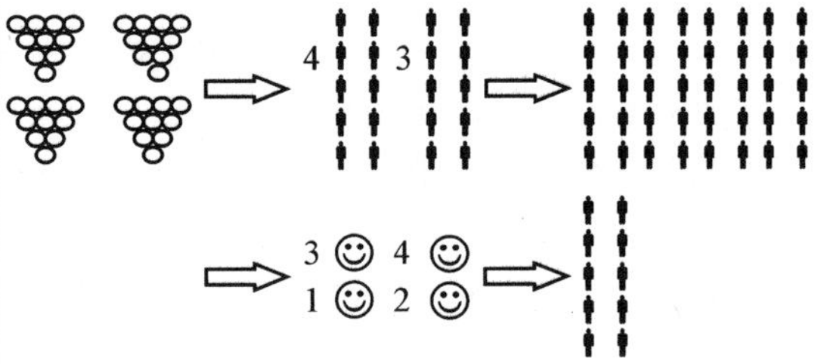 组织要求:前三段＋第四段＋元素展示＋第四段 组织方式:(1)先进行元素选择;(2)结合组合动作进行元素创编;(3)串烧队形演练	8' 各2~3次
恢复整理部分	1. 放松(音乐伴奏) (1)抓肩、敲背、敲臂、敲大腿(合作放松法) (2)风吹树动(情景放松法)	1. 调节放松 组织:如右图所示 要求:动作放松、相互合作 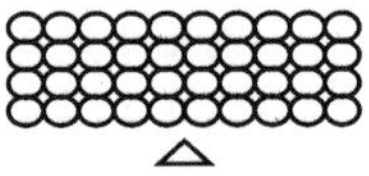	2'
	2. 总结点评 内容:组长代表、体育委员、教师引导评价。	2. 教师引导学生进行评价 要求:采用"有没有注意到"等引导词进行评价	2'
	3. 回收器材	3. 布置课外作业、师生道别	1'
场地器材	音响设备1套;展板7块		
预计运动负荷	练习密度:约45%~60% 运动强度:中 最高心率:约160次/分钟 平均心率:约125次/分钟	课后反思	

附 4

"街舞青春"组合动作教学课后小结

本节课能按照教学设计思路完成课堂教学,体现了重难点,顺利完成主教材教学,课前预设的教学目标能够基本完成,学生的主体地位能体现出来;不足的部分是在小组练习中,学生自主学习的自觉性还不够。下面具体从3个部分来进行分析,以便今后能进一步提高。

准备活动部分:本节课能够把拓展理念运用进来,大部分学生能够明白本节课的拓展意图,少数学生对拓展游戏的认识不到位,纯粹是为了游戏而游戏。热身操这一环节是第一次尝试用学过的排舞结合关节活动操来进行,既复习了一套排舞,又让学生得到热身,效果还不错。

学习提高部分:其中"温故知新"这一环节,大部分同学已经能够掌握之前学过的动作,部分同学对"锁舞"概念的理解还不是很到位,特别是手腕内外旋的速度,跟不上音乐的节奏,上下肢还不太协调;学习主教材时,本节课采用的是看展板讲解,然后教师与学生合作示范,再让学生模仿练习,最后以小组为单位进行学习、展示。学生在每一环节都能体现出自己的主体地位,但在学习创编的过程中,主观能动性还有待加强,探究合作还需要提高;排舞串烧时,学生只顾着记动作与队形变化,没法做到神态自如,通过自己的肢体语言来解读街舞的韵味;包括教师本人,在动作示范时,应该再大方些,把街舞特点展示出来。

结束部分:放松音乐的选择还有待斟酌,但所选择的放松方式还是深受学生喜欢的,特别是第二种形象放松法让学生走进了那种意境,达到身心的全面放松,这也是拓展理念在放松中的具体运用;学生在进行自我评价时,还是比较大方积极的,但对课堂存在的问题剖析不到位,如课堂学习中大家无法把街舞原本应该具有的奔放个性释放出来,脸部表情不自然,这些学生都没有点出来;这估计是我们农村学校的弱点,也是我们今后改进、提高的努力方向。

厦门市海沧中学　连仁都
2012年6月6日

附 5

高一年"校园排舞——街舞青春"评课

由厦门市海沧中学连仁都老师上的"校园排舞——街舞青春"实践课,是一堂注重学生综合素质发展的课。在课前,连老师能根据学校场地特点及学生体质、素质的具体情况,从学生发展考虑,设计这堂"校园排舞——街舞青春"实践课。观摩完这节课,我从上课内容的选择、教学设计、学生表现三方面来谈谈这节课的特点:

1. 教材新颖。校园排舞属于新课程资源,这个题材比较新颖,连老师从这个题材入手,以排舞组合动作作为教学内容,符合高中女生的年龄和心理特点,深受学生的喜爱,能从心理上促进学生的课堂参与。

2. 设计合理。连老师整堂课教学设计合理,从课的引入、复习巩固,到新授内容,以及最后的大串烧,都围绕课的目标展开;同时能突出排舞组合动作的重难点;在进行主教材教学时,连老师在示范、讲解、纠错、提问方面教学手段和方法的运用均较为合理,在学生进行合作学习、自主学习时,也是如此。

3. 关注学生。整节课在动感的音乐中进行,学生学习的积极性高、主动学习的欲望强,突显学生学习的主体性和能动性,再通过师生的互动,更能体现学生积极活跃的学习氛围;整个教学过程环环相扣,衔接紧

凑,队伍调动合理,队形转换迅速,提高了学练时间,加大了课堂教学的有效性。

本节课是比较成功的实践课,如果该老师在以下几点能注意并提高,那么这节课将更加完美。

1. 音乐选择。音乐是排舞的灵魂,也是调动学生上课积极性的催化剂,教师在音乐选择上,面可更广泛点,不仅要有调动学生学习积极性的动感音乐,同时也需要柔和的放松音乐,在放松这个环节可以选择较轻柔的音乐,做到张弛有度。

2. 细节处理。细节决定高度,一堂成功的体育课应是很关注细节的。如教师示范讲解时应注意自己站的位置,要能让学生充分看清楚;老师讲解时语言还可以再精练些;可以把更多的课堂时间还给学生,让学生有更多的时间学练。

厦门市海沧中学　林惺惺
2012 年 6 月 6 日

附 6

高一年"校园排舞——街舞青春"评课

由厦门市海沧中学连仁都老师上的"校园排舞——街舞青春"实践课,是一堂注重创新,把学生主体地位摆在第一位,以"健康第一"为指导思想来构思整个教学设计的课。在课前,连老师能充分考虑学生的特点,并根据学校的特色情况来选择教材。校园排舞在海沧中学已经推广 6 年,连老师从学生发展来考虑并结合学校特色设计这堂"校园排舞——街舞青春"实践课。观摩完这节课,让我耳目一新,下面我从课的构思来谈谈这节课的优点。

1. 课堂创新。连老师把拓展概念融入准备活动、放松操,从这些细节培养学生的团队意识;校园排舞这几年在连老师的开发推广之下,已经成为发展学生素质的窗口,在课堂学习里培养学生的能力,这种理念熏陶是值得借鉴的。

2. 理念创新。我们之前一再强调"健康第一",连老师除了坚持这个指导思想之外,还很注重理念灌输。他的教学设计,每个环节都从学生的角度去考量,积极运用课程开发理念,这种做法是值得大家学习的。

3. 设计严谨。整节课设计简单,但节奏很紧,容量很大,连老师能够很好地掌控这些内容;学生的主体地位得到提升,特别在学习提高部分第 3 点"街舞青春大串烧"前,要求各组组长组织大家把学过的排舞元素融入组合动作中,组长能充分根据组员特点,积极组织大家学练,在串烧展示中,大胆表现自己。

本节课是比较成功的实践课,如果该师能在以下几点注意并提高,那么这节课将更加完美。

1. 街舞青春,动作应该比较张扬,学生的肢体语言若能再到位些、放得更开些,效果应该会更好,这就需要教师提高语言激励能力与自己动作的张力。

2. 在串烧之前,各大元素与组合动作合练时,内容很精彩,就是在各组场地分配上,需要教师进行更合理的配置,这样才能更充分考虑场地因素,整节课也就会更精彩。

厦门市海沧中学　罗林辉
2012 年 6 月 6 日

第六章　校园排舞竞赛规程

目前世界上经常举办各种排舞比赛,按年龄、性别分成不同的组别进行。有排舞马拉松、排舞嘉年华、排舞吉尼斯等活动。校园排舞大赛是根据一支完整的歌曲来编排,以有氧运动为基础,旨在增强团队精神、促进同学关系和谐发展的一种校园比赛。开展校园排舞大赛,能反映健康向上的校园精神,促进学生综合能力全面发展。

为了保证比赛评分的客观性、规范性和公正性,校园排舞大赛要制定规则。参赛队伍根据规则进行队伍编排与组织,最终达到提高班级凝聚力,提高个人组织能力,促进校园排舞健康、规范发展的目的。

厦门市海沧中学首届校园排舞大赛决赛场景(杨陆辉老师提供)

第一节　比赛规程

校园排舞比赛是一项复杂又细致的工作,比赛规则的制定直接影响比赛的质量和预期的效果。做好赛前、赛中、赛后一系列工作,方能确保校园排舞大赛顺利进行。本章节主要介绍校园排舞比赛的编排与竞赛规则,以便校园排舞得到更好推广,让更多的学生了解校园排舞比赛规则,学会校园排舞组织方法,提高学生综合能力。

校园排舞

一、比赛规则

(一)动作与队形要求

校园排舞大赛必须选择大会组委会指定的排舞舞码及配套音乐,必须在音乐伴奏下完成比赛动作。根据各自的编排需要、对风格的把握以及对曲目的理解,在不改变原舞码基本风格、基本舞步和音乐节奏的前提下,编导者可以对原排舞的前奏、上肢动作、队形,以及入场、退场等进行编排,编排部分不能偏离音乐的整体风格。在一首完整的排舞音乐伴奏下,全体选手必须完成一套完整的循环动作,方可再做队形或方向的变化。结尾可以有不超过2个8拍脱离原舞码的编排。

几支排舞串联表演称为排舞串烧。每首曲目全体选手必须要面对评委完成原舞码规定的一个方向的完整动作,其中组与组之间的重复动作可以进行编排。每首排舞之间要衔接流畅、过渡自然。

校园排舞动作与队形编排要求:

1.动作要求。大方、四肢配合要协调,突出校园风格。

2.队形编排。根据音乐,参赛队伍要进行不少于5次以上的动作队形变换。

3.场地因素。充分考虑比赛场地,根据比赛场地大小进行队形编排。

(二)方向与音乐要求

所有表演过程中使用的音乐,必须是参赛者所选的表演曲目的排舞音乐。在上下场以及每首曲目衔接的过程中,不允许添加表演曲目以外的音乐。规定曲目必须是一首完整的歌曲或乐曲,未经剪辑、组合、拼接。串烧曲目可以根据比赛需要对原表演曲目音乐进行剪辑、组合、拼接,但不得改变原曲目音乐风格。规定曲目的音乐由大会组委会准备,自选曲目的音乐由参赛者自备。

比赛过程中的方向要求

1.单曲排舞根据不同曲目,有2个或4个八拍之后变化方向的,也有2个或4个八拍依次间歇变化方向的,称之为完成"单向原舞码动作"。

2.在单曲排舞中,运动员必须完成一次完整的方向变化,方可进行队形变化。

3.在串烧排舞中,每一支排舞都有完整的方向变化要求,参赛队员在进行排舞串烧时,必须在完整地完成每支排舞的方向变化后,方可进行队形变化。

比赛过程中的音乐要求:

1.在串烧曲目中,允许借用规定曲目的音乐进行剪辑,每首串烧曲目衔接要自然、流畅。

2.在串烧曲目中,每首音乐之间可做音效处理,如打雷、铃声、雨声等。

3.单曲或串烧曲目,前奏与结束均保留2个八拍,保持动作的紧凑性与完整性。

(三)服饰要求

1.根据不同排舞风格,选用不同风格的服饰。排舞风格包含华尔兹、街舞、健美操、民族舞等。在服装的颜色、鞋子的搭配、帽子的使用上都要适宜,要能突显学生个性,增加比赛观赏性。

运动员穿带有鞋跟的鞋时要充分考虑安全,鞋跟高度不得超过3公分。比赛时选手可以化妆、彩绘,使用花纹图案贴纸,可以佩戴与表演相关的饰物,但不鼓励使用道具。

2.比赛中服装变化要快,但不一定要求进行服装更换。服装搭配以舒适、安全为主,突显学生时代的靓丽青春。

3.比赛结束,学生要着比赛服装领奖。

(四)安全要求

编排的动作中不能出现会对身体造成伤害的动作。动作的难度要适合参赛者的身体能力和运动水平。编排的动作中不得出现抛接、翻腾、叠罗汉等危险动作或类似竞技健美操、啦啦操中的难度动作,如出现类似的动作,要进行相应的扣分。

(五)人数、年龄规定

1.小团体,5~8人,大团体,9人以上;

2. 每一个运动员只能参加一个组别的比赛;
3. 小学组,12周岁以内可以报名参加;
4. 初中组,15周岁以内可以报名参加;
5. 高中组,18周岁以内可以报名参加;
6. 大学组,22周岁以内可以报名参加。

(六)纪律处罚

1. 不按时检录,3次未到者;
2. 不服从裁判判罚的;
3. 对比赛不满,围攻、吵闹、辱骂、威胁裁判或工作人员的;
4. 有干扰比赛正常进行的任何行为的;
5. 有意损坏场地设施的;

有以上行为的处罚为取消比赛资格或成绩,取消该单位今后的参赛资格。

二、注意事项

(一)裁判长权限

比赛总分10分,裁判长有权对以下情况进行扣分,每项0.2分:

1. 参赛人数不符合规定;
2. 出现超过安全规定的动作;
3. 参赛队员比赛中途上、下场;
4. 改变原曲的速度和节奏;
5. 比赛中饰物散落、道具掉落等;
6. 参赛曲目时间超过规定。

(二)比赛注意事项

1. 场上队员无动作在原地时间不超过2个8拍;
2. 参赛队要把握舞曲曲风,把握舞码的风格;
3. 上肢动作与舞步协调,避免采用不利于安全的动作;
4. 比赛时禁止运动员将东西散落在比赛场地上;
5. 可进行服装或服装颜色变换。

实践舞台

如何组织年段的小型比赛

按以下这些程序步骤,请你回去组织一场年段的小型比赛,让同学分工合作:

1. 宣传报名。参赛队报名,取队名、口号,选队长。
2. 组织训练。队长负责大家的训练。
3. 赛前指导。老师统一指导,对一些常见的问题给予纠正。
4. 熟悉比赛规则。由老师统一介绍,各组长回去传达。
5. 了解评分标准与分值。队长跟队员要了解比赛评分标准。
6. 赛前彩排。赛前彩排即运动员熟悉场地,以及比赛的一些程序。
7. 比赛注意事项。通过彩排,把存在的问题罗列出来,及时改正。
8. 总结表彰。总结比赛过程中存在的不足,挖掘各参赛队的闪光点。

 校园排舞

> **你知道吗?**

校园排舞比赛中的特殊情况

参赛队员在遇到以下特殊情况时,应立即停止做动作并向裁判长反映,在问题解决后再重做。在成套动作结束后提出的要求将不被接受。

1. 音乐播放错误。
2. 音响设备故障,导致前奏音乐节奏不对。
3. 场内设备出现问题,对比赛造成影响。

厦门市海沧中学首届校园排舞大赛冠军队比赛场景(杨陆辉老师提供)

第二节　比赛过程

校园排舞比赛由组委会、裁判员、运动员、舞码、音乐等元素组成。其比赛过程包括赛前准备工作、比赛程序、赛后总结三部分。

一、赛前准备

由主办单位或主要负责人召集相关部门或人员出席会议。会议主要内容就是把这次大赛的工作任务及相关事宜交代清楚,明确比赛主办单位和协办单位、经费来源、比赛日期、地点。成立筹备小组,将具体的任务落实到个人。并做好宣传、组织、指导等工作,让所有参赛队更好地进入比赛。

(一)组建组委会

排舞大赛一切事宜由组委会协调。因此组委会要做好赛前的通知,做好各方面的宣传与沟通,同时把比赛的规程下发到各个班级,强调比赛的要求及报名条件,各个班级再根据具体要求,组织报名。

报名以志愿参加为原则,当班级参报人数达不到报名要求时,学生可以请班主任出面协调,或者请该班级的体育教师进行协调。

(二)组织训练

排舞比赛要有统一的舞码和音乐,各个班级组织报名之后,整个队伍就要学习规定的舞码,熟悉比赛音乐。队长要根据班级特点制订相应的要求与训练计划,尽量利用课余时间来完成训练。

组委会统一安排教师进行规定舞码教学,班级派代表来统一学习,然后再自行组织训练。班级得靠自身的力量进行组织,把赛前的准备工作做好,训练过程可以请教师来指导。

学习规定舞码之后,要进行队形变换及自选动作学习,自选动作创编要求参赛队员群策群力,只要符合音乐的风格或者符合整支排舞特点的,都可以作为自选动作。

(三)赛前指导

临近比赛时,组委会可组织参赛队伍统一练习一次,看看各参赛队伍准备情况,特别是队形变换、自选动作编排。假如发现有些队伍准备不足,应要求其加快训练或调整方案,为赛前彩排做好准备;也可以让有经验的班级作示范,其他班级可以学习或借鉴其组织思路,从而提高整个比赛水平。

各个队伍可以把训练中存在的问题提出来,以便得到及时、有效解决。应根据不同的动作,进行服装方面的准备,因为好的服装不仅能增添比赛色彩,也影响比赛成绩。

(四)召开会议

在比赛前一周,统一召开一次领队会,介绍比赛的准备情况,宣布比赛的日程与规定,并抽签决定出场顺序。裁判长可以为领队详细回答规则与技术方面的问题。

二、比赛程序

比赛规程是组织整场比赛的法规性文件,是比赛筹备工作的依据,也是教练员、裁判员、运动员必须共同遵守的准则,具有很强的约束力与指导性。各班级或参赛团队至少要提早3个月熟悉规程,以便做好相应的准备工作。

(一)熟悉比赛规则

比赛要想取得好成绩,除了靠自身技术之外,还要了解比赛的规则。校园排舞比赛比的是一个过程,从运动员入场准备开始,所有的一举一动都会影响裁判对比赛的判罚。因此,整个排舞比赛过程都要注重细节方面的要求。

国家排舞协会规定,排舞比赛评分从成套动作的五大因素入手,五大因素包括:动作完成的质量、编排设计部分、舞曲风格及表现力、总体服饰妆容、总体完整性。

校园排舞大赛评价内容参考表

因素	规格标准
动作完成的质量	动作与标准舞码的一致性、动作与音乐节拍的吻合
编排设计部分	创新型、流畅性、队形变化及音乐风格的把握
舞曲风格及表现力	把握风格,面部表情自然、自信,融入音乐的感染力
服装服饰妆容	与风格吻合、色彩及整体视觉效果协调
总体完整性	整体度、团队精神、视觉效果、全部表演的整体评价

(二)赛前彩排

校园排舞大赛彩排是在正式比赛前按比赛的要求进行的总排练,彩排是校园排舞大赛中很重要的一个环节,也是整个训练工作的结束部分。彩排主要是各参赛队伍根据比赛规则,熟悉比赛要求,进行场地适应。彩排对整个比赛能否取得成功至关重要,它能够让大家知道该怎么进行比赛,只有这样才能确保比赛有序、

高质量进行,也可以让比赛队伍知道自己欠缺什么,需要注意什么。然后抓紧时间进行最后的调整,确保比赛时赛出自身最高的水平。

彩排是比赛的预演,对比赛队伍而言是一种经验积累,可以熟悉场地、检验音乐;对组委会而言是一次临场考验,以便在正式比赛时,把握整个比赛节奏,冷静地处理突发事件。

彩排也是裁判与运动员的一次对话,裁判员通过彩排能大体看出一支队伍实力,在正式比赛评判时,会显得更胸有成竹,有助于比赛的评判更加公正、公平。

(三)比赛注意事项

彩排结束之后,就可以进入比赛阶段,各支参赛队伍应该把赛前存在的问题处理好,比赛时应注意以下几点:

1.比赛时,各支队伍要沉着冷静,赛出自己的风格、特点;上场前,队员要相互鼓励,脸上要充满微笑。

2.注意比赛时进出场的要求,不做与比赛无关的任何事情,尊重对手,服从裁判,从细节上提高自己队伍的水平。

3.比赛过程中若出现队员发挥失常的情况,要及时调整比赛的节奏与心态,避免再出现失误,以便顺利完成比赛;赛后要给失误的队员以安慰,不要互相责备。

4.比赛过程中队员要注意自己的表现力,全心投入比赛,把自己对动作的理解通过肢体语言表达出来,注意动作的力度与感染力,在动作幅度上要相互提醒。这些都是校级比赛中各支队伍比较欠缺的,要多加强调、提倡、鼓励,争取赛出水平。

5.学会宣传自己,借助班级的力量,进行队伍包装,学会发动场下的观众,给自己鼓励,增强气氛,让比赛现场更富有人气、激情。

(四)了解评分标准与分值

了解比赛的评分标准与分值,有助于全方位提高自己队伍的竞争力。整个比赛从五大方面进行评分,有了具体的评价内容,再结合具体详细的评价标准与分值,各队伍可以根据这些标准进行强化训练。

校园排舞大赛标价标准参考表

评分因素	评分标准	分值
动作的完成质量	非常好	2.7~3.0分
	较好	2.5~2.6分
	一般	2.3~2.4分
	较差	2.1~2.2分
	差	2.0分及以下
编排设计部分	非常好	2.7~3.0分
	较好	2.5~2.6分
	一般	2.3~2.4分
	较差	2.1~2.2分
	差	2.0分及以下
舞曲风格及表现力	非常好	1.7~2.0分
	较好	1.5~1.6分
	一般	1.3~1.4分
	较差	1.1~1.2分
	差	1.0分及以下

续表

评分因素	评分标准	分值
服装服饰妆容	非常好	0.9~1.0分
	较好	0.8分
	一般	0.7分
	较差	0.6分
	差	0.6分以下
总体印象	非常好	0.9~1.0分
	较好	0.8分
	一般	0.7分
	较差	0.6分
	差	0.6分以下

三、赛后总结

当比赛结束时,要认真总结整个校园排舞大赛工作的得失,越是细节,越要注意总结,为今后举行其他赛事提供可借鉴的经验。

总结要做到以下几点：

1. 要及时进行。
2. 针对比赛过程中的各个环节,总结哪些方面做得很成功,哪些方面存在不足。
3. 设置等级奖,对所有参赛的队伍进行表彰,奖励突出的,鼓励参与的,这样才能达到举办比赛的目的,让大家体会"比赛第一,友谊第一"的精神。
4. 对获胜的班级,除了注重精神奖励外,有条件的可以适当给予物质奖励。

2012年厦门市海沧中学排舞队参加全国健身操总决赛比赛（作者提供）

校园排舞

实践舞台

假如你的班级参与比赛

1. 假如你是队长,请你拟定一份训练计划。(从选材、组队开始,再到训练、与别人的交流等等)
2. 你有与众不同的构思吗?怎样在比赛中让你的班级独占鳌头?

2012年厦门市海沧中学排舞队参加全国健身操总决赛比赛现场(作者提供)

下卷

校园排舞行动研究

下卷主要书写校园排舞行动研究,让大家一起分享校园排舞的精彩画面。以校园排舞为载体,我们手拉手一起进行校园排舞实践探索;以阳光体育为主题,进行校园排舞案例分享;以校园为轴,进行校园排舞特色建设探讨,分享学校体育快乐推广的经验。

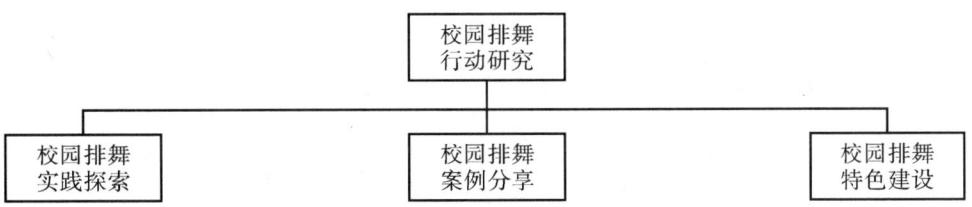

第一章　校园排舞实践探索

行动研究是一种适合于广大教育工作者的研究方法。它既是一种方法技术，也是一种新的科研理念、研究类型。行动研究从实际工作中寻找课题，由一线教师结合实际工作进行研究，从而达到解决问题、改变社会行为的目的。它是一种理论与实践相结合，通过资料收集、合作探讨、自我反省、多方总结最后解决问题的方法；是一种主题明确、思路清晰的解决问题的方法。

"校园排舞实践探索"即研究者把校园排舞发展理论与开发实践相结合，把校园排舞发展、开发过程中存在的问题，通过实践案例分析、资料收集、合作探讨、自我反省、多方总结加以解决。教育研究可以从许多角度进行分类，依研究目的及研究者的不同，可把校园排舞实践探索分为两大类：第一类是以科学的方法研究学生的问题，研究者通常是教师，其研究目的在于建立较普遍的原理、原则，从而促进学生全面发展；第二类是以科学的方法研究教师自己的问题，研究者通常是学校的一线教师，其研究的目的是为了促进教师自己的专业成长。

校园排舞行动研究希望能给同仁带来一点实践启发。厦门市海沧中学的校园排舞从当初无人知晓到今天全校知晓，历时6年。我们从课题研究、校本课程构建、举办排舞大赛等实践探索来寻找校园排舞开发过程中存在的问题及解决的办法；从举办夏令营及国内外交流展示等具体案例来分析校园排舞特点以及适合师生开展的活动方案；从普及校园排舞开始，再到举办全国排舞现场会展现校园排舞魅力，有点有面，有群众基础亦有突出亮点，形成校园排舞特色风采，以此为基础打造校园排舞特色。校园排舞行动研究通过"实践探索、案例分享、特色建设"三个步骤来进行，最终寻找到一条满足学生需求，适合教师发展的校园排舞开发之路。

2007年9月，我校开始进行校园排舞推广，排舞逐渐得到大家的认可。2009年3月，我校承接中国教育学会"十一五"中小学"体育与健康"新课程资源利用与开发课题的研究，我们借此机会进行校园排舞的课堂推广。2010年是校园排舞大力普及之年，由于校园排舞已经有了3年的群众基础，再加上全校师生的踊跃参与，全校跳排舞蔚然成风；同年5月，我校承接了海沧区"校园排舞课程应用与研究"课题，体育组的大部分教师参与了该课题研究。2010年3月，我校大课间开始普及排舞，全校女生大课间一起跳排舞，《中国学校体育》杂志记者专门到我校进行采访，并作了宣传报道。为了真正落实排舞的推广和普及，我校举办了校园排舞大赛，每个班级组队参赛，人数不得少于8人，超过12人的或有男生参加的班级预赛时总分加0.5分。在学校德育处的宣传、支持下，班主任积极落实，各班同学踊跃报名，非毕业班36个班级全部参与，报名人数达到400人。2012年4月，我校申请中国教育学会"十二五"项目"阳光校园·体育美育新课程的导入对学校文化特色建设的实践研究"子课题研究；2012年5月，我校校园排舞代表厦门地区参加全省阳光体育运动优秀案例评比，荣获全省一等奖；2012年7月，我校被教育部评为"全国特色学校"。在这样的背景下，我们进行校园排舞实践探索行动研究，其中包含了课题的理论研究、校本课程的构建、校园排舞大赛对学生行为的影响等行动研究。

校园排舞实践探索是校园排舞行动研究的第一步，它以实践为手段，开启校园排舞行动研究的新篇章，在实践探索中寻找学生的兴趣点，通过探索找到教师成长的新起点，通过实践探索寻找到学校体育发展的新思路。

校园排舞

第一节　学校发展，特色为翼

"梅须逊雪三分白，雪却输梅一段香。"物与物、人与人之间，各有所长，也各有所短。人们应当发挥自己的长处，学习别人的优点，静下心来，好好想一想，从而使自己有所长进。体育教师也要尽量发挥自己的优点，提高自己，可以多参加培训，包括校本教研、校际研讨等，学习怎么写论文、做科研，怎样进行团队建设、特色开发，等等，这里就根据我校校园排舞推广的实际经验，结合中国教育学会"十一五"中小学"体育与健康"新课程资源利用与开发课题研究的时机，和大家一起探讨该怎么让校园排舞成为学校特色一翼。

2010年10月，厦门市海沧中学课题组成员与前埔北小体育教研组进行校园排舞推广课题研讨

一、背景分析

2006年9月，新一轮体育课程改革启动，这对我们体育学科来说既是一次机遇又是一种挑战，我们体育学科走在课改前沿，以模块教学引领高中体育选修课。2007年8月，学校派笔者到大连参加全国体育教研会议，开始接触排舞，排舞是个新兴项目，原本是流行于西方乡村的一种舞蹈，近年来开始在我国流行起来。2007年9月，海沧中学在高一年段开设排舞模块进行实验，由于是新兴项目，跳排舞给人耳目一新的感觉，而且排舞动作简单易学，因此推广起来方便，容易被别人接受。在2007年10月份的校运动会上，高一年段承担了排舞表演，段长积极配合，表演在开幕式上取得非常好的效果，也从那时起，排舞在学校师生中产生了影响。2009年3月，学校组建了校舞蹈队，进行健美操、排舞专业训练，参加厦门市健美操比赛、排舞比赛、校庆开幕式、区运动会开幕式等表演，舞蹈队由于刻苦训练，取得了理想的比赛成绩，每次参加表演都

能获得好评。由点带面,这样就在学生中展示了排舞的魅力,很多人都想亲自体验,这为开展排舞奠定了基础。

2009年9月,据问卷调查统计得出的数据,我校1200多名女生中,近92%的女生选择"喜欢排舞",说明其拥有广泛的学生基础。我校有13名体育教师,其中5名具有高级职称,7名具有一级职称,师资力量雄厚,并有5名教师兼任学校中层干部,这为校园排舞推广及运用提供了宣传、后勤等保障;各位教师敬业爱岗,并为校园排舞的推广及普及出谋划策。这个优秀的体育教学团队,确保了我校体育工作的顺利开展。

(一)内容确定

高中课改,以模块为教学单位,培养学生在高中三年掌握1~2项比较系统的运动技术,模块内容以18课时为学习单位,每18课时设置一层次,每一层次分别确定不同的教学目标、评价模式。

初中部从2009年开始设置每周3节体育课,因此我们采用基础加特长的模式推广校园排舞。我校阳光体育开展得有声有色,武术是作为学校特色来发展的,校园足球也开展得红红火火。在初一、初二、初三体育课中,我们各拿出一节来开展特色教学,这样就能确保排舞教学顺利实施。

2010年3月,大课间活动,全校每个班级女生跳排舞,男生练武术。女生们共同掌握了《一起共舞》、《林间漫步》、《拍拍手》、《5678》、《查尔斯顿牛仔》、《永远的朋友》这6支排舞。采用体育教师主导,骨干学生引导,班主任、年段长配合的管理模式,大课间活动能使学生自己组织活动,进行排舞学习、交流。

课外,我们组织专业舞蹈队,进行专业化训练,代表学校参加各项比赛,参加"为马拉松喝彩"啦啦操、检察院系统篮球赛开幕式、校庆、海沧区运动会开幕式等一系列演出,以点带面,激发全校学生跳排舞的积极性。

(二)课程模式

初级课程主要是学习、了解排舞,为中级课程学习打下基础。以小组为单位,探究合作和自主学习相结合,每节课进行一个组合动作的创编,培养学生的创新学习能力,每个教学环节相辅相成。设置不同的练习节奏,让学生自主学习,在探讨中发现问题,形成适合自己的学习方略,巩固技术。注意培养学生的节奏意识,使其重视身体语言的培养,创编属于自己有感觉的动作。要求学生在动作尚未定型时,一定要请老师多加指导,把动作定型,培养自信心。遇到问题,要让学生提出解决问题的办法,提高学生学习的主动性。

中级课程选修范围在高一学年选修过的同学中划定,可在初级的基础上把动作的美感、速度、力量都提高到一定水平。教师根据学生的不同水平,划分层次,按层次设定小组长,再组织教学。针对每个技术动作,教师可以先完整示范,再进行分解教学,一节课在安排讲授新内容的同时安排了复习内容。课程以学生自主学习为主,帮助他们加深对排舞的理解,自身能进行简单的活动操创编。让学生自己培养节奏感,重视身体语言的展示,寻找属于自己特点的排舞语言;充分利用小组讨论时机,帮助学生建立正确的动作概念,并回忆和思考自己以前的动作,遇到问题,共同解决。

高级课程,是针对已经完成中级课程选修的学生开设的。高级课程就是让学生通过对初级、中级课程的选修,自身对排舞有了一定的认识后,在排舞课程里创造出属于自己的东西。这个高级课程主要学习排舞创编,让学生以动感音乐为主题,自行创设内容,拓展创新思维。学生根据音乐,寻找符合自己的练习方法。高级课程注意培养学生的节奏意识,重视身体语言的培养,帮助学生塑造属于自己的动作。学生在学习时主要是充分利用小组讨论,帮助自己建立正确的动作概念,自主提出解决问题的办法,提高学习的主动性,或就一个动作的编排提出自己的看法,特别是每套排舞出场或结束时的动作造型,需要同学自身去编排,高级课程就是要注重这方面能力的培养。

二、实施过程

校园排舞实施过程一般分为:准备、实施、推广三个阶段,每个阶段都有各自的任务与目标。

准备阶段确定要实施的目标计划,制定实施计划,召开专题会议,组建课题组;收集各种相关资料,组织

教师学习相关理论,研究国内已有的先进经验,请专家来讲学,出去学习考察;建立科研档案,完成实验储备,理论先行,先从理论上进行宣传,让更多人了解排舞运动的特点。《十六步》《查尔斯顿牛仔》这两支排舞,动作为2个8拍循环,课题组成员积极学习相关理论及技术动作,先在体育课进行简单的排舞教学,再利用大课间,实施动作推广。这一阶段以教师教学为主,学生进行动作模仿学习;最终每个课题组成员均要了解排舞特点并掌握简单的排舞教学,让学生能跟着音乐完成上述两支排舞。

实施阶段我们以高一年级作为实验对象,完成"分组、分层次教学"的实施方案。由实验教师按实验要求分步实施,全面展开实验;定期召开"新教学法"研讨与交流,研究解决出现的新问题,总结出阶段性成果,制订下一步计划,推出一堂典型的观摩课,让全组老师点评;组织成果验收小组,有计划地进行阶段性验收,做好实验记录。利用高中部开设排舞模块,进行《5678》、《快乐列车》、《拍拍手》、《读你》、《一起共舞》、《柔声细语》这6支排舞的教学;课题组成员积极学习相关技术动作,探究合作,利用骨干作用,在大课间进行排舞互动;利用学校节日活动进行排舞表演,组织学校排舞竞赛。这一阶段主要采用合作、自主教学,课题组成员要了解自己负责的学生学习排舞的情况,还要总结这一年的推广经验并提出建设性意见。

推广阶段主要是总结完善我校在高一年级体育课男女分组、分层次教学的途径和方法,建立新的教学体系,把实验获得的方法与手段运用于全校的排舞推广,对实验中积累的资料进行汇总、筛选、归类,建立档案。推广阶段在内容安排上,以学生自主创编实践为主,让学生了解排舞运动的特点,利用流行音乐进行简单的排舞动作创编,以班级小组为单位,进行排舞运动。课题组成员共同探讨,了解最新排舞发展特点,制定符合本校校情的排舞动作;利用大课间活动,实施班级排舞汇演,达到校园排舞推广及运用的目的。这一阶段主要进行教法创新,提高学生自主学习、创编、合作等能力。课题组成员定期撰写关于校园排舞推广及运用的总结;让学生能跟着音乐完成排舞学习,并能进行简单的排舞创编,提高创新能力;实施校本课程,制定符合本校教学需要的教材、教法,为今后更好地推广普及校园排舞做好理论及实践准备。

三、预期成果

学校宏观成果:培养一批优秀体育教师,形成具有本校体育课堂教学特色的分组、分层次教学模式,产生具有创新意义的新型教案及有价值的论文;制定具有本校特色的新教学体系,每位教师都能编写高一至高三不同层次的教案;课题能顺利引导学生选项,明显提高学生兴趣,积极培养学生终身体育观;学生的体育素质显著提高,并为高校培养一批高素质的体育人才。更有利于学校课程的特色化、潮流化,不断提高教师业务素质和科研水平,不断深化学校办学理念。排舞动作简单易学,教师就可以不断进行排舞创编,保持排舞的潮流化,也能真正促使学校特色教学发展。

学生微观效果:学生对校园排舞产生浓厚的兴趣,有强烈的上体育课的愿望;在大课间表现欲强、自信心强,能建立起创新思维;在课堂学习过程中气氛好、参与性强、自主性强、探究性强、合作性强;在课外训练方面比较投入,会跳一些自己熟悉的排舞,能展现自己的个性;能把排舞作为课余体育活动项目,处世乐观。情感是人对客观事物的态度体验,在排舞学习活动中,学生抱着积极态度学习,增进了师生情感,增强自身的素质。

课程理念的践行成果:学生体验了成功、感受了快乐,学习过程充满着友谊和欢乐,让学生懂得了排舞创编的方法,从而养成自主锻炼的习惯,逐步培养终身体育意识。我们倡导"健康快乐同在"的理念,以促进学生全面发展为核心目标,通过《校园排舞》校本课程的开发和研究,确立具体的总目标。校园排舞以体验式学习为主,让学生通过探索、思考、总结、共享,学会初步组织训练、创编排舞,学会正确评价自己和他人;体会探究学习、自主学习和合作学习,促进其他学科学习的发展,掌握其他课堂学不到的知识和方法;树立自主学习的概念,学会合作,帮助别人;树立终身体育意识,形成自己的个性与健康的情感、积极的态度、正确的价值观等。

教学评价的确定:评价方案能从理论上引导学生有目的、有计划地进行课堂参与,只有确保了课堂参与,才能谈论创新思维的培养、实践能力的发展等等。新课改,注重学生的评价,特别是学生发展的过程性评价,教师在这方面要列出具体的评价表。比如愉悦热身中的自主操,就是检验学生创新与实践最好的舞台;课堂参与,教师也要做好评价,比如同样的内容,对不同的个体采用不同的教学方法、组织措施,都可以在课堂学习中体现,教师要进行对比、总结、反馈,最终通过评价表,看看学生的创新程度在哪些领域实现突破,看看学生的实践能力在哪些领域得到提高。

由于研究的时间较短,研究的个体差异大、变化大,因此学生养成的学习习惯还不够稳定,为此我们今后要做到:创建以学生为主体的自主、合作的教学方法,确保学生健康发展;加强推广,使每个班组建的排舞队加强日常锻炼;鼓励学生进行学习方法的创新,努力提高校园排舞的运用能力。本课题的研究还不够深入,在接下来的工作中,应逐渐加强这方面的研究和探讨,促进我校体育教学发展,丰富我校特色办学。我们把每一阶段实施过程中遇到的问题,取得的成绩都总结下来,希望大家能从中得到一些启发。

2012 年 7 月 18 日作者在全国特色学校颁奖典礼上

附

如何利用校园排舞素材做课题研究

校园排舞开发这几年,让我从中得到很多体会,今天借此机会,把自己做科研的心得体会提炼成文字,以"校园排舞推广与运用"课题研究为案例,阐述整个课题从申报、立项,到研究、结题的全过程需要注意的问题。本文抛砖引玉,希望大家能结合自己的实际,开展有关教育教学方面的课题研究。

一、开题工作

(一)开题论证

我们做课题,是把现实教学、训练中存在的问题,拿来研究,课题即问题,我们研究的目的是解决存在的

2010年3月,福建教育学院体育与艺术研修部姜秀英主任(左二)到厦门市海沧中学调研(作者提供)

问题。如"校园排舞推广及运用",我们开题立项时,考虑的是校园排舞能不能推广,怎么推广,推广群体是谁?这些都得论证。就这些问题,我们请有关方面的专家、学校领导、课题组成员参与课题论证会。前几年全国在实施校园舞蹈推广,它是一个大工程,很多人都想做这一课题,但都因为有难度而放弃。面对目前大课间只能做广播操的现状,学校非常需要校园排舞,急需有人来做。同时,课题研究要与时代趋势相吻合,之前校园舞蹈为何推广不开,就是因为没有考虑性别差异。目前中学生还是很不习惯在课间男女生一起跳舞,而我们这个课题的推广对象是全校女生,发展女生喜欢的项目。厦门市教科院体育科宋超美老师在逻辑起点、理论论证及如何推广等问题上对课题研究作了指导。他认为该课题的研究若能成功,将对改变全市大课间现状有着积极意义,他指出:课题研究时间要服从质量,要出精品,要解决学校问题;要与重大、重点课题学科建设规划相统一,要借助重大、重点课题整合学校力量,依托重大、重点课题培养团队精神,做强、做精大课间活动。

我校校长在论证会上,指出应本着务实严谨的态度,注重以课堂、课外实际工作来指导课题研究,以务实求真的态度做课题,做到认识清楚、思考到位、安排细致,以提高课题研究的实效,把校园排舞推广真正做到实处。专家组成员充分肯定了该课题研究的价值和意义,并给予了很高的期望;对课题选题以及研究目标、对象、内容、方法与步骤进行了科学论证,对研究思路和操作策略作了具体的指导,提出了许多可操作的宝贵意见。他们都觉得在目前的实际"校情"中可以先试着在大课间推广校园排舞,只要能让学生在大课间动起来,一切就都是好的。

(二)开题报告

课题的报告需要明确提出课题所要解决的具体问题。"校园排舞推广及运用"主要的问题即校园排舞如何运用?是运用于阳光体育之中,还是运用于校本课程建设?这里的运用有很多内涵。另外还要明确指出国内外文献就这一问题提出的观点、结论、解决方法、阶段性成果,并提出课题准备论证的观点或解决方法,简述初步理由。推广对象是全校学生,还是只适合女生?这正是课题研究所要探讨的核心内容。经过几年的实践,我们发现对男生并不适合进行排舞推广,因此全校推广排舞这个设想就被推翻。

开题报告的目的就是请专家帮助判断所提出的问题是否值得研究、准备论证的观点方法是否合理?因为几年前推广校园舞蹈,皆虎头蛇尾,因此专家的判断是非常重要的。如何改变传统的校园舞蹈推广模式,另辟蹊径进行校园排舞推广,这就是本课题研究的重点。报告详细介绍了校园排舞的研究背景、研究目的、

国外排舞发展得早,但在校园里全面推广目前还没有,而国内校园排舞推广刚起步,至于相关研究,目前仅是零星点点,这为我校进行校本课程开发提供了机遇,同时也增加了研究的难度。目前与此课题拟研究解决的问题密切相关的前沿文献少之又少,能够借鉴的只有一些健美操专业方面的书籍。我们认真、仔细查阅了与本课题有关的文献资料,了解前人或他人对本课题或有关问题所做的研究及其指导思想、研究范围、方法、成果等,把已有的研究成果作为自己的研究参考,并从中发现以往的不足,确认自己的创意,从而确定自己研究的特色或突破点。这样既可以更加突出本课题研究的的价值、意义,也可以使自己开阔眼界,受到启发,拓展思路。

初步提出课题的研究方向和内容结构。校园排舞的研究方向即如何在校园里全面推广排舞,具体的内容分两部分,其一是推广,其二是运用。推广是浅层面的排舞学习,学习者掌握3～6套排舞跳法即可;而运用是指构建校园排舞校本课程,提升校园文化,在阳光体育中辐射校园其他体育文化。课题创新点在于提升校园排舞运用的效果,在推广过程中提升校园文化底蕴、提升学生综合素质。但怎么提升?这就是本课题的研究重点,也是课题的创新之处。先进行全校问卷调查,看大家对排舞了解多少,弄清楚学生学习排舞的意愿;然后再进行课堂实践,在实践过程中逐渐摸索,同时举行座谈会开展讨论,并请专家指导。

我们推广排舞的最终目的就是要做到在校女生人人会跳排舞,人人喜欢跳排舞,在毕业之后,能对排舞的推广有所帮助;教师能在研究过程中具体体会校园排舞,能结合课题进行具体的教学,在课外写出几篇论文;校园排舞校本课程成册,校园排舞图片成册,校园文化得到提升。完成这些目标大概需要两年的时间,大致分为4个周期。

二、中期报告

课题中期报告是课题的执行人在科研过程中向科研主管部门汇报课题进度及阶段性成果的书面材料。课题中期报告的主要功能有:课题执行人总结前一段研究工作的成绩和经验;向主管部门和协作单位通报信息,以便其检查研究进度,并对已经完成的工作中存在的问题进行分析,对还未完成的工作提要求,以利于做好进一步研究的安排。

课题中期报告包含课题名称、课题概述、本阶段研究工作的内容与存在问题等;对本阶段研究进度作出合理的评价;对下阶段工作的重点及实施步骤作好计划;列出参加这一阶段工作的人员名单及分工要求。中期报告应按工作计划上规定的每一阶段的任务条款逐条进行检查落实,注意写明完成情况,也同时写明存在问题,并分析问题的原因,如果不具备研究条件因而未完成任务的应作出说明,争取在下一阶段完成。这部分写得如何,是衡量进度报告质量的关键所在。如果研究工作计划有变动,应写明变动原因并作出新的安排。课题中期报告的重点应放在"课题计划完成情况"和"未能按计划完成的工作"两部分。应如实反映研究的客观实际,正确评价取得的成果;写成绩不要过分夸大,同时要写明存在的困难和问题。

课题研究中期报告应该对已经完成过程的相关材料进行整理、归纳。校园排舞推广及运用经过1年的实践后,中期材料包括:课题立项申请书、批准书、课题方案、每个阶段具体的研究计划、每个阶段的总结。过程性资料整理重在平时,要边做边理,以达到过程资料翔实,研究实践真实,研究成果丰实。我们的校园排舞推广及运用课题组有6位教师参与,每次研讨会形成的材料包括:课题组成员所写的课题小结、随笔、案例评析,课题组成员所获得的荣誉;校园排舞以课题教学为主,参与全省录像课评比、全国课例评比时的教案、说课、评课、自我反思、课堂评价表、光盘、图片、相关报道;课题组成员发表的与课题有关的文章(附刊物封面、目录、刊物级别、文章内容);举办校园排舞大赛的通知、比赛章程、规则、报名表、评分表、最后成绩表;课题中期评估申请、中期评估报告(PPT演示文稿)等。

三、结题报告

对于一个研究课题来说,撰写结题报告是课题研究的最后一个程序。研究报告应具备科学性、创造性、

规范性、可读性这几个特点。一份高质量的研究报告能为课题锦上添花,浓缩整个课题的精华。撰写研究报告有一般的共性要求,但不同类型的教育研究报告由于其结构的不同,表现出不同的风格和特色。研究报告分为调查报告、实验报告、总结报告。要针对报告的不同类型把握它们各自的特征要求。三类报告基本上都有以下几个组成部分:题目、前言、主体、探讨、结论、参考资料。

(一)课题结题报告的撰写

那怎么写好研究结题报告呢?俗话说:有了好布料,不等于有了好衣服。要把第一手材料变成研究成果,需要经过思考和文字加工,这是一个再创造的过程。要写好研究报告,必须抓住以下几个环节:撰写者必须统筹规划好整个报告的结构,对整个课题的过程材料进行整理,草拟出要写的提纲,对整个报告的结构、中心思想、内容表达层次,每一小节的内容,所配的图表、照片,都要做认真的考虑。

要写一份高质量的结题报告,撰写初稿是基础。研究报告的题目、前言、主体、探讨、结论等几个主要组成部分要有主次之分。前言部分必须说明进行这项工作的缘由和重要性,前人在这一方面的研究进展情况、存在的问题,研究的目的,采用的方法,计划解决的问题,学术意义。主体即研究报告的正文,是报告的精华所在,体现着整个报告的质量和水平。为了科学、准确、生动形象地展示研究成果,提高说服力和可信性,要尽量采用图表、照片来集中展现数据和重要的过程。当然,选用的图表或照片要有代表性。报告的结论部分是作者经过反复研究后形成的总体结果,它能起到画龙点睛的作用,结论必须指出哪些问题已经解决?怎么解决?有什么成果?还有什么问题尚待研究?想用什么方法?期待什么成果?

(二)结题报告案例分析

《校园排舞推广与运用》经过实践后,得出的结论是校园排舞能在校园推广,并能运用于学校体育之中。这个课题经过实践后形成的报告具备了科学性与真实性,这两者又有内在的必然联系,因为只有经过实践检验,才能证明其研究方法是否科学,最终保证研究结果是可靠的。专家们评判这个报告是否有价值,主要关心的是如何对校园排舞进行推广,以及如何运用校园排舞?我们在教学中开展研究,在校园排舞大赛中发现哪些问题,以及这些问题怎么解决?每一阶段研究成果能否达到每一阶段的要求?还有什么问题需要继续解决?都应该在报告中体现出来。撰写课题研究报告的重难点,主要在方法和结果上,要把研究方法交代清楚,使人感到该项研究在方法上无懈可击,从而不得不承认结果的可靠性。校园排舞推广的方法很广,包含:课堂教学、大课间集体跳、课外专业队训练、夏令营、校园排舞大赛、艺术节展示、兄弟学校交流、国内外交流等方面,这些方面记录着排舞推广与实施的过程。在此基础上,我们的结果是可喜的,有大量的图片材料,有校园排舞校本课程,有了这些可靠的材料作佐证,关于学生总体面貌变化、校园文化底蕴提升的结论就落到实处了。

在科研报告中怎样使自己的论点清晰有力地得到论证,这是应关注的核心问题。正如前面所述,论点的证实除了必须依靠逻辑的力量外,还需要依靠科学事实的支撑,做到论点与事实相结合。科研报告一定要有具体材料,尊重事实,从事实中提炼出观点。

校园排舞在女生中能得到有效推广,这是我们最主要的观点,是经过实践证明的。另外校本课程里提到校园排舞"三维一体"推广模式等都有具体的实例做支撑。所以我们提出的校园排舞理论体系能引领校园排舞往科学、严谨的方向发展,使之成为中小学校师生最喜闻乐见的课程之一,成为素质教育的"亮点工程"。

重视上述两点,是做好一个课题的前提,也是培养一个科研工作者务实的治学态度的原则。落实以上内容,就能大概完成一个课题框架结构的搭建。课题要有价值,有自己独特的亮点,就需要丰满的肌肉做铺垫,丰满的肌肉就是平常日积月累的素材,只有把工作做到实处,才能运用自如去丰满框架。

朱熹《观书有感》中有这么一句话:"问渠哪得清如许?为有源头活水来。"作为教育工作者,保持进取的心、创新的思维、乐观的态度,是我们教育创新的源泉。要想找到这"源头活水",教师就必须从整个教育生涯规划入手,全身心地投入教育改革与实践中去,深入体验新课程改革的发展与进步的历程。

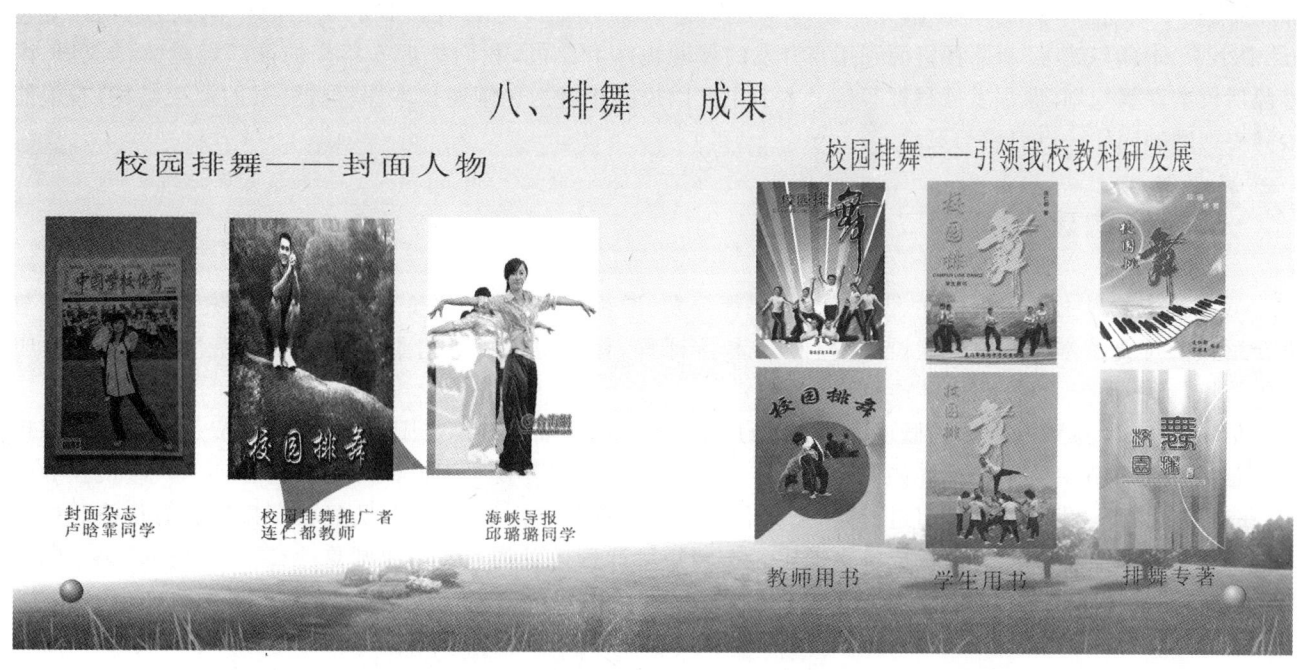

厦门市海沧中学校园排舞科研成果(选自《厦门市海沧中学校园排舞图册》)

第二节 校园排舞校本课程构建
——校园排舞校本课程开发案例分析

2009年3月,《国家基础教育课程改革纲要》提出大力发展符合学校地方特色的校本教程,让地方、学校课程丰富学校的课程结构,因此校园排舞校本课程的开设正好满足、适应了课程改革的发展需要。我们编写了校园排舞校本课程教科书,包含教师用书、学生用书。

我国基础教育课程管理体制已经进行了实质性的改革,出台了三级课程管理政策,确定了学校参与基础教育课程管理的权利及主体地位,从而为各学校校本课程的制定提供了制度保证。我校各教研室专门成立了学校校本课程开发小组。"加强校园排舞课程开发以适应地方、学校、学生的实际需要的研究,这不仅有利于学校体育课程呈现多样模式共存的良好局面,还有利于学校体育有特色,学生体育发展更有特长"[1]。校园排舞将结合学生的年龄、性别和体质状况,积极指导学生开展有计划、有目的、有规律的体育运动,以更好地推广排舞。校本课程是学校自身特色发展的一个产物,把校园排舞特色教学内容、规律、作用、评价等方面转化为学校自身的课程建设,是完成特色项目向课程转变的根本,也可以从根本上促进校园排舞的发展。

校园排舞,是一项新兴项目,能给参与者带来健康、快乐、自信、美丽。近6年来,我们通过课堂教学、大课间、课外训练、举办排舞大赛、参

厦门市海沧中学校园排舞校本课程
教师用书封面

---

[1] 董翠香:《体育校本课程导论》,北京体育大学出版社2006年版,第50页。

加竞赛、夏令营、国际交流、全国阳光展示等渠道对排舞进行推广与普及。我们承担的中国教育学会"十一五"中小学"体育与健康"新课程资源利用与开发的课题也顺利结题,我们把近6年来的推广经验总结成册,内容包括校本课程规划、课程发展目标等等。本节主要以校园排舞为例阐述校本课程教科书的框架结构,希望能给需要帮助的同仁一点启发与灵感。

一、内容构建

下面就该教科书的课程概述、课程理论、课程开发、课程标准、课程评价、排舞大赛、个案分析6章20节来介绍校园排舞校本课程框架建设。我们研究校本课程,首先得了解我们要开设项目的特点及校本课程应有的特点,有的放矢,这样我们才能事半功倍。

第一章《校园排舞校本课程概述》。该章分两节,第一节是校园排舞与阳光体育,第二节是校园排舞课程开发意义。此章节主要阐述排舞如何走进校园及如何实施课程开发。阳光体育是我们看到的一缕最强的阳光,在这缕阳光下,我们把排舞引进校园,充分利用新课程资源丰富学校体育,凸显校园排舞魅力价值。校园为何要引进排舞?排舞如何开发成校本课程?校园排舞课程开发的意义与原则是什么?这些都是该章阐述的重点。

第二章《校园排舞三维发展》。该章分两节,第一节是校园排舞特征,第二节是校园排舞三维发展。课程理论应该是校本课程的主要理论支撑,也是其科学依据,针对项目的特点与发展要求制定相应的理论,是校本课程得以科学发展的前提。此章节主要阐述校园排舞一些发展理论、基本特征、健身价值及主要特点,最后从校园排舞的发展理念、发展目标、发展定位三者进行关联,让"健康快乐同在"的发展理念指引校园排舞"三好四美"目标的确定,再依据"三好四美"发展目标来设定校园排舞的发展定位。理念、目标、定位三者构成彼此相互依托、相互促进的三维关系。

第三章《校园排舞校本课程开发》。课程开发是校园排舞开发的核心,也是对课程理论的实践,把开发实践与理论进行结合,才能从过程中发现问题。此章分三节,第一节是课程开设基本要求,第二节是校园排舞课程设计,第三节是校园排舞课程实施。此章节主要阐述校园排舞课程开发。如何开发出一门学生喜欢学、教师喜欢教的课程?如何融入新课程理念?如何实现校园排舞的课程价值?这就要从学校开设课程的基本要求开始分析,再构思整个课程的结构,最后敲定有效实施的步骤。并且要对课程设计进行说明,对课程管理进行解读,制定课程纲要,规划课程资源的有效利用及管理。

第四章《校园排舞课程标准》。此章分四节,第一节是校园排舞基本元素训练,第二节是校园排舞初级课程,第三节是校园排舞中级课程,第四节是校园排舞高级课程。有了课程理论与开发模式,确定校本课程的内容标准就水到渠成。校园排舞的内容标准是经过几年的课程实践总结出来的,也是校本课程的精髓。校园排舞课程标准是本书核心内容,该章节主要讲述校园排舞基本元素及分层次课程设置。校园排舞分为三个层次、初级课程、中级课程、高级课程。初级课程主要学习排舞的简单动作,整体动作充满舞美、活泼可爱,排舞风格特点明显,以培养排舞兴趣为突破口,适合低年级或初学者;中级课程的动作稍为复杂点,脚步动作比初级课程要复杂,音乐节奏也更快,学生需要更好的协调性;高级课程动作难度更大,除了动作学习之外,主要学习队形、动作的创编,强调自主学习与创新学习。本章节从排舞的基本元素开始阐述,再到每层次课程标准的解读,按教学目标、内容、重点舞步、教学舞景、动作图解来分析。其中教学舞景分析是校园排舞一大亮点,教师或者学生先理解每支排舞的舞景,再根据舞景进行动作教学或学习,可以使学生告别简单的动作接受者,使教师除了简单的动作教学之外,

该图为厦门市海沧中学校园排舞校本课程教师用书封底

还要进行舞景分析,教师除了要掌握专业的技术动作教学,还要提高自身对舞景的理解,使课堂充满了艺术灵感。学生除了简单接受动作之外,还要进行艺术灵感方面的熏陶,把自己置身于舞景之中,把体育与艺术融合在一起。

第五章《校园排舞课程管理及评价》。有内容就有评价,评价是对新课程的解读。校园排舞校本课程要做到严谨、科学发展,需要建立合理、有效的评价体系。该章分三节,第一节是校园排舞课程管理,第二节是校园排舞课程评价,第三节是校园排舞学习评价。高中新课程改革采用学分管理,校园排舞校本课程结合高中模块教学,也采用学分管理,除了正常学分之外,还可以使学生补充学分,提前修满11学分,可以更早在高中三年达到学校体育课设置的学分要求;课程评价是新课程改革的亮点,因此需要把课程评价和教学放在同等重要的位置来对待,整个课程设计显得成熟、合理。设置评价主要针对课程这个层面,该章节介绍课程评价的目的及课程评价应遵循的原则;设置教学评价,主要从教学目标、教学内容、教学策略及方法、教师素养几方面进行,通过评价可以促使教师引领校园排舞的发展,把握校本课程实施的理念及发展定位;设置学习评价主要是针对学生课堂情况、过程表现及终结性行为进行合理评价,通过评价机制的制定,鼓励学生积极进取,理解校园排舞的"三维发展"。

第六章《厦门市海沧中学校园排舞实施的个案研究》。该章分三节,第一节是校园排舞校本课程实施方案简介,第二节是校园排舞大赛过程分析,第三节是校园排舞大赛对学生行为影响的行动研究。整个课程设置,有静态的理论研究,也有动态的课外实践,充实了校园排舞课程发展研究。本章节主要阐述我校开展排舞近年来的具体案例,希望能把我校开展这项活动的一些经验跟大家分享,看了这些具体的案例,大家能看到努力的方向。案例主要是把工作中经历过的事情总结成文字,教会学生如何进行实践操作,在实践操作中需要注意哪些事项?可以说,本章节主要是对学生实际能力进行培养,虽然内容不多,但是能让学生终身受益。

体育工作者,更需要这方面的案例分析,也希望大家多做些这方面的尝试与研究。我们除了课堂教学之外,应该学会把校本特色做强、做大、做精。推广排舞除了课堂教学、大课间之外,我们还可以给学生提供更广阔的空间,如:举办排舞大赛、夏令营等等,让学生自己去组织安排。通过举办这一系列活动,再进行具体的行动研究,研究出来的数据既有利于分析学生具体的行为变化,又有利于教师今后的科研。校本课程按照常规思路构架完之后,把实施过程中的案例渗透进去,我觉得这是校本课程最有价值的地方,掌握其方法,可以灵活运用。

二、结构分析

为了帮助体育教师理解校本课程,贯彻《国家基础教育课程改革纲要》的精神,使体育教师创造性地进行校园排舞教学和指导学生自主学习、合作学习、探究学习,我们在编写教师教学参考书的过程中,力图把新的教育理念融合到校园排舞的教学过程之中,以"三维发展"作为校园排舞的理论基础进行教材的编写,同时注重与教学实际相结合,力求使本书对教师的教学具有可操作性并达到可借鉴、有启发、方便实用的目的。

根据校本课程的特点和学生教学用书的内容,本书共六章,分为两大部分。

第一部分包括第一章至第五章。主要针对学生教学用书的内容编写相应的教师指导用书,提出了教与学策略。第二部分是针对我校近年来开展排舞的一些案例分析,为了拓展教师知识面,增加了第五章。第五章属于教师阅读范围,因此没有教与学的建议。

第一至第五章内容包括"校园排舞概述"、"校园排舞课程理论"、"校园排舞课程开发"、"校园排舞课程标准"、"校园排舞课程评价",以上内容总体上是按照一般的教科书编写规律进行编写的。

各章的结构基本相同,但在不同的教学内容中教与学的策略上加强了针对性。各章节结构如下:

本章内容构成及教学时数建议。帮助教师了解本章的总体内容,便于教师总体把握各节的联系和重点;对教学时数安排提出建议,理论性教材为每章2~3课时,但并不是全部由教师以讲授课的形式进行,其中建

议教师结合具体内容可以安排多种形式的学生活动。

教学目标。使教师了解教学过程中应达到的目标。

教学内容与分析。包括：教材内容解读（帮助教师了解教材编写思路，对教材内容的拓展分析）、知识点、教学重点及难点。

教与学策略。教法策略旨在说明知识技能的传授中，运用哪些方法有助于提高教学效果？例如引导法、启发法、活动法、结合实践的渗透法等；学法策略旨在指导学生进行有效地学习，例如探究、合作、自主学习，教科书中的问题引导，主动学习和接受学习等；评价与激励策略旨在为教师在教学过程中运用多种评价手段激励学生体验进步和成功、学会学习提供方法和思路。

资料拓展。有关学术观点或名词、概念解释，参考资料，参考答案等。应结合具体教学内容有选择地安排相关资料。

第六章《校园排舞案例分析》是厦门市海沧中学历年来开展排舞活动的一些现场实录。主要为了教师拓展知识面，让他们多看一些具体的案例分析，为其他学校今后举办类似的活动提供借鉴。

这么多年来，我们脚踏实地地推广排舞，学生也极其认真地进行学习，大多数人改变了对舞蹈的认识，很多原本不会舞蹈的，通过校园排舞的学习，看到自己行的一面，建立了自信；笔者也借助推广排舞，做了科研，受益匪浅；参加一系列竞赛，交了朋友。仅此三点，希望对各位同仁有所启发。

厦门市海沧中学校园排舞校本课程学生用书封面、封底

第三节　校园排舞大赛过程总结

学生在校园这方舞台上，挥洒青春，崭露头角，把自己的能力发挥得淋漓尽致，校园排舞大赛提供了实践的舞台。学生为何喜欢比赛，比赛中能力得到了哪些变化？校园排舞大赛，是中国教育学会"十一五"中小学

"体育与健康"新课程资源利用与开发课题、海沧区"校园排舞课程运用与研究"课题中具体实践的案例。我们每年举办一次排舞大赛,大赛的策划、宣传、组织、训练全过程都让学生参与,学生经历这些环节,无形中会提升队员跟老师及其他同学的沟通能力。为了班级最终的比赛成绩,会积极想办法解决训练中所存在的问题。我们借此机会,把比赛过程中采集的数字进行合理的分析,从中得出结论,为今后的校园排舞大赛提供经验。

一、背景分析

2007年9月,我校已经开始校园排舞推广,2012年7月被教育部评为校园排舞全国特色学校。6年期间,举办了国际交流、全国阳光展示等活动,进行全省排舞推广教学。大课间全校跳排舞,课堂进行排舞教学,由点及面,就在这样的背景下,进行"校园排舞大赛对学生行为的影响"的行动研究,以便取得更合理、科学的数据,为今后的校园排舞发展,提供可供努力的方向。

二、存在问题

从发布通知到各班级报名,前后花了7天。这一期间,出现了很多问题,学生在行为上发生了很多变化,有积极的、有消极的,课题的确立从发现问题、分析问题开始。

由于是第一次举办校园排舞大赛,各方面工作经验都较欠缺,宣传不到位,有些班主任落实工作也不到位,导致一些班级同学对比赛重视不够。产生了下列问题:班级没有核心队员,无法组队参赛;有些班级女生达不到规定人数;核心队员组织管理能力不强,导致各个班级水平参差不齐。

班级没有核心队员,组队参赛显得困难重重,影响排舞比赛的正常进行。组队参赛,主要以班级为单位,一切靠班级自身力量。比赛要先选出班级队长,队长再参加全校固定舞码培训,然后由队长回去后到班上进行统一教学,教师再统一纠正指导,全程主要靠班级集体力量完成。一旦班级里面没有在这方面有基础的学生,就很难挑选出核心的学员,即使勉强推选出核心队员,也很难在管理、组织方面形成凝聚力。为此,应推出班级里综合能力比较强的同学来担任队长一职,排舞教师专门辅导,以提高其专业技术水平,缩小与其他核心队员的差距,在班上起到带头的作用。

排舞比赛面向全校,争取全校师生共同参与。高中理科班女生大部分在3~5人,达不到规定的8人,而要动员男生参与有难度,因为大课间也只针对女生进行排舞推广,男生没有基础,排舞模块选修起初有男生,后面终究因为学校大环境所致(我校男子篮球、足球、武术都开展得很好),很少有男生再选修排舞。评分标准也针对这一问题,进行了加分考虑,后面在班主任、班级同学共同动员之下,才把这一问题解决了。

核心队员组织管理能力不强,导致各个班级水平参差不齐。这次校园排舞大赛的目的除了进行排舞推广之外,更重要的是要提高班级凝聚力,实现学生个人素质的全面提升,达到排舞"三好四美"的目标。班级实力的体现还得看"木桶效应",最低的板决定了桶能装多少水,反过来说,最高的板决定了班级能达到的思维创新高度,班级比赛归根结底是班级综合实力的比赛,要考量进出场和队形变换,要自创动作并进行编排,这些都要靠班级集体的力量来完成,集体的力量要靠核心队员的组织与管理来提升。针对这一情况要进行专门的培训,如何组织、管理本班同学,如何进行队伍的编排,如何将自创动作协调地融入等问题,需要大家共同解决。

基于上述问题的出现,从通知到报名,36个班级400人的报名前后经历了一周的时间,在这一周里呈现出很多问题,因此才有"校园排舞大赛对学生行为影响"的行动研究。

如何培养核心队员?核心队员的作用是什么?这方面的研究挺多的,主要是从培养学生组织管理能力入手,谈培养学生作为体育骨干要注意哪些事项。韦凤萍的《培养体育骨干发挥学生主体作用》指出:培养体育骨干对提高教学质量具有重要作用,培养体育骨干首先要选好培养对象,要注意培训骨干,树立体育骨干的威信,她在这方面所进行的研究是较成功的;何孝锋的《抓体育骨干6方面的培养》从6个方面阐述了如何

培养体育骨干,有一定的借鉴作用。

如何提高核心队员的组织领导能力?特别是学生参加这种竞赛活动,在行为上会发生哪些变化?这方面的研究成果很少。总的看法是:核心队员要学会组织管理本班级参赛队,要在技术、领导能力方面更胜一筹,要作出表率,以身作则;队员要学会服从管理,学会尊重别人,要理解个人与团队的区别,体会集体意识。大家在角色上发生变化,成为管理者与参与者,要靠自己来解决遇到的问题。

关于校园排舞具体目标如何实现,这方面的研究到目前为止还一片空白。我校从2007年9月开始在高中实施排舞模块教学,除此之外还没有发现哪个地区把排舞引进校园,且推广得有声有色。一些社区、俱乐部也在推广排舞教学,但真正意义上的校园排舞,我校开了全省,乃至全国的先河,因此也是摸着石头过河,边走边学。

海沧中学第三届校园排舞大赛比赛情景(杨陆辉老师提供)

三、行动安排

(一)行动计划

第一阶段:教师统一组织队长学习,教会队长怎么进行教学;然后由队长负责本班级的排舞学习,完成基本舞码学习,形成班级核心,实现有效的组织管理。

第二阶段:教师进行统一指导,规范比赛动作要求;队长组织本班进行自编自创动作的学习与研讨,统一规范整个比赛动作,将自编自创的动作和谐融入固定动作。

第三阶段:教师统一安排进出场学习、彩排;队长组织本班级进行开场与结束的两个8拍动作学习,熟悉完整、规范的比赛程序,严格按照比赛要求进行训练。

第四阶段:教师统一组织预赛、决赛、总结;各队长完成本班的参赛任务,展示班级自身特点,赛出风格,展现排舞的"三好四美"。

(二)行动记录

校园排舞大赛是中国教育学会"十一五"中小学"体育与健康"新课程资源利用与开发课题在校园的具体推广模式之一,学校对排舞大赛非常支持,专门成立排舞大赛组委会,负责大赛的一切事宜。课题组从以下几方面进行观察和记录,搜集有关资料,以便了解大赛的实施情况,进而对大赛进行客观的分析评价。

观察

初二(1)班:这个班级想动员男生参与排舞大赛,班主任特地召开了一次"集体意识如何在日常生活中养成"的主题班会,之后全班男生踊跃报名,确保足够的参赛人数,还得到0.5的加分。班级队长时任学生会副

主席,在组织训练上很有方法,很会调动同学的学习积极性,采用男女生结对子、相互帮助的办法来解决其他班级出现的男生拖后腿的问题;队内分工合作,负责动作创编的一组,负责队形变换设计的一组,然后分开进行,大家共同讨论,现场解决问题,提高班级学习效率。可以这么说,班级要想把一项活动举办得有声有色,离不开班主任的支持;而队长个人的能力,决定了班级队伍的整体水平。

高二(2)班:此班级队长是学校健美操队队长,该队长有很强的排舞基础,而该班队员大部分是排舞模块的学生,于是她就安排同学在课堂上把教师教的基本动作全部掌握,专门派一个同学进行辅差指导,这样课外时间就可以用来练习自编动作和变换队形。该班级在所有队长面前展示了一遍集训成果,给其他班级做了很好的示范。(很多班级的队长没这方面经验与实践,总在思考该怎么办?)其他班级还在进行自创动作学习时,该班级已经完成全部比赛动作训练,进入比赛提高阶段。该队长利用自身的优势,在班级里建立了威望,因此她的一言一行同学都很支持,大家才能如此高效地完成训练。

高一(3)班:该班级报名之时,只有队名和人数,没有具体的名单,该队长和排舞老师沟通说不知该怎么合理利用资源,因为全校唯独此班是所有的队员在同一个模块班上课,比赛的内容已经全部掌握,在报名人数确定上遇到麻烦,大家缺乏一种比赛的斗志,没人要报名参赛,队长成了光杆司令。比赛最佳组合是12个人,而班里共有17个人选修排舞。最终该队长和排舞老师商定:凡参加排舞比赛的同学,课外训练算课时,满18课时的可得1个学分。这样该队长就掌握了主动权,最后大家积极踊跃报名,全班12个人的名额也顺利确定下来。

访谈

此次访谈找了校长、德育主任、班主任代表、家长代表、学生代表。没有其中任何一方的支持,校园排舞大赛都不可能取得圆满成功。

排舞教师:谢谢校长对排舞大赛的支持!

校长:什么话?辛苦你们对学校工作的支持!

排舞教师:应该,应该!

校长:排舞是学校特色教学,引领学校往前迈出了一大步,希望能取得更好的成绩,只要你们肯做事,学校全力支持你们。

排舞教师:谢谢校长,我们会努力的。

校长:辛苦了!放心去干吧!

反思:与校长的对话,可以体会到学校体育工作的开展得到了学校领导的支持。作为体育教师,应该理解校长的一片苦心,作为排舞教师,应该和其他部门多沟通,一起为学校的体育工作做贡献。

排舞教师:今天很荣幸参加班主任会议,在此要感谢德育处给我这次机会,使我能表达对各位班主任的感激之情。

德育主任:你们看,体育老师太客气了。大家都应该尽力为学校的体育文化建设服务。

班主任代表:其实我们很支持学校体育工作,也希望你们体谅我们班主任的工作,作为班主任,我们将义无反顾地支持你们的工作。

反思:从对话中可以看出,其实全校教师都很支持学校的体育工作,作为排舞教师,应该多考虑其他教师的奉献精神,只有理解这种精神,全校体育工作才能开展得有条不紊。

排舞教师:今天在此感谢所有参加这次排舞比赛的同学们,有你们的参与,校园排舞的"三好四美"才能真正得到实现。

学生代表:感谢学校给我们这次机会,感谢排舞老师给我们搭建了这次展示自己的舞台,作为这个学校的学生,大家都为这次排舞大赛感到骄傲,在此谢谢各位老师,你们辛苦了!

家长代表:我们的孩子参加校园排舞,我们支持,校园排舞可以丰富孩子的课余文化生活,假如孩子要求我们参与校园排舞,其实我们也会来的。

学生代表:我们非常热爱排舞,我们还利用课外时间来参加校园排舞,希望校园排舞"三好四美"目标能早日实现,校园排舞一定会成为我们终身体育的一个项目。

校园排舞

对话

教师：学校准备在这学期举办校园排舞大赛，你们要踊跃报名，积极参加。

学生A：老师，我觉得很难组织得起来，干脆不要举办了吧，班主任也反对我们参加这些活动。

反思：为什么会有学生不想参加？班主任难道把学生的课余时间都占用了吗？还是沟通出了问题？需要和班主任好好交流。

措施：后来和该班主任交流了，班主任说出了他们的缘由，但最终还是举双手支持学生参加这项比赛，学生那边有了班主任的支持，就很积极组队，参加训练了。

学生B：老师，我们班可以不要组10人，只组6人可以吗？其他人都不想参加。

教师：你们人数不够吗？我看你们班单单女生就快20人了，组成12人的队伍有这么困难吗？回去和同学多沟通沟通，也可以让班主任出来做工作。

反思：后来到她们班级去看了，还真的发现了问题的"严重性"，现在一直提倡性别教育，看来不是危言耸听。她们班级很多女生都中性化了，留着男生式的短发，穿着打扮也都男性化，她们竟然说不喜欢这些扭来扭去的舞，喜欢打篮球。

措施：后来找其班主任沟通，还跟该班体育老师沟通，最终让她们明白参加这次比赛的重要性和意义，明白参加排舞大赛的学生可以提高自身综合能力。

学生C：老师，我们可以弃权吗？

老师：为什么？预赛你们全校第一名，今天要弃权，出什么事情了？

学生A：因为队伍分成了两派，有几个不想参加了。

学生D：不是我们不参加，是她们要把预赛时的动作全部放弃，到外面聘请专业的老师来编排，离决赛还有一周，时间上来不及了，再说校园排舞展示的是我们自己的风格，没必要请外面的老师。

老师：哦，原来是这么回事，由老师来做工作。

反思：据后来了解，因为该班级预赛得了第一，就希望在决赛中也能得第一，因此想作些上述方面的努力，以达到一鸣惊人的效果。学生这种追求第一的精神值得表扬，但还是得尊重学生D的说法，校园排舞锻炼的是自己的能力，不要过多依靠外力。

措施：通过交流，让双方相互探讨，再加上班主任的协调，后来问题解决了，就只是在原来的基础上提高动作质量。

四、反思总结

（一）过程回顾

开始阶段没有与班主任沟通到位，使得报名出现一些小问题，有些学生从一开始就不愿意参加。最后通过积极沟通，到比赛结束，总体还是很顺利，比想象的要好。后面由于各个班级都积极报名、训练，形成一种良性的循环，大家都不甘落后，出现了你追我赶的学习场面。学生、老师在这一过程中都学到了知识，也积累了组织大型活动的经验，深深体会到了齐心协力的意义，进一步认识到只有各个部门一起努力，问题才能圆满地解决。

训练排练过程中，由于各班队长能力不一样，各班管理效果也就不一样，导致彼此之间存在差距。在创编、队形变换这一环节上，由于大部分人没经验，都是看着学，有些班级的东西被"盗走"，引起一些同学的不满。这一阶段时间比较长，达两个月之久。从不会到会，从无到有，再到自创自编，这一路走过来，都是同学们积极思考的结果，不管效果怎么样，至少大家都动脑了，知道了该如何进行排舞比赛，该如何组织训练。当出现本班自创动作被"盗走"的情况时，要告诉同学们应当学会保护自己的"知识产权"，同时也要告诉大家，只要能提高整个比赛的精彩程度，"被盗"其实也是一种奉献。此阶段最让人感动，校园热闹了，大课间、下午第四节课，操场上、走廊里都有学生跳排舞的身影。很多学生还拉着老师一起跳，这种相互感染的氛围让人印象深刻。午间，校园广播站里播放着排舞音乐，大家踏着音乐节拍就想舞动起来。这一阶段才真正让人感受到什么叫作校园文化建设,什么叫作丰富学生课余文化生活,这就是活生生的例子,学生那种自发、自觉的行为才让人感动。这一过程其实比结果更重要,每天中午学生会自己组织训练,体育课会请体育教师指导,在整个过程中学生学会了很多东西,提高了自身综合素质。

4个年段,36个班级,最终15个班级入围全校决赛。初二年段8支队伍入围了5支,初一、高一各有3支队伍进入决赛,初一年段在自创、自编上逊色于其他年段,但初一年段整个年段推广普及速度最快,从最初整个年段都不会跳,到后来成为整体跳得最好的一个年段,这是一种进步。决赛邀请了很多上级领导来观看,大家给予的评价都很高。比赛从筹备到结束前后经历了3个月,每天都很充实,学生在这样一个过程中学会了很多,如:组织管理、自编自创、探究学习、合作学习,培养了团队意识。纵观整个比赛,当初的预期目标都基本实现了。而教师的专业素养、解决问题的能力也得到了提高。

(二)研究报告

经过一系列的训练、适应之后,队长的组织、管理能力明显提升,能快速有效地进行队伍调动,能有效组织本班级参加比赛。训练过程的表现说明同学之间的自律意识增强了,不再只考虑个人,更多的是考虑队伍、班级的需要;通过比赛,大家发现每个同学都不可或缺,彼此相互尊重,大家能在训练过程中互帮互助,共同提高。这次比赛以班级自主学习为主,渗透了合作学习、探究学习,这些都是自觉的行为;比赛强制要求加入创编动作,因此给学生提供了创新的机会。队形变换常见的就那么几种,必须靠创新才能取胜。通过比赛,学生的行为意识发生了积极的变化。之前学生们对排舞的认识是表层的,通过这次比赛,学生真正体会了排舞,理解了"三好四美";从彩排到预赛,再到决赛,每一次都把自己最精彩的一面留在舞台上。

通过这次比赛,学生的社会适应能力有了明显的转变,整个过程,大家一起训练、彩排,相互认识、了解,建立了友情;各个年段都抽出代表做裁判,这让他们学到更多知识,无形中自身的综合素质能力得到了提升;整个比赛结束后,变化最大的就是参赛学生的气质,走在学校里,一看就知道是参加过排舞比赛的。可以说,经过简单的3个月学习,学生的排舞气质逐渐形成,言谈举止也发生了改变,一切向着积极的方向发展。学生在组织、管理行为上取得了进步,学会自律、相互尊重,在学习过程中注重创新,能积极与别人沟通,自身综合素质提高了。校园排舞大赛对学生行为的影响是积极的、良性的。

厦门市海沧中学校园排舞大赛闭幕式,耿红副校长讲话

校园排舞

第二章 校园排舞案例分享

2011年十一届全国人大四次会议审议通过的《政府工作报告》再次强调"保证中小学生每天一小时校园体育活动",给学校阳光体育这股东风带来发展的新契机。在国家经济飞速发展的同时,提高全民身体素质成为重要课题,而中小学生的身体素质关系到国家的未来,大力提高在校生的身体素质,成为学校体育的目标,学校体育也掀开了国家基础教育促进学生全面发展的新篇章。

厦门市海沧中学校园排舞以"课题引领、校本发展"的模式来发展,先后举办了校园排舞大赛、区级夏令营、市级公开课、省级录像课、全国阳光体育展示、国际交流等活动,全面拓宽排舞推广渠道,在推广过程中积累了宝贵经验,为今后校园排舞开展打下了一定的基础。我们从教学资源、教学方法、情境设计、师生关系、教学延展、家校互动等诸多环节进行改变,对教师的教学研究提出了更高的要求,对学校管理制度和学科间互动关系也提出了新的要求。

我们将定期举办全省或各地区校园排舞比赛,给中小学生提供一个展示的平台,让学生把个性与智慧在舞台上表现出来;除此之外,校园排舞还可促进中小学教师的专业提升,通过这个舞台,体育教师可以锻炼和表现自己,可以把自己各方面的能力尽可能地施展出来,"英雄有用武之地",而中小学校园排舞协会的组建正是这个舞台形成的催化剂。

校园排舞是"健康"的载体,是"快乐"的代名词。我们热爱校园排舞,所以我们走到一起,我们将用智慧去书写校园排舞未来美好的篇章!书写大家快乐充实的阳光体育生活!校园排舞案例分析,向基层学校展示了一个较为完善、充分体现地方特色的校本课程。校园排舞作为学校体育运动一个新兴项目,经过多年的实践,具有可操作性及广泛的发展空间。我们以课题作引领,以校本课程来构建项目的发展与推广,这样才能保证校园排舞发展的科学性与规划性。

校园排舞案例,有以下几个方面的特点:

1.该案例是以《国家基础教育改革纲要》为依据而设计的,充分体现了发展地方特色的基本理念。

2.该案例是根据地方教育主管部门制定的《校园排舞开发实施意见》的要求设计的,在某种程度上能反映出地方特色,发挥了地方在校园排舞开发中的积极作用。

3.该案例是在校园排舞开发理论指导下设计的,体现了校园排舞开发的科学性和严谨性,具有一定的代表性和普遍性。

校园排舞案例分享是校园排舞行动研究的第二步,校园排舞开展以来,我们认识了很多朋友。校园排舞向外拓展,也引起各级领导对我校的关注,促使校园排舞的健康成长。校园排舞案例分享的是我校这几年来推广经验的总结,我们希望能以此为契机,让校园排舞校本特色推动区域体育教学特色的发展。

第一节 校园排舞大赛

校园、排舞、学生、能力、舞台、展示,每一个词都富有鲜活的生命力。校园排舞在全校得到推广,最大作

用就体现在学生能参与校园排舞大赛,在大赛中将自己的能量发挥得淋漓尽致,把学生应有的灵性、朝气在舞台上释放出来。我们和学生共同搭建的这一方展示学生能力的校园舞台,留下了掌声和喝彩,培养了学生的能力。

以赛代练,能激起学生的求胜欲望,校园排舞大赛就是检验学习效果最佳的方式。大赛组委会起草了一份校园排舞大赛规程交给学校,学校站在学生发展的角度上大力支持,年段、班级也积极响应。本次大赛从宣传、通知、报名,到培训、彩排、预赛、决赛,前后历经了3个月,各个步骤都有条不紊进行着。一路走来,都表现了学生参与的积极性。校园排舞大赛这么一个平台,促进了学生的自觉参与,促进了校园排舞的深入发展,大力提升了校园体育文化发展。

一、赛前工作

(一)大赛宣传

"健康快乐同在"是我们校园排舞的发展理念,学生在这一理念中感受到了校园排舞的魅力。所有的环节学生都是自觉参与的,大家以"三好四美"作为目标,实践课堂上所学的排舞技能,提高自身综合素质,校园排舞大赛让学生融入校园排舞这股流行风,体验比赛的过程。通过比赛,吸引学生到户外自觉参加体育锻炼。

校园排舞竞赛宣传有以下几个渠道:

1. 利用学校的广播站进行宣传,把校园排舞比赛曲目通过广播形式进行播放,营造比赛气氛。

2. 利用主题班会,把校园排舞的一些规则、比赛要求,包括校园排舞的"三维发展",介绍给大家。

3. 通过广播、宣传栏大力宣传校园排舞"培养学生带得走的能力"。让学生通过自己参与,切实提高自身的综合素质。

4. 通过宣传栏宣传阳光体育重要性,鼓励学生积极参与阳光体育,参与校园排舞大赛,树立终身体育意识。

(二)大赛评价

有比赛,就要有追求,我们的口号是"比赛第一,友谊也第一";我们请专业的老师来当评委,学生代表也参与评价,采用10分制。

动作的完成质量3分:动作与标准舞码的一致性、动作与音乐节拍的吻合程度;

编排设计部分3分:创新性、流畅性、队形变化及音乐风格的把握;

舞曲风格及表现力2分:把握风格,面部表情自然、自信,融入音乐的感染力;

服饰妆容1分:风格吻合、色彩及整体视觉效果协调;

总体完整性1分:整齐度、团队精神、视觉效果、全部表演的整体评价;

加分:比赛人数在10人及以上,在总分基础上加0.5分。

(三)校园排舞大赛裁判法

海沧中学首届校园排舞大赛裁判组设总裁判长1名、裁判员6名、其他工作人员2名。

裁判分两组,一组由教师组成,一组由学生组成(学生主要来自校排舞队),最终的评分是教师裁判组评分占50%,学生裁判组评分占50%。

新课程强调课程评价,课程评价强调"以生为本",我们举办校园排舞大赛旨在提高学生的综合能力,从开始到结束,都让学生全程参与。师生共同参与裁判,这样可避免学生的偏见与教师的偏见,使评分更加客观,更让人信服,也让学生与教师的能力得到全面发展。

(四)大赛训练与彩排

我们以初二年学生为视角,看看她们的训练与彩排。

1. 训练花絮

对象:初二(6)班;队名:舞蹈一潮;队长:卢晗霏;场地:操场;事件:进行队形变换训练。训练场上她们8个人在为队形变换争得面红耳赤,对采用规则队形变换还是采用不规则队形变换,大家意见不统一。有个叫

龙婷的女生哭鼻子了,说队长老是不采用她的意见。排舞老师知道这件事情之后,过去召集她们8个人,让她们先集体跳一遍,老师再把自己的看法告诉她们,也告诉队长要充分利用集体的智慧来完善。半小时过后,从初二(6)班的同学们脸上的笑容,就可以看出她们的训练取得了效果。

2.彩排花絮

对象:初二(1)班;队名:步男步女;队长:邱婷婷;场地:操场;事件:"步男步女"彩排瞬间。所谓"步男步女",是指踏着矫健舞步的少男少女们,站在同一舞台上,跳着同样的舞曲,却依旧能够踏出自己的旋律,跳出自己的韵味,舞出自己的色彩,队员们阳光、活力、自信,大家迈着轻快的舞步,同阳光共舞。彩排结束后,主持人还为他们的队名产生疑虑,"步男步女"听起来会让人觉得是"不男不女"。最后队长说,他们的排舞除了动作流畅之外,还有他们的服装也是一个亮点。他们从头到尾都保持一种神秘色彩,他们拥有阳光般灿烂的笑容,带给同学们无限欢乐。

厦门市海沧中学首届校园排舞大赛比赛全场(选自海沧中学校园排舞图册)

2010年4月厦门市海沧中学首届校园排舞大赛启动仪式(作者提供)

二、大赛过程

(一)大赛开幕(节选主持人对话)

甲:首届校园排舞大赛,留给我最深刻的俩字,那就是"感动"。是啊,感动这一词,近年来流行于平民百姓之中,流行于街头巷尾,流行于整个中国。而今天却流行于我们海沧中学。

乙:感动无处不在啊,正如三月的春风吹走寒冬给我们带来的温暖一样。今天的校园,处处响起排舞音乐。这排舞,舞姿绚丽;这排舞,音乐入耳,让人陶醉。

甲:刚才和大家说到的感动,无非就三个方面。感动的第一面就是我们看到充满活力的校园,学校这个大环境,被排舞渲染得这么生动,这么富有魅力,希望我们的学校,明天能飞得更高更远。

乙:春意盎然啊!没错,大课间、午间、傍晚时分,都能听到耳熟能详的舞曲,整个校园弥漫着这种校园文化氛围,运动员在舞曲里舞动着自己的青春,而我们呢?在舞曲里看到校园充满活力的一面。

甲:大环境,大活力。这得感谢校领导、各年段长和班主任。是他们把排舞推向高潮,推向海沧校本课程高度;感谢体育组全体教师组织了这场排舞大赛,让我们巾帼不让须眉。

乙:好一个巾帼不让须眉。说起排舞,让人感动的第二面出现了,那就是场上的所有排舞爱好者,是你们在校园这片芳草地里绽放青春,让我们欣赏到排舞的美;还有我们的排舞总教头,连仁都老师,他日复一日地组织、引导我们训练。说到巾帼英雄,我还想借此向这次所有参加的男同胞们表示由衷的敬意,是你们烘托出了片片红花。

甲:大家齐心协力,一起走进排舞,一起领略排舞魅力,一起炫舞校园。至今为止,我还深深记得连老师解读排舞的16字:魅力排舞炫舞校园,快乐校本绽放青春。

乙:希望大家认真去领会这16字,正如排舞里的16步:16步步步潇洒,16字字字真切。大家通过排舞练习,已经能感受到不同排舞舞姿的美、不同风格舞曲的炫。也从学习中,感受到自己充满活力的青春,感受到自己无限的快乐。

甲:感动的第三面,就是大家学习排舞的这股劲。多少人由不会到会,由会跳到后来跳出排舞的韵味及风格;由简单的队形到后来让人眼花缭乱的变换,这期间大家付出了多少辛勤和汗水啊。

乙:无数晶莹剔透的汗水背后,饱含着我们的期待。希望大家能用学习排舞的态度来学习其他学科,像钻研队形变换般来钻研我们的数理化等学科。我们通过这次排舞大赛,学会了组织,学会了创编,学会了发现别人等等,总之这次排舞大赛让我们受益匪浅。

甲:也希望在这次排舞大赛后,大家学会自主学习、合作学习、探究学习,学会把学习排舞的那种精神发扬光大。这样我们的校园始终会有美妙的舞曲在上空飘荡,还会时常看到校园小径里有拿着书漫步的人,美丽的校园充满温馨,拥有良好读书氛围。

乙:历时两个多月的训练,已告一个段落,今天我们迎来首届校园排舞大赛。接下来,让我们启动校园排舞大赛开幕仪式。

从主持人的对话可以看出整个大赛准备了很长时间,学生付出了辛勤汗水。各支队伍利用课外时间,从不同渠道去提高自身的参赛水平。音乐响起,就可以看到同学们共舞的情景,这就是校园体育文化。

(二)大赛预赛

预赛是决赛的前奏,通过预赛,不仅可以对参赛队伍进行选拔,还可以让学生熟悉比赛程序,并且让学生们相互欣赏,看到别人的长处,发现自己的不足,最终提高自己。

全校预赛是以年段为单位进行,具体由年段协同体育组开展。除毕业班之外,共4个年段进行了排舞预赛,总共有36支队伍。比赛采用统一评价标准,采用10分制,预赛分数得9分以上的,直接进入决赛。预赛时,由于很多同学没经验,就会产生动作失误、有些同学怯场,导致团队发挥不好。预赛结束,最后上9分的队伍有三支,另外每个年段扣除9分以上的队伍后前三名进入决赛,共15支队伍。决赛在预赛结束后一周进行。各个队伍可以利用这一周,把预赛中存在的问题加以改进,对技术等进行提高。教师把各个队伍召集起来,将预赛中存在的问题指出来,如:有些班级头饰掉下来、队形变化不清晰、进出场礼仪不够,让队员们学习别人的精华,再融入自己班级的文化,形成自己的个性队伍。

预赛总结:学校这方要给学生准备好场地、音箱设备、主持人、裁判及其他工作人员。各个环节存在的问题要记录下来,以防同样的问题在决赛中重现。

(三)大赛决赛

15支队伍进入决赛。通过三个月的准备,总算能在决赛的舞台上一决雌雄。大赛那天,刚好邀请到《体育教学》王子朴老师到校观看,学校非常重视,副校长亲自组织了整个比赛。下面以高中年段为例,看看参加决赛的同学们所带来的那份精彩:高二(3)班,站在舞台上的8个女孩子,用她们的智慧创编排舞,不同的队形承载着她们的青春与梦想;也散发着浓浓的现代气息,成为一道亮丽的风景线!她们,带着梦想,踏着音乐的节奏,舞出校园排舞特有的魅力!也赢得全校师生的一致肯定。高一(7)班是一个充满青春朝气的团队,是一个产生快乐的大熔炉,是一个孕育希望的团队。班主任亲自担任领队,利用大课间、下午第四节进行训练。她们通过集体努力,在舞台上留下她们美好瞬间的缩影,这里奏响的是纯真友谊的旋律,这里把我们的心灵点缀得如同阳光下盛开的繁花一般。她们用辛苦的汗水记录校园排舞的成长,用真实的行动践行阳光校园精彩的每一天。决赛中,冠军队伍在这两个班级中产生,她们不分伯仲,最后高一(7)班夺冠,她们得力于啦啦队的鼎力支持,把现场比赛气氛推向高潮,获得季军的是高一(5)班。

厦门市海沧中学校园排舞大赛季军团队与班主任合影

三、赛后记忆

最后一支舞曲停止了,副校长公布最终成绩,这预示着我们的校园排舞大赛圆满落幕。回头看看,我们当初以"培养学生带得走的能力"为宗旨来举办排舞大赛,就是希望看到队员们个人能力得到提升,团队凝聚力得到提升。当队员们笑着离开这个舞台时,自信的笑容让我们坚信校园排舞有着巨大的发展空间。排舞大赛,队员们用自己的个性与团结让大家认识了这个舞台上的36支队伍,每个舞者都等待着检阅,动人的音乐、优美的舞姿,营造出学生创新的灵感;动感的节拍、激情的演绎,掀起全校学排舞的新高潮。

三个月的准备,组队、训练、彩排、预赛、决赛,一路走来。在队员们身上我们看到了毅力,经过不懈努力,才有了校园排舞炫舞校园那精彩的一幕幕,只有通过师生的共同奋斗,才能打造阳光体育、健康校园。参赛的同学虽然不是十全十美的,但最终都赢得了掌声与喝彩,自己也平添了几分自信与勇气。阳光下有同学们练习的背影:下腰、劈叉、造型、队形变换……大家在编织着阳光校园美丽的画面。伴随校园排舞大赛的落幕,舞台上精彩的瞬间定格在记忆的画框中,成为永久的回忆,不管比赛得第几名,队员们都能坦然面对,收获自己的自信与希望。

2010年6月4日,厦门市海沧中学首届校园排舞大赛决赛前的场景

附

校园排舞大赛比赛规则

一、比赛项目和时间

本次比赛为团体排舞比赛,时间从 2010 年 3 月 9 日至 2010 年 6 月 4 日。

二、参赛人数及要求

每班 6 至 12 人,高中理科班若女生人数不够,可增加男生人数。参赛人数达 10 人以上,在总分 10 分基础上加 0.5 分。每个年段可报 4 名裁判。

三、比赛日程安排

第一阶段:(4月8日)赛前会。下午第 4 节课(时间:4:50;地点:体操馆)开赛前会议,请各班队长务必准时参加,否则该队将被视为弃权。

第二阶段:(4月9日)彩排。时间为大课间、下午第4节课。

第三阶段:(4月12日)开幕式。时间:大课间;内容:《拍拍手》《查尔斯顿牛仔》;对象:全体运动员。

第四阶段:(5月13日—16日)预赛。初一、初二、高一、高二依次轮流进行。

第五阶段:(6月4日)决赛。每个年段得分9分以上的,直接进入决赛,另外年段前三名的也进入决赛。(年段前三名不包含得分为9分以上的队伍)

第六阶段:(6月6日)颁奖。时间:大课间;内容:《功夫熊猫》《快乐列车》;对象:所有队员。

四、比赛曲目

1.赛前热身排舞:初一、高二《5678》;初二、高一《小精灵》。

2.比赛规定曲目为以下4首:《一起共舞》《林间漫步》《柔声细语》《读你》。

3.每个参赛队选择自己喜欢的三首曲目参加比赛,不得改变规定的舞码动作。

初一:《5678》《柔声细语》《林间漫步》《一起共舞》;

初二:《小精灵》《林间漫步》《柔声细语》《一起共舞》;

高一:《小精灵》《一起共舞》《读你》《林间漫步》;

高二:《5678》《读你》《一起共舞》《林间漫步》;

决赛:《读你》《一起共舞》《柔声细语》《林间漫步》。

五、比赛音乐规格及要求

1.所选择的曲子必须完整。

2.预赛期间每首曲目增设1个8拍自创内容,要求完成至少3次队形变换,可自己编排简单进出场造型。

3.为了提高参赛队伍排舞素养,决赛时增设2个8拍自创内容,且要完成至少6次队形变换,进出场要有造型。

4.音乐设置:进场2个8拍,退场2个8拍,自创1个8拍。《林间漫步》16个8拍;《一起共舞》预赛采用32个8拍,决赛时采用16个8拍;《柔声细语》16个8拍;《读你》16个8拍。

5.预赛时音乐共69个8拍;决赛时音乐共70个8拍,其中进场、出场、自编各占2个8拍。

六、奖励办法

1.参加这次校园排舞大赛的班级,下学期开校运会每个班级总分加10分,进决赛的班级再加10分。

2.参加这次排舞比赛的高中生,可获得一个学分。

3.以年段为单位,设一、二、三名。

4.每个年段前两名参加全校比赛。比赛设一等奖一名,二等奖两名,其余三等奖。

七、海沧中学第一届校园排舞大赛报名表

校园排舞大赛报名表

队名_____		队长：_____		班级：_____
序号	班级	姓名	性别	备注

第二节　校园排舞夏令营

厦门市海沧区"舞动青春"夏令营开营仪式，右二为海沧区教育局陈耀辉副局长，右三为海沧中学彭存进校长

 校园排舞

校园文化指的是学校所具有的特别的精神环境和文化气氛。这种文化是一种软实力,健康的校园文化,可以陶冶学生的情操、启迪学生的心智、促进学生的全面发展。校园文化是以学生为主体的文化,体育是进行校园文化建设的重要渠道之一。体育不仅能帮助实现学生综合素质的发展,而且是素质教育的窗口,影响着学校文化建设的发展。

据调查统计,参加过夏令营的孩子,90%能表现得更自信,70%认为能在夏令营中结交新朋友,80%认为自己参加完夏令营,能更加独立、自主。我们举办全区校园排舞夏令营,主要是想让排舞推广到全区各个学校去。孩子们参加夏令营,对他们而言,最好奇的是夏令营是否可以让自己在暑假玩得开心,从而度过一个愉快的假期;对家长而言,最关心的则是夏令营是否能保证小孩的安全,可以让孩子在玩的同时学到知识,得到启发。我们举办"舞动青春"夏令营,可以利用校园排舞这座桥梁,让孩子们在假期玩得高兴,了解校园排舞的魅力。

一、活动方案

(一)指导思想

2010年暑假即将来临的时候,为丰富海沧区学生的暑期生活,使他们在暑期实践活动中增长知识、开阔视野、提高素养,度过一个快乐、安全、健康的假期,有关方面举办了"舞动青春"夏令营。遵照海沧区教育局的相关通知精神,此次活动由海沧中学主办,结合学校的实际情况,开展中学生夏令营活动。

青春是多姿多彩的,我们开发校园排舞,让全区学生共同参与校园排舞,旨在提高学生对校园排舞的兴趣,发挥校园排舞的影响力。在简短的6天时间里,大家要一起学习、生活,共同提高对校园排舞的认知。

营员们在夏令营里体验排舞的"三好四美",了解校园排舞概念,学会简单的校园排舞动作;学会独立生活,学会自我管理,学会在生活中处理问题;学会理解团队精神,培养团队意识,构建团队目标。

(二)组织机构

学校成立"舞动青春"夏令营活动及活动安全工作领导小组,以海沧中学校长为组长,负责德育的副校长为副组长,具体负责夏令营的组织与管理工作,德育处、总务处、保卫科、年段长、医务室、班主任、体育教师共同参与,确保夏令营活动的顺利实施。

工作组下设技术辅导员、生活辅导员、安全管理员,确保夏令营期间所有营员的生活、学习得到保障。报名对象:各学校初一、初二、高一、高二身体健康、自理能力较强的女生;报名原则:学生自愿、家长同意;报名办法:学生填写报名表格,家长签字。

(三)学习计划

让学生先了解排舞,在了解中培养对排舞的感知与兴趣。通过破冰之旅消除彼此之间的陌生感,建立互信,大家融入这个集体;拓展游戏是破冰之旅的延续,大家刚建立起来的一份熟悉感,通过游戏再次升华,通过"齐眉棍"、"盲人带路"等游戏,大家相互帮助、了解,形成集体意识、感恩意识;通过3天的学习,在大家技术上已经掌握了好几套排舞动作后,再融入知识竞答,让大家从理论层面加深对排舞的认知,为自编学习创造一种环境;在夏令营进行生活体验,感受集体生活,感受个人在集体中的位置并走进社区,这一切无疑增添了学员进行社会实践的机会,使学员累积了社会经验。在这6天的学习生活里,很多同学是第一次离开父母,大家学会了如何适应集体生活,在生活中如何做到谦让、互助、共同提高。

海沧区夏令营活动计划表

时间	上午	组织者	下午	组织者	晚上	组织者
7月6日	报道入营	林惺惺	开营仪式	林枝示	破冰之旅	连仁都
7月7日	排舞1学习	连仁都	排舞2学习	连仁都	拓展游戏	杨陆辉
7月8日	排舞3学习	连仁都	排舞4学习	连仁都	知识竞答	杨陆辉
7月9日	排舞5学习	连仁都	自编动作	李菊芬	走进社区	沈素贞

续表

时间	上午	组织者	下午	组织者	晚上	组织者
7月10	自编动作	李菊芬	排舞串烧	连仁都	联欢晚会	黄伟
7月11	彩排	连仁都	闭营式	林枝示		
备注	排舞1:《一起共舞》;排舞2:《林间漫步》;排舞3:《读你》;排舞4:《功夫熊猫》;排舞5:《永远的朋友》。					

二、内容安排

(一)活动设想

50人组成一个夏令营集体,设一个营长管理整个营;分设四个小班长进行小班管理。每天活动结束时,每位队员写下自己当天的活动感言,然后交给所在小班的班长,由小班班长统一交给营长。第二天,由营长交给辅导员。"优秀营员"评比办法:遵守学校夏令营的各种活动规则,服从指导老师的统一指挥;积极发扬互帮互助、团结协作精神,主动帮助在活动中有困难的同伴;认真参加各项活动,主动协助指导老师,团结同学,做全体队员学习的榜样。按15%的比率进行评比,共评出9位"优秀营员"。评比方法:在活动结束前,由带队老师组织同学民主讨论,进行评选。

2010年7月,参加校园排舞夏令营的营员们走进社区,为社区居民展示校园排舞(作者提供)

(二)学习内容

夏令营生活共6天,每天分上午、下午、晚上3个时间段组织学习与活动,这3个阶段都有专门老师负责,总共进行8大块内容学习,每一大块都有它自己的内容与特点,学员们都能在不同项目中进行知识的积累、能力的提升、生活的体验。

体验校园排舞是这次夏令营的主题,来自同一个区不同学校的学生,如何在短短的6天时间里学会排舞,建立起对排舞的兴趣。这里要考虑不同层次学生的接受能力,因此教法与引导显得尤其重要。夏令营6天共学习5支排舞,包括《一起共舞》、《林间漫步》、《读你》、《功夫熊猫》、《永远的朋友》;并且进行自编动作学习,自创工作是提升同学们创新能力的一个途径,也是校园排舞的魅力所在。

结合自创,排舞才能有生命力,营员们根据音乐进行4个8拍动作的自编,在自编过程中学习、体会探究合作学习的精髓。在素质拓展方面,主要是进行班级团队的建设,夏令营作为一个班级,全体同学要在一起

学习、生活6天,该怎么进行,这是要认真对待的。

走进社区:经过4天的学习之后,营员们走进社区,与社区居民共舞,这是排舞实践的最佳途径。目前各个社区都很流行排舞学习,与社区进行排舞交流,可以拉近学校与社区、家庭之间的关系,学员可以邀请自己的家长参与社区活动,这可以进一步增进学员与家长的感情。

联欢晚会:以小班级为主,进行联欢主要是为了展示几天来的学习所得,展示个人的特长,在这个晚会上,同学之间可以加深感情,增进认识。

节目汇演:全班同学根据音乐,进行舞码组合,进行排舞串烧,进行队形变换。主要是促使学员进行自我创编学习,提高学习效率。

作文比赛:夏令营的几天时间里,同学们进行了写作方面的交流与提高,主要是记录学习、生活中的变化与收获。

知识竞答:针对校园排舞特点、发展历史、作用进行知识问答,提高对排舞理论层面的了解。

总之,这一期排舞夏令营的特色是:社区与学校互动,采用体验式学习法让营员感受新知识;通过破冰之旅,让营员学会新环境下如何与人友好相处;帮助营员理解校园排舞目标,感受健康与快乐;针对营员开展"我行,我能",相信自己是最棒的"正能量"教育。

三、活动总结

为期6天的夏令营活动以欢乐、圆满告终。大家在一起学习、生活,建立起了深厚的友情,掌握了规定的排舞学习,学会了自我创编的原理与方法,走进社区进行社会实践,在素质拓展中学会该如何与陌生人打交道。夏令营活动从各方面提升学员的综合能力,让学生体会到夏令营是一个大集体的团队意识,明白个人与集体的关系,增强了集体荣誉感。从报到开始,通过学习、交流、体验、实践、联欢等活动,教师与学生之间也建立了深厚的师生情谊。学校各部门协调工作做得很到位,宣传、后勤、教学、文艺等方面都做得有条不紊,体现了学校的做事风格与各组负责人的态度与能力。

夏令营从八大块内容入手来营造学习内容与氛围,学生的变化还是很明显的,说明我们在内容设置上注意把握学生的学习规律,学生在整个学习过程中得到了锻炼。

来自海沧区不同学校参加夏令营的学生与海沧中学教师合影(作者提供)

附

安全预案

2010舞动青春夏令营将在2010年7月6—11日在我校举行。此活动得到了来自海沧区各学校的大力支持,本着"快乐、安全、健康"的活动宗旨,组委会将一如既往地为中小学生营员提供一次高质量的夏令营服务,这将使中小学生一生受益。为确保活动的安全顺利,舞动青春夏令营组委会将全力以赴,从细节入手,做好各项安全预案。

一、临行前注意事项(由学校代组委会向营员宣读)

1. 按照学校指令统一地点、统一时间,准时出发,任何人均不得影响整体行动。
2. 来校报到由家长统一送。
3. 任何时候不得离开团体单独行动,否则后果自行承担。
4. 在活动行程中树立安全意识,尤其在晚上时间。
5. 不得购买和食用街头小贩的小食品。
6. 严禁在住宿地的床铺上和窗台附近打闹。
7. 注意个人的财物安全。
8. 如损坏夏令营公用物品,除将受到批评外还要原价赔偿。

二、活动过程安全细节

报到:
1. 辅导员与团队负责人提前半个小时到学校门口接站。
2. 到校后,报到入营。由辅导员和带队老师当场清点人数。

辅导员培训:组委会主任对所有辅导员进行3轮安全培训和动员。

开营仪式:辅导员代表组委会向全体营员宣读夏令营纪律。

活动:
1. 室内活动:保证秩序,如遇紧急情况辅导员及时与协调员联系妥善处理。
2. 室外活动:保证安全,严禁营员打闹、攀爬高建筑物;如遇紧急情况辅导员及时与协调员联系妥善处理;辅导员与带队教师随时沟通,掌握各方面情况。

用餐:
1. 辅导员提前半个小时与食堂联系,告知就餐时间及人数,保证用餐顺畅。
2. 组委会监督就餐地的卫生,确定用餐菜肴,保证饮食安全。

住宿:
1. 辅导员在营员到校前需要在每个房间上标明营员名字,保证其顺利入住。
2. 辅导员每天要在就寝前查房,确认每名营员均在自己的房间内。
3. 宿舍楼均有电话,在入住后辅导员要提醒营员及时与自己父母联系。

外出:
1. 所有用于接待夏令营营员的车辆均是大型旅游公司正规营运的车辆。
2. 车辆在使用前必须进行检查,保证车辆完好无损。

3.车辆司机均是专职司机,驾龄在10年以上,驾驶记录良好。

离营:

1.统一由家长来校把孩子接回家。

2.学校负责有序地组织营员离校;出现家长没空的情况,家长要另派人来接孩子,且事先要和辅导员沟通。

三、意外事故紧急应变措施

出现营员受伤或生病情况:

1.轻微生病者(发烧、感冒等)由组委会派专业人员陪同就诊。

2.严重者及时通知学校领队和学生家长;迅速医治并垫付营员全部医疗费用,同时向保险公司申报相关事宜。

出现人员走失情况:

1.安排专人在原地等待,通过丢失地的宣传广播部门寻找营员。

2.通知住宿地管理员,如有营员返回立刻与组委会联系;联系丢失地的派出所,做好备案,如有情况及时联系。

出现食物中毒情况:及时送往医院,垫付所有费用,与所在餐厅协商并通知保险公司。

出现交通事故:

1.按现场实际情况,正确判断事故责任,并酌情处理。

2.严重时,了解实际情况,及时拨打120急救电话,救治受伤人员,并通知地方学校实际情况,同时向保险公司申报。

出现火情:

1.从所在场所的安全出口紧急疏散营员。

2.工作人员使用灭火器灭火,拨打119火警电话,到主要交通路口等待消防车。

出现学生丢失财物情况:财物丢失后,辅导员协助营员调查,与相关责任人沟通,必要时可以请公安部门介入。

出现其他情况:组委会及时酌情处理,原则是首先要保证人身安全,其次要保证夏令营活动安全顺利进行。

海沧中学校园排舞国际交流情景(选自《厦门市海沧中学校园排舞图册》)

第三节　校园排舞全国展示

2010年12月29日,厦门市海沧中学举办的全国阳光体育展示会现场——校园排舞开场舞精彩画面(杨陆辉老师提供)

一、组织策划

（一）背景分析

2009年11月,中国教育学会"十一五"中小学"体育与健康"新课程资源利用与开发课题组秘书长王建听取了厦门市教科院宋超美老师的汇报,他对厦门几所课题组实验校开展的工作非常满意。2010年1月,课题组在海南举行校园排舞专项培训,在培训会上,笔者就本校校园排舞开展情况向课题组作了汇报,引起秘书长的高度关注,会上我们就相约2010年12月在厦门相见。2010年8月,课题组与我校取得联系,同意将"十一五"课题结题现场会定在我校召开。在这个背景下,我校开始策划2010年12月份的全国阳光体育展示。

（二）内容选择

课题结题会议在我校举行,确定展示内容以课题内容为主。而我校这几年来除了校园排舞之外,还有传统武术、花样跳绳、校园足球、篮球等也都取得非常好的成绩。教研组就内容的选择,进行了多次集体论证,最后决定以操场为大背景,所有项目全盘开花,呼啦圈、跳绳、乒乓球、篮球、排球、羽毛球全上,让整个场面热热闹闹的,以全面反映我校近几年来开展阳光体育的成果。大家都比较赞成这个方案。我们立刻进行策划,上报学校。校长看完之后,指示学校要将自己的闪光点展示出来,要做到"人无我有、人有我精、人精我特"。于是我们又召集教研组全体成员,再次研讨。

我们结合校长的十二字指示,就把项目定在"人无、人有、人精"这三个层面上,刚好对应着我校近年来开展的校园排舞、花样跳绳、传统武术。校园排舞全国很少有学校开展,这就符合"人无我有"的精神;花样跳绳近些年在我国逐渐热起来,我校则在此项运动上取得了一些有目共睹的成绩:厦门市第五届跳绳比赛10个单项夺得6个第一,代表厦门参加全省跳绳比赛,取得团体总分第一的好成绩,因此这个项目的选择,符合"人有我精"的精神;武术,很多学校都在开展,并取得很好的成绩,而我校地处武术之乡——新垵村,学校的邱志刚老师是五祖拳世界非物质文化遗产继承人,我校传统武术队多次参加市、区大型运动会开幕表演,参加武术比赛也取得非常好的成绩,选择这个项目,符合"人精我特"的精神。最终我们把项目定在校园排舞、花样跳绳、传统武术这3项上,然后进行方案规划,上报学校,获得通过。

（三）大课间融入三个项目

我们学校之前的大课间以做广播操、跑步为主。方案确定之后，大课间以周次为单位，进行武术、校园排舞、广播操、跑步、跳绳的轮换活动，每天大课间前10分钟进行广播操热身，初三毕业班以跑步替代广播操。大课间内容集中在校园排舞、武术、跳绳这几个项目上，形式上分男生练武术、女生跳校园排舞，初三毕业班跳绳。通过多种形式，我们实现了大课间与学校特色项目的融合。

2010年12月29日，海沧中学举办的全国阳光体育展示现场会现场——领导、嘉宾观看展示场景

（选自《厦门市海沧中学校园排舞图册》）

二、现场演绎

时光飞逝，一转眼到了2010年12月。课题组与我校进行协商，定了一个方向：即以真实的大课间形式展示我校的阳光体育成果特色。12月29日下午1点半开始，我们把学生带到操场。男生在篮球场集合，女生在足球场集合。现场会总共分为5个部分，具体如下：

（一）致辞（5分钟）

主持人：陈静

致辞人：彭存进

（二）排舞展示（25分钟）

1. 开场舞——《永远的朋友》

组织者：宋继斌、陈凌、林文灿、邹受体、毕传学、李菊芬、汪启兴、林志宏

指　　挥：连仁都

参与人数：800人

参与对象：初一、初二、高一、高二、高三女生

2. 初中年段展示——《一起共舞》

组织者：宋继斌、陈凌、李菊芬、林志宏、汪启兴

指　　挥：连仁都

参与人数：400人

参与对象：初一、初二女生

3. 高中年段展示——《林间漫步》

组织者：林文灿、邹受体、毕传学、李菊芬、汪启兴、林志宏

指　　挥：连仁都

参与人数:400 人

参与对象:高一、高二、高三女生

4. 结束舞——《拍拍手》

组织者:宋继斌、陈凌、林文灿、邹受体、毕传学、林志宏、汪启兴、李菊芬

指　　挥:连仁都

参与人数:800 人

参与对象:初一、二、高一、二、三女生

(三)跳绳展示(10 分钟)

1. 集体跳长绳、个人单摇

2. 花样跳绳

组织者:廖四海、陈两幅、林惺惺

指　　挥:陈世英

参与人数:300＋40 人

参与对象:初三全体学生

(四)武术展示(7 分钟)

1. 五祖拳

组织者:初一、初二、高一、高二、高三各班班主任

指　　挥:邱志刚

参与人数:800 人

参与对象:初一、初二、高一、高二、高三男生

2. 功夫扇

组织者:初三班主任、陈世英

指　　挥:邱志刚

参与人数:200 人

参与对象:初三全体学生

(五)结束(10 分钟)

主持人:陈静

1. 嘉宾讲话

2. 学生解散

三、精彩点评

　　夕阳西下,随着武术表演同学最后一个收扇动作的完成,阳光展示活动圆满结束。此次活动吸引了厦门卫视、《海峡导报》、海沧电视台等多家媒体前来现场采访,当晚厦视《特区新闻广场》栏目播报了活动情况,2011 年 1 月 11 日厦视的《十分关注》栏目进行了 10 分钟的专题报道;《海峡导报》也专版刊登我校跳排舞场面;到场指导的有中国教育学会基础教育研究院袁野副院长、王建秘书长、福建省教育厅体卫艺处江仁虎处长、厦门市教育局任勇副局长等,到现场观看的全国各地教师达到 200 多人。

　　中国教育学会王建秘书长在我校举办的本次全国阳光展示会上作了重要讲话:"海沧中学的孩子们脸上洋溢着青春应有的笑脸,这就是阳光体育最好的展示成果。在你们学校,看不见身材特别肥胖的,看不见近视的,这就是海沧中学阳光体育最富有成就的成果。你们学校的孩子很幸福!男生很阳光,女生很柔美,我之前强调过中国基础教育要重视性别教育,看来这一点在你们学校一点都不用担心,你们是最标准的。"

　　福建省教育厅江仁虎处长在会上给了我们很高的评价:"海沧中学阳光体育展示,是我这几年看过阳光体育展示中最精彩的一场,整个活动组织有序,学生参与积极,从中可以看出,海沧中学在落实阳光体育政策

校园排舞

上,在确保在校生每天活动一小时上,是用心在抓的,这体现了学校领导的重视,体现了全体师生对健康的重视。学校领导集集体智慧,用心、用情在谱写学校阳光体育。"

厦门市教育局任勇副局长在讲话中说:"哪怕只有一尺见方的区域,只要你想运动,你就可以让自己动起来,我们要养成一种良好的运动习惯,运动不一定要花费昂贵的金钱,如校园排舞、跳绳、武术,都是不用花钱就可以得到锻炼的运动项目,你们要继续培养这种良好的习惯,树立终身体育意识。海沧中学的学生,你们是最棒的。"

夕阳西下,我们向远方的客人挥手道别。在这次展示过程中学校集全体教师的智慧共同举办本场盛会,领导在困难面前,用智慧去处理与决策,大家体会到了团队精神,我校也以崭新的面貌诠释了校园阳光体育的新风采。

2010年12月29日,海沧中学举办的全国阳光体育展示会现场——校园排舞展示远景近景图
(选自《厦门市海沧中学校园排舞图册》)

附

阳光体育现场展示会活动计划

一、领导小组

组长:彭存进

副组长:耿红

组员:刘文胜、沈素珍、陈慈颖、颜爱华、梁安雅、陈静、杨陆辉、各体育教师、各班主任、各段长

二、活动议程

(一)准备部分(13:30—13:55)

13:30,全体学生在篮球场集合:排序依次为初二、高三、高二、高一、初一女生,跳绳、五祖拳展示队伍从右往左集结。各班主任负责本年段班级的纪律,其他教师负责的年段及项目详见下表。

阳光体育活动计划表

项目	负责人	项目	负责人
初二排舞	李菊芬、陈凌	高三武术	范茂福、班主任
高三排舞	林惺惺、毕传学	高二武术	黄金荣、班主任
高二排舞	汪启兴、邹受体	高一武术	刘平江、班主任
高一排舞	林志宏、林文灿	初二武术	陈慈颖、班主任
初一排舞	宋继斌、林少伟	初一武术	刘文胜、班主任
花样跳绳	陈世英	初三功夫扇	沈素珍、林文彬
初三跳绳	陈两福、颜爱华		
备注	阳光展示总调度人：连仁都 排舞负责人：连仁都 武术、功夫扇负责人：邱志刚 跳绳负责人：陈两福、陈世英 各项目负责人负责相关队伍的集合与调度		

13:45，女生排舞队到靠公路那侧的跑道上集结，相应负责人依次将初二、高三、高二、高一、初一队伍带到指定地点集合，每排间隔2.5米。

13:55，女生按开场舞位置站好，准备开始。每个年段8排，每排前后左右间隔2.5米。

备注：

高二第7、8排，代表校队进行展示

初一第1排、初二第7、8排，代表校队进行展示

(二)正式开始(14:00—14:05)

内容：介绍来宾、介绍我校开展阳光体育情况

主持人：陈静

时间：5分钟

学生：女生在表演场地集结完毕，男生在篮球场集结完毕

(三)开场舞(14:05—14:09)

开场白：1分钟

展示内容：《永远的朋友》

展示时间：3分钟

队形站位：40×16＝100米×40米

人数要求：横排每个年段站8人，每人间隔2米；纵排每排站16人，前后间隔2.5米

第一排距离主席台侧足球场边线2.5米

队形图：

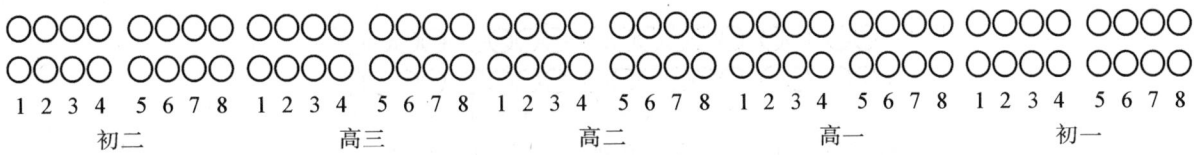

退场时间：14:09—14:11

退场要求：跳完开场舞之后，高三(5)～(8)班、高一和高二全体向后转后退20米，然后初二、高三(1)～(4)班向左转，初一全体向右转，往足球场中线靠拢，初一、初二、高一(1)～(4)班由班主任负责，高三(5)～(8)班，高二、高一分别由汪启兴、毕传学、林志宏组织。

(四)初中年段展示(14:11—14:14)

展示内容:《一起共舞》

展示时间:3分钟

队形图:

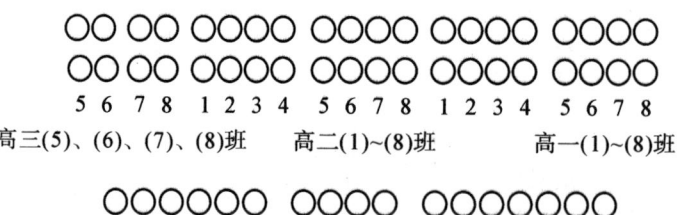

```
OO OO OOOO  OOOO  OOOO  OOOO
OO OO OOOO  OOOO  OOOO  OOOO
 5 6 7 8  1 2 3 4  5 6 7 8  1 2 3 4  5 6 7 8
   高三(5)、(6)、(7)、(8)班    高二(1)~(8)班    高一(1)~(8)班

     OOOOOO      OOOO         OOOOOO
     OOOOOO      OOOO         OOOOOO
     1 2 3 4 5 6  1 2 3 4       2 3 4 5 6 7 8
       初二          高三            初一
     (1)~(6)班   (1)、(2)、(3)、(4)班   (2)~(8)班

         OO OO OO OO OO
         OO OO OO OO OO
         初二(7)、(8)班  初一(1)班

                  ┌─────┐
                  │ 主席台 │
                  └─────┘
```

退场时间:14:14—14:16

退场要求:结束后,年段代表队先回各年段,然后以初二第6排为基准,高三(1)~(4)班(毕传学负责)、初二(1)~(6)班(李菊芬负责)向右转,初二(7)、(8)班(陈凌负责)、初一(2)~(8)班(林志宏、林少伟负责)往左转,然后跑步至指定位置。高二(1)~(8)班、高三(5)~(8)班、高一(1)~(8)班接下来展示《林间漫步》,在初中队伍退场的同时,高中代表队先组队,然后全体站到刚才初中队伍展示的位置进行展示。

(五)高中年段展示(14:16—14:29)

展示内容:《林间漫步》

展示时间:3分钟

队形图:

 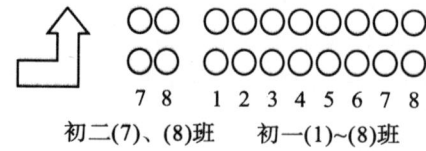

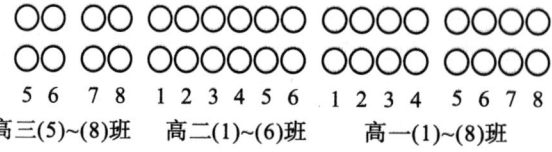

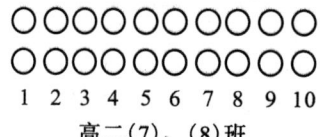

进退场时间:14:19—14:21

进退场要求:结束时,高二(7)~(8)班回到年段。高中代表队原地散开,高三(1)~(4)班往前跑,初二(7)~(8)班、初一(1)~(2)班往前跑,初二(1)~(6)班往后跑,初一(3)~(8)班往后跑到指定位置。成(1)、(2)班之间间距1.5米,(1)、(2)班与(3)、(4)班之间间距5米站位。

(六)结束舞(14:21—14:26)

展示内容:《拍拍手》

展示时间:5分钟

队形站位:每个年段由若干方块组成,具体要求:方块内班与班之间距离1.5米,方块与方块之间距离4米

队形变化:以高二年段为例。队形1(面向主席台)—队形2(学生面对面)—每个年段8个圆(面向圆心)—每个年段4个圆(面向圆心)—每个年段4个同心圆(面对面)

原队形图:

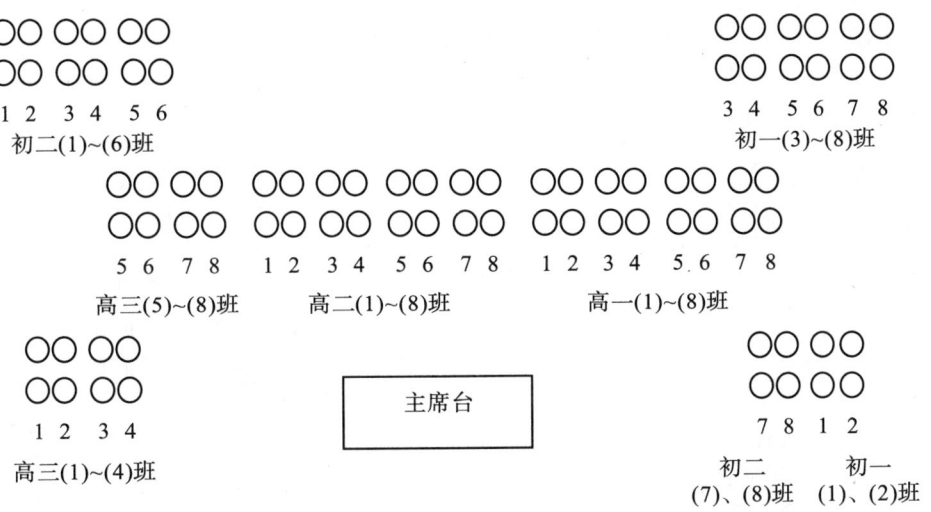

高二年段具体队形变化图:

队形1:面向主席台

队形2:面对面

队形3:八个圆

备注:第1个圆由第1、2排的第1~3位同学围成,第2个圆由第3、4排的第1~3位同学围成,第3个圆由第5、6排的1~3位同学围成,第4个圆由第7、8排的第1~3位同学围成,第5个圆由第1、2排的第4~6位同学围成,以此类推。

队形4:4个圆(横向的圆相互组成)

备注:第1个圆由队形3的第1、2两圆围成,第2个圆由队形3的第5、6两圆围成,第3个圆由队形3的第3、4两圆围成,第4个圆由队形3的第7、8两圆围成。

队形5:4个大圆变成同心圆。

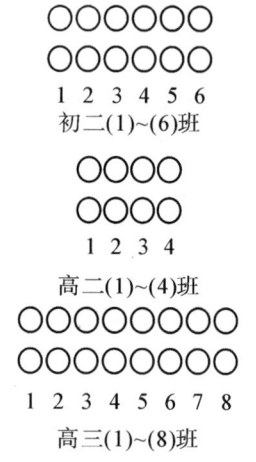

备注:每个圆里的同学进行1、2,1、2报数,报到2的同学往里面走两步,然后转身与留在原地的同学面对面。

退场时间:14:26—14:28

退场要求:各年段按开场队形站好,以足球场中线为轴,分别向左向右转,跑到指定位置。高三、高二(1)~(4)班、初二(1)~(6)班向右转,高二(5)~(8)班,高一(1)~(8)班、初二(7)、(8)班、初一(1)~(8)班向左转,跑步至足球场上半场位置集结。

```
○○○○○○              ○○○○○○
○○○○○○              ○○○○○○
1 2 3 4 5 6            3 4 5 6 7 8
初二(1)~(6)班          初一(3)~(8)班

○○○○               ○○○○○○○○
○○○○               ○○○○○○○○
1 2 3 4              1 2 3 4 5 6 7 8
高二(1)~(4)班          高一(1)~(8)班

○○○○○○○○          ○○○○○○○○
○○○○○○○○          ○○○○○○○○
1 2 3 4 5 6 7 8      5 6 7 8 7 8 1 2
高三(1)~(8)班        高二    初二    初一
                     (5)~(8)班 (7)、(8)班 (1)、(2)班
```

李菊芬、林惺惺、陈凌、邹受体   林志宏、林少伟、汪启兴、宋继斌
负责右侧学生集结   负责左侧学生集结

```
┌──────┐
│ 主席台 │
└──────┘
```

(七)跳绳展示 14:28—14:34

进场要求:在排舞展示队伍退场至指定区域后,初三同学和校花样跳绳队跑跳入场至指定区域。

展示内容:(1)集体前跳、左跳、右跳、后跳各2分钟
         (2)初三"8"字绕绳跳、花样跳绳各3分钟

展示图形:

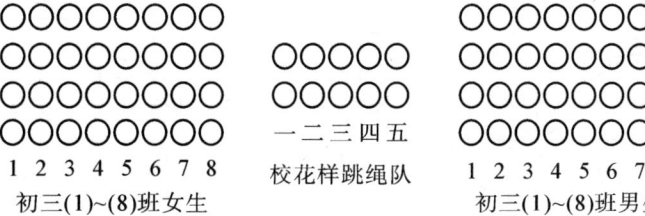

退场时间:14:34—14:36

退场要求:初三同学全部向后转,然后初三(1)~(8)班男生向左转,女生向右转,跑至指定区域——足球场下半场角落处,立即脱掉外套,集合,准备功夫扇展示。花样跳绳队伍集合完,初二、高一学生有序跑回自己的班级。

进退出路线图:

（八）五祖拳展示 14:36—14:39

展示内容:五祖拳

展示时间:3 分钟

展示图形:

退场时间:14:39—14:41

退场要求:男生五祖拳展示完毕,以足球场中线为轴,全体向后转,然后高三、高二、高一学生向左转,初二、初一学生向右转,跑至指定区域。

退场示意图：

| 五祖拳展示完毕，高三、高二、高一班级集合区域
负责人：毕传学黄金荣、刘平江。 | 功夫扇展示队伍准备入场，在靠近公路一侧跑道集合。沈素珍、陈世英、林文彬、廖四海负责组织 | 五祖拳展示完毕，初二、初一班级集合区域
负责人：宋继斌、陈慈颖、范茂福 |

 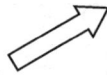

| 右上侧排舞队员 | 男生五祖拳展示完毕之后，以足球场中线为轴，全体向后转往前跑30米，然后高三、高二、高一学生向左转，初二、初一学生向右转，跑至指定区域，坐下，观看功夫扇表演 | 左上侧排舞队员 |

主席台

（九）功夫扇展示 14：41—14：46

展示内容：功夫扇

展示时间：4分钟

展示图形：

| 高中功夫扇展示队伍集合处 | | 初中功夫扇展示队伍集合处 |

| 右上侧排舞队员 | 初三、高一功夫扇展示区域：30×10即横排30人，竖排10人 | 左上侧排舞队员 |

主席台

集合时间：14：46—14：50

集合要求：

男生：高三、高二、高一、初三、初二、初一
女生：初二、高三、高二、高一、初一

主席台

（十）结束、点评 14：50—15：00

主持人总结：2分钟

专家点评：8分钟

第三章　校园排舞特色建设

《国家中长期教育改革与发展规划纲要(2010—2020年)》指出：必须从我国的国情出发，根据统一性和多样性相结合的原则，实行多种形式办学，培养多种规格人才，走出符合我国和各地区实际的发展教育的路子。并提出中小学要办出各自的特色。《基础教育课程改革纲要》在培养目标中提出：要使学生继承和发扬中华民族的优秀传统，要使学生具有健壮的体魄和良好的心理素质，学校要积极开发并合理利用校内外各种课程资源。

我校从2007年开始推广校园排舞，如今其已经成为学校，乃至地区的一大特色品牌。校园排舞是学校体育的重要组成部分，它能体现班级集体意识和团队气质，促进学生个性发展。环境是人赖以生存和发展的物质、社会、心理条件的综合，是人类发展的资源。中学阶段是一个人身心发展迅速，可塑性较强的时期。学校目前有着发展校园排舞的大环境，学生已经在学习中获益。"校园排舞推广与运用"课题的研究已经顺利结题，校园排舞推广在我们学校已开展整整6年了，我们的学生还多次参加了校园排舞团体操的表演和比赛，并且获得了优良的成绩。

学校推广校园排舞，通过课题引领、校本开发，形成了课堂教学、大课间共享、夏令营宣传、全国阳光体育展示、国际研讨交流等形式，已经将其打造成我校的体育特色，成为校园体育文化的重要内容。我们通过课堂教学，培养学生跳排舞的兴趣和基础；专门打造校园排舞推广团队，提升教师业务能力，开展校园排舞课题研究；随着社会上对排舞的理解与认可程度的不断加大，学校利用校外力量办特色教育，密切学校与社会的关系，构建大教育体系，从而促进学生的全面发展。

通过大课间让全校女生人人都参与校园排舞的学习，通过模块教学实现学生在高中三年修满1~2个学分。初高中通过这种模式的推广，使得全校女生人人会排舞。再通过排舞兴趣班学习，提高排舞班学生的内涵与修养，通过比赛，以点带面，推动全校校园排舞运动的开展。

各班成立校园排舞兴趣小组，学校成立排舞队，加强训练，提高竞技水平。定期开展班际、校际的校园排舞比赛，激发学生表演的欲望，提高竞技水平，达到相互学习、共同提高的目的。促进学生学好本领，使他们因为有空间展示才华而感受成功的喜悦。

校园排舞特色教育是我们近年来经常探讨的问题，并把它作为学校的办学特色来发展。构建课堂教学、大课间分享、课外训练相结合的教学模式，促使学生"三好四美"目标的达成，培养他们头脑聪慧、朝气蓬勃、机敏灵活、协作交往的良好品质，以促进教育理念更新，推动学校整体改革，提高办学水平。

校园排舞特色建设是校园排舞行动研究第三步，从实践探索到案例分享，再到特色建设，一步一个脚印，从而树立"学校发展，特色为翼"的办学理念。我们树立了这个理念，把校园排舞作为学校特色来抓，借着特色来发展学校体育，发展学生，发展教师。

第一节　创办校园排舞特色学校

在63载办学历程中，我校积极探索适合学生成长的办学之路。秉承"树人为本，质量为根，师德为先，特

色为翼"的办学理念,校园排舞通过课题引领、校本开发来实现课堂教学、大课间共享、课外提升的校内横向发展;再通过区级夏令营宣传、市级比赛、全省推广、全国阳光体育展示、国际研讨交流等活动,实现校园排舞纵向发展。通过横纵发展,校园排舞已经被打造成我校的体育特色,成为校园体育文化的重要内容。

一、特色为翼

(一)制度建设

2010年,为了进一步做好特色项目开展工作,学校坚持"特色为翼"的办学理念,用科学发展观统领体育工作,重视校本研训,加强对模块教学的研究,成立了校园排舞特色开发工作领导小组,校长任组长,副校长任副组长,各科室负责人和年段长、班主任、体育教师为成员,具体落实各项工作。

学校从制度上把校园排舞纳入发展规划和年度工作计划之内,具体规定如下:

1. 每年5月定期举办校园排舞大赛,打造校园排舞体育文化,并将其纳入每学年各班级阳光体育考核;将"特色为翼"作为学校发展理念,全面贯彻国家教育方针,重视校园排舞特色建设,实现我校毕业的女生,人人会跳排舞的目标。

2. 从课程管理的高度来发展校园排舞特色项目,加强校本课程管理。

3. 学校完善各项制度,高举"每天锻炼一小时"的阳光体育大旗,成立阳光体育工作小组,确保在校生每天活动1小时,利用大课间、体育课和下午第4节课的时间,让学生跳排舞。

(二)队伍建设

学校工作领导小组从发展的角度来规划校园排舞特色教师队伍建设,设立专项经费确保这项工作的顺利进行,通过专业培训、名师建设、专家引领等渠道来打造特色教师队伍,基本形成一支具备一定教育理论素质、能胜任特色创建工作需要的骨干教师队伍。

1. 名师建设

打造优秀体育团队。邱志刚老师成为"北京奥运会火炬手",罗林辉老师被评为"福建省优秀体育教师",连仁都老师被评为"全国特色教育优秀教师"。我校共9位体育教师,5位具备高级职称,4位具备一级职称。有这么一个优秀的团队,可确保学校特色体育得到稳步发展。

2. 专家引领

为了不断提高我校教师教学基本功,学校结合实际,在全体教师自学的基础上安排专家进行培训,先后邀请了厦门市教科院的特级教师宋超美和集美中学校长、特级教师刘卫平等专家到校讲学,引领教师成长。发挥省(市)学科带头人和市专家型教师的引领作用,通过专题讲座和示范课等形式,不断提升教师整体水平。以课题组为单位,进行校园排舞开发与运用研讨,逐步形成自身教学特色和教学风格。

(三)特色教学

高中以模块选修为主,初中以"2+1"模式为主,构建课内与课外、必修与选修课程相结合的体育教学模式。开发校本课程,以课题引领特色发展,以科研推动特色教育工作的创新。把校本课程建设与特色建设工作有机结合起来,充分挖掘校内外教育资源,建设校园排舞特色校本课程。

(四)特色内涵

树立"舞风·武德"文化内涵,通过举办校园排舞大型展示会、校园排舞大赛,明确主题;注重活动引领和实践体验,培养学生的综合素质及兴趣爱好,发展学生的个性特长,提高学生的行为规范,完成体育塑造学生综合素质的特殊使命,促进校风、教风、学风向良好的方向发展,形成校园"舞风·武德"特色内涵。

(五)特色条件

1. 硬件设备。学校体育设施设备均达到省一级达标学校标准,能满足校园排舞特色项目创建及课外活动、体育特长生专业训练的需要。

2. 经费投入。学校每年设立专项经费5万,支持校园排舞特色项目发展,专项经费用于:训练、比赛、服装、科研,并用于特色教师外出培训;加大专业教室、活动场所、仪器、设备等的投入,以满足校园排舞特色项目创建及课外活动规模不断增长的需要。

3.校园环境建设。做好学校环境绿化、美化工作,确保校园排舞特色项目得到快速发展。例如我校已经完成运动场浮雕项目,让校园排舞的经典造型伫立在操场周边使校园环境彰显校园排舞学校特色。

二、科研引领

(一)课题研究

2009—2010年,笔者主持了中国教育学会"十一五"中小学"体育与健康"新课程资源利用与开发课题的子课题研究,已结题;2010—2012年,主持海沧区"校园排舞校本课程推广与运用"课题的研究,已结题;2012—2013年,主持了中国教育学会"十二五""阳光体育·体育美育新课程的导入对学校文化特色建设的实践研究"课题的子课题研究。

(二)获奖成果

2008年5月,"魅力排舞"课获福建省第二届录像课评比二等奖;2009年7月,"校园排舞"课例获全国十城市评比二等奖;2012年5月,"校园排舞"参加福建省阳光体育运动优秀案例评比,获福建省"优秀奖";2012年7月,海沧中学因校园排舞被教育部评为"全国特色学校";2012年11月,福建省8份案例参加全国评比,"校园排舞"获全国"入围奖"。2013年3月,"街舞青春"组合动作录像课获全省一等奖。

(三)论文发表

2009年9月,《校园排舞的推广及运用》获第十届中运会暨第五届中国学校体育科学论文报告会三等奖,并于2011年9月在《体育教学》上发表;2010年5月,《对厦门市高中模块选修意愿问题调查与归因分析》参加福建省中小学教师论文评比获一等奖,并于2011年5月在《中国学校体育》上发表;另外还有4篇文章参加省级以上评比并获得好成绩。

(四)著作出版

校园排舞目前成为我校校本课程,经过近6年来的推广与运用,《校园排舞》教师用书与学生用书分别印刷了800册。除此之外,笔者还参与《高中体育与健康新课程教学探索》的编写;2011年,笔者将工作10年来的收获与总结写成《心旅》,给年轻教师的成长提供了一个借鉴的机会;2012年,笔者独立完成的《校园排舞》专著获厦门市教科院科研规划办资助,即将出版。

三、建设成果

厦门市海沧中学2008年参加厦门市"浩沙杯"万人健美操大赛,之后我们还参加了自选动作排舞比赛,从最初获得三等奖到2011年获得一等奖,成绩不断提升;2011年12月,我校排舞队代表海沧区参加厦门市第五届中小学体育专业委员会换届选举演出,受到领导与同行的高度评价。2012年,校园排舞队又迎来一个发展的春天。2012年7月,我校排舞队参加"农业银行杯"全国健美操大赛(福建分站),获规定动作四级第1、2名,获自选动作第1名;2012年10月,参加全国健美操总决赛(青岛),获规定动作四级第1名。

四、社会影响

校园排舞目前在我校已经尽人皆知,我们除了将其作为体育特色项目发展之外,还致力于将校园排舞打造成能影响学校文化的一个特色项目。

(一)杂志宣传

2010年4月,《中国学校体育》杂志社派人专访我校,并对我校校园排舞作了专题报道,我校大课间女生集体跳排舞的场景荣登该杂志第6期封面;2010年6月4日,《体育教学》副主编王子朴老师观看了我校排舞大赛并作了《学校发展,特色为翼》专题报道。

(二)国内外交流

2010年12月29日,中国教育学会在我校举办现场会,我校2000多名学生现场展示校园排舞。中国教育学会"十一五"中小学"体育与健康"新课程资源利用与开发总课题组王建秘书长、福建省教育厅体卫艺处江仁虎处长、厦门市教育局任勇副局长出席现场会并给予了高度的评价。现场会情况见http://v.youku.com/v_show/id_XNDAwMTU1NDgw.html(全国阳光展示视频链接)。

2010年11月,美国密歇根州牛津学区教育总监威廉博士前来我校共商合作办学问题,对我校学生练排舞表示极大的赞赏;2011年6月,新加坡女皇道中学师生一行30多人来我校交流,我校向他们展示了校园排舞校本课程,让他们感受了我校校园排舞的魅力与风采。2012年6月8日,北京教育学院李方院长率北京市16区(县)师训专家组现场观看我校大课间校园排舞、武术等展示,高度评价了我校阳光体育活动开展情况,认为我校"男生很阳刚,女生很柔美,孩子在这里读书很幸福"!2013年5月25日,笔者参加两岸学术交流活动,到台湾中小学、大专院校考察,举行校园排舞校本课程教材捐赠仪式,深受台湾学者及专家的好评!

2013年5月,笔者参加两岸学术论坛,大课间教台湾红瓦厝小学学生跳排舞

(三)媒体播报

2010年12月29日,我校举办了声势浩大的全国阳光体育展示会。2010年12月30日,《海峡导报》专版报道我校全国阳光体育展示盛况;2011年1月11日,厦视新闻《十分关注》栏目报道了我校阳光体育校园排舞开展盛况;2012年5月25日,《海峡导报》又专版报道我校校园排舞发展情况;2012年6月4日,厦门卫视《我爱闽南话》栏目专题报道了我校校园排舞的情况;我校还将大课间跳排舞做成视频专辑,链接为http://v.youku.com/v_show/id_XNDA4MjE0MTY4.html。

(四)品牌发展

2012年3月,应福建教育学院邀请,笔者走进"名师课堂"作校园排舞专题讲座,将学校的成果与八闽地区乃至大江南北的教师分享;2012年5月4日,海沧区进修学校以我校校园排舞为特色成果,举办区级艺体校本课程建设示范课,观摩的有福建教育学院、厦门市教科院的专家领导,他们高度评价了我校校园排舞校本课程建设成果;2012年5月,我校校园排舞代表厦门参加福建省阳光体育运动优秀案例评选,获优秀奖。我校将开展校园排舞6年以来的成果制成视频专辑,链接为http://v.youku.com/v_show/id_XNDAwMTU1NDgw.html。

综上所述,校园排舞已成为学校特色发展的翅膀,借着阳光体育这缕阳光,我们将竭力打造体育组特色团队建设;以发展学生身体健康为己任,吹响在校生每天活动一小时的运动号角,打造学生健康的体育人生;

第三章 校园排舞特色建设

2010年12月29日,厦门市海沧中学举办的全国阳光体育展示会现场——校园排舞展示开场队形(杨陆辉老师提供)

努力营造校园排舞特色校园文化,培养学生带得走的能力,构造良好、健康的运动文化;用心、用情打造属于我校特色发展的校园排舞区域品牌。

校园排舞校本课程捐赠仪式

附

中国教师发展基金会

关于评选表彰全国特色学校、特色教育先进工作者、
特色教育优秀教师的通知

教发基[2012]05号

各地教科所(院)、教研室;教师进修学校(院)、教育学院:

  特色学校建设是全面贯彻教育方针、推进素质教育、深化课程改革的一项重要工作。改革开放以来,全国各地许多学校从校本实际出发,经过长期的办学实践探索,形成了鲜明的办学特色与办学风格。并且在特色学校创建的过程中,还涌现出了一大批特色教育的先进工作者和优秀教师。特色学校的创建,为满足人民群众对教育多样化的需求,推动教育改革发展及促进学生个性特长的培养起到了重要的作用。

  为了贯彻落实《国家中长期教育改革和发展规划纲要》的精神,进一步总结特色学校的经验、成果,推广先进典型,促进特色学校在教育改革发展中发挥更为重要的作用,根据广大学校和教育工作者的要求,教育部中国教师发展基金会决定举办全国特色学校、特色教育先进工作者、特色教育优秀教师评选表彰活动。现将有关事项通知如下:

一、评选活动时间

(一)申报时间
2012年3月至6月15日。
(二)评审时间
2012年6月15日至6月20日。
(三)表彰时间
拟定于2012年7月中旬。

二、评选奖项及条件

(一)全国特色学校
1.评选范围
全国各类中小学(包括民办学校、职业学校)。
2.评选条件
(1)制度建设
①办学指导思想端正,全面贯彻国家教育方针政策,重视学校特色建设,以学校特色建设推动素质教育的实施。
②特色创建工作制度健全,将特色创建作为学校工作的重要组成部分,并纳入学校的发展规划和工作计划。
(2)特色教师队伍建设
①重视特色教师队伍建设,通过学习培训等方式提高教师素质,学校形成了一支具有一定教育理论素质、能胜任特色创建工作需要的骨干教师队伍。
②教师具有较强的特色建设意识,能根据学校特色建设的需要,探索并逐步形成自身教学特色和教学风格。
(3)教学特色

①重视教学特色建设,构建课内与课外,必修与选修,学科性课程、活动性课程与隐性课程并行的课程模式。

②学校把校本课程建设与特色建设工作有机结合,充分挖掘校内教育资源、社会教育资源,建设特色校本课程。

③建立以课堂教学为基础的课外活动体系,积极开展以培养特长生为目的的兴趣小组、特长班或提高班等活动,课外活动丰富多彩,学生踊跃参加,氛围浓厚。

(4)德育特色

①树立"育人为本,德育为首"理念,校风、教风、学风良好。

②开发德育校本课程,注重活动引领和实践体验,培养学生综合素质及兴趣爱好,发展学生的个性特长,形成德育特色。

(5)特色科研

①重视校本科研,并能以科研为先导推动特色创建工作的开展。

②学校承担与特色建设相关的区县级以上教育科研课题,并取得较为突出的成果,有一批成果获得上级部门奖励或在公开刊物上发表,研究成果对于推动学校特色建设起到了一定的成效。

(6)特色建设条件

①学校逐年加大对特色建设工作的经费投入,专用教室、活动场所及仪器、设施、设备等能满足特色创建及课外活动的需要。

②重视校园环境的绿化、美化工作,校园环境的规划、布局、绿化、美化与特色建设工作有机结合,校园环境能显示学校特色。

(7)特色建设成果

①已经形成在一定区域范围内具有明显优势的特色课外活动或兴趣特长项目(如艺术、体育、科技、传统文化等),该项目教师取得较为突出的研究成果(成果获奖、论文发表或著作出版),学生参加该项目竞赛取得较为突出的成绩(高中的学生升入相关高校取得较好成绩)。

②培养了一批富有个性特长的学生。

(8)学校文化及影响力

①特色建设工作富有成效,办学特色在区域范围内具有较为明显的优势及影响力,享有较高的社会声誉。

②重视特色办学经验成果的总结提炼,能使学校特色与学校文化有机结合,并形成师生共同遵循的价值观和一定的认知、文化行为模式。

(二)全国特色教育优秀教师

1.评选范围

全国范围内的各类中小学校教师。

2.评选条件

(1)认真贯彻执行党和国家的教育方针政策、教育法律法规,热爱教育事业,具有高尚的职业道德。

(2)为人师表,品德良好,作风正派,热爱学生,积极参加学校特色创建工作,积极实施素质教育,在教书育人方面取得较为突出成绩。

(3)在教学一线执教,有较先进的教育思想,教学经验丰富。

(4)能根据学校特色建设的需要,探索并逐步形成自身教学特色和教学风格,在培养学生个性特长方面取得较为突出的成绩。

(5)负责学校具有明显优势的特色课外活动或兴趣特长项目(如艺术、体育、科技、传统文化等),辅导学生参加竞赛取得较为突出的成绩(高中的学生升入相关高校取得较好的成绩)。

(6)积极参与特色建设相关的课题研究,并取得较为突出的成果(竞赛获奖、研究成果获奖、论文发表或著作出版等),以科研推动特色教育工作的创新。

(7)在区域范围内有较好的社会声誉,在特色教育相关项目中能起到模范带头作用。

3.申报名额,每单位申报名额不超过2人。

三、组织申报

请各地教科所(院)、教研室,教师进修学校(院)、教育学院:转发本通知,统一组织符合申报条件的单位和个人申报。

(一)申报材料

1.全国特色学校

(1)全国特色学校申报表(见附件1)。

(2)全国特色学校创建工作总结(2000字以上)。

(3)办学许可证或法人机构代码证的复印件。

2.全国特色教育优秀教师

(1)全国特色教育优秀教师申报表(见附件3)。

(2)免冠半身2寸彩色照片2张,电子版照片要求像素1M以上。

(3)教师资格证或工作证的复印件。

(二)材料要求

1.须经所在单位和上级教育部门审核、签署意见,并加盖公章。

2.特色学校创建工作总结材料要求word文档,A4纸四号字排版。

(三)申报方式

各地教科所(院)、教研室,教师进修学校(院)、教育学院:汇总所属地区的申报材料,将电子版材料压缩后发送至:shijie@moe.edu.cn电子邮箱。同时将纸质材料统一邮寄至:教育部中国教师发展基金会。

申报材料报送截止日期:2012年6月15日。

附件:

1.全国特色学校申报表

2.全国特色教育先进工作者申报表

3.全国特色教育优秀教师申报表

中国教师发展基金会

2012年2月18日

第二节　校园排舞运动优秀案例

一、学校体育

长期以来,我校恪守"健康第一,身体为基"思想,积极推进"阳光体育"运动。在63载办学历程中,我校积极探索适合学生成长的办学之路,积淀和提炼学校文化,秉承"学校发展,特色为翼"的办学特色。体育工作取得了良好的成绩,2012年7月,我校被教育部评为"全国特色学校"。

(一)阳光体育,三位一体

2011年十一届全国人大四次会议批准的《政府工作报告》再次强调"保证中小学生每天一小时校园体育活动"。我校阳光体育以校园排舞为载体,从课堂教学、大课间分享、课外提高等渠道进行推广,确保学生每

天活动一小时。从家庭、学校、社区对阳光体育作出延伸,确保家校区联动,实现优势互补。

(二)学校发展,特色为翼

我校秉承"学校发展,特色为翼"的办学理念,将校园排舞打造成学校的体育特色,构建校园体育文化。以特色为翼借机打造校园体育文化内涵,分享阳光体育文化盛宴:良好而积极的身心状况不仅对学生各学科学习成绩的提高起到极强的促进作用,也是形成完美人格的基础。

(三)课题引领,校本发展

以课题引领阳光体育运动,能确保我们合理、科学、有序地开展阳光体育运动。与此同时,我校构建校园排舞校本课程,借此机会进行体育校本特色带动区域特色互动发展的实践研究。而校园排舞经过中国教育学会"十一五"课题的实践证明,该运动项目具有"团队性体育运动"和"趣味化教学"的特点,因此它是对学生进行集体主义精神和团队协作教育非常理想的手段。我们还将校园排舞推广到其他区域,实现共同发展,将学校体育特色做强、做大、做精。

课题引领我们专业发展,全组体育教师到目前已经完成6个课题研究,5篇论文在CN期刊上发表,多位教师参加全市、全省、全国专业技能比赛均获得好成绩。校本课程已经得到完善,《校园排舞》已经成册使用。科研能全面提升体育教师的竞争力,我们只有全面提高自己的综合能力,才能成为一名名副其实的智慧型教师。

二、设计思路

(一)设计背景

1.中央七号文件和2010年发布实施的《国家中长期教育改革和发展规划纲要(2010—2020年)》都明确规定"保证学生每天锻炼一小时"。对于全面推进素质教育,促进学生健康成长,切实提高学生体质,积极开展学校体育起着举足轻重的作用。

2.2007年9月,我校高中开设排舞选修模块,经过6年的推广,校园排舞已人人皆晓。在这样的背景下,经过细心论证,学校选择校园排舞为突破口,积极筹划让校园排舞走出校园,辐射其他学校,形成我校特色品牌。

(二)案例特点

1.元素丰富,适合推广。校园排舞是学生站在一起跳舞或者利用固定舞码进行队形编排的一种舞蹈。它包含了健美操、街舞、牛仔舞、恰恰恰、伦巴等元素,动作优美,音乐悦耳,简单易学,适合男女老少参与。

2.多渠道、全方位推广。我校从2007年9月开始推广,构建各种平台让全校学生参与校园排舞各项活动,包括校园排舞大赛,区夏令营,区运动会开幕表演,并开设市级公开课,参加市级竞赛,参加省级录像课评比,举办全国阳光体育展示,进行国际交流等,全方位保证校园排舞的推广,在时间上、空间上保证学生每天进行一小时的活动。

三、内容结构

(一)技术要领

1.动作重复循环技术。排舞的每一支舞曲,可由32拍、48拍,或64拍等不同的循环节奏组成。根据重复的节拍,找到重复规律即可。

2.方向交替旋转技术。每支排舞的基本跳法分为2个朝向或4个朝向交替旋转。根据音乐寻找规律,在每一段衔接中,寻找朝向交替时的支撑脚,确定支撑脚重心。

3.校园排舞编排技术。排舞包含"排"与"舞"两个元素。"排"元素,第一层意思就是排成整齐的行或列,第二层意思就是进行队形的变化与编排,应在实践中进行队伍的编排,学习编排技术要领;舞即舞码元素,排舞融合了很多社交舞的舞步,如恰恰恰、伦巴、曼波、牛仔和摇滚等舞步,应根据教材了解相应的元素,掌握其技术要领。

(二)教学过程

高中阶段模块教学要达到引导学生自觉、科学地参与校园排舞锻炼这一目标。本案例从校园为何要引

进排舞入手,介绍排舞的作用与特点,以及其广阔的发展空间,从而提高学生对校园排舞理性认识。从这个角度切入进行教学,让学生明白校园排舞可促进健康。通过布置课外作业等形式来促进学生全面参与校园排舞活动。

要激发学生自觉参与校园排舞活动的积极性,就需要教师转变教学观念,在实践课的教学过程中,树立以学生为本的学生主体观,充分发挥学生的主体作用;克服那种以教师、教材为中心的倾向,为学生创造必要的自主学习的时间和空间,启发和指导学生进行创造性学习;在教学过程中树立民主平等的教学观,用排舞的魅力去吸引学生,激发学生的学习兴趣,让学生在排舞活动中感受到排舞所带来的快乐,体验排舞对个人成长的作用,养成自觉参与校园排舞活动的意识习惯。在实际教学中,可以从以下几个方面入手,提高学生校园排舞的能力:

1. 引导学生根据自己的能力设定学练目标。
2. 允许学生对所学练的方法有所质疑和选择,从而参与到学练过程中。
3. 鼓励学生利用课外时间,学习课堂上没有开展的排舞,自行锻炼。
4. 引导学生自主规划和调控学习的进程,不断获得成功的体验。
5. 组织学生对自己和同学的学练效果进行评价,包括设计评价方案和指标。
6. 要求学生对自己学练的情况进行反思。

教师除了在实践课的教学中向学生渗透有关校园排舞及其健康作用的知识外,还应指导学生进行自学,利用课外时间进行其他材料的阅读,在课上结合实践课的内容引导学生进行讨论,或以课外作业的形式组织探究活动。例如,在一个单元开始的时候,可以指导学生课前自主阅读教科书,了解校园排舞所带来的健康作用,思考教科书中提出的问题。在课上还可以组织学生对有些同学浅尝辄止,有些同学认真刻苦、自觉参与的情况进行讨论。讨论应该结合课堂教学,针对要学练的具体项目来进行。通过简短的讨论帮助学生总结出校园排舞的特点,从而引导学生进一步了解校园排舞。

(三)练习方法

学习方式的转变是基础教育改革的重要目标。本案例的内容主要由学生自主探究完成。教师在指导和布置课外自学时,可以通过提出多个问题来引发学生的兴趣,让学生带着问题去自学。例如,对于校园排舞为何要进入校园这一知识点,教师可以首先提出问题:哪个同学可以谈谈校园排舞的特点与作用?目前体育锻炼的目标是什么?如何实现校园排舞带来的健康快乐?让学生将自己掌握的知识点与教科书中的知识点进行比较并找出其中的差距,从而引发学生自主学习。

要想让学生积极参与校园排舞锻炼,除了要让其理解自觉参与的意义之外,重要的是让学生将健康意识摆在第一位,然后通过自己的认识,深化对校园排舞作用的理解,将认识转化为行动。但是不同的人处在不同的环境中,需要采取的措施和行为并不一致,教师应该提供不同的方法,引导学生自觉参与,找到适合自己的方法。

由于每位学生所要解决的问题,既有共性的也有个性的,不同学生的能力各不相同,因此可以引导同学之间相互交流学习的经验和体会,相互帮助,提高认识,更好地参与排舞学习。参与校园排舞锻炼不是一天、两天的事情,需要长期坚持,因此可以通过让学生自己组成学习小组或社团,相互促进,共同锻炼提高的方式来达成运动参与的目标。

(四)组织形式

本案例的学习目标不仅是要让学生掌握排舞的跳法,更重要的是要让学生形成一种对校园排舞的认识与了解,提高健康意识,因此对于认识校园排舞的作用进行评价应该是重中之重,可以从学生的态度、表现和学练的过程组合进行,促进学生的进步和成长。

1. 课堂教学。鼓励有个性地学习,要有固定的时间、场所,能与学生面对面交流,能较快提高学生的排舞水平,对于高中学生来说,参与校园排舞锻炼不能仅仅停留在按照教师的要求去做,更重要的是能够主动地选择锻炼的手段和方法,找到适合自己的锻炼模式,制定适合自己健康情况的校园排舞计划,甚至可以将所学的锻炼方法进行适当的变化或改造,增加趣味性和锻炼的实效。对于这样的学生,教师应该给予充分的肯定,鼓励其不断创新,坚持锻炼。

2.大课间分享。大课间对于学有余力的学生提出了更高的发展性目标,要求这些学生在坚持参与校园排舞锻炼的基础上带动同伴进行排舞运动。虽然教科书中没有关于这些方面的具体的学习内容,但是教师在实际教学中可以通过培养体育骨干、学生互教互学等方法,引导有余力的学生带领同伴一起参与体育锻炼,并对这样的学生在进行评价时给予适当的鼓励。

3.课外提高。课外训练即给学生搭建一个舞台,让学生自己去参与、探索、提高。这是培养体育骨干的一种模式,也是针对骨干力量进行技术提高的一种训练。这些骨干组成学校排舞队,其对排舞的悟性与灵敏度较一般学生要高,在校园排舞大赛中能充当能手,能点燃班级、年段乃至全校同学学习排舞的热情。

4.综合评价。评价是新课程改革的亮点,也是"以生为本"的最根本体现。评价既可以采用定量的评价,也可以采用定性的评价。例如出勤次数就可以作为定量评价的指标之一;评价可以采用自我评价、同学之间互评及教师评价相结合的方式,特别是采用自我评价,有助于引导学生关注自己的行为,提高学习质量;同时还可以利用教科书中的有关评价表来激励学生进步。例如,在一个单元学习初始采用自我评价,这样有助于学生自主学习意识的产生,而到了单元学习中段可以采用过程性评价,这样有助于激励学生不断努力进步,在学期末,可以利用自我评价、过程性评价以及终结性评价相结合的办法来确定学生的最终成绩。

四、使用效果

(一)成果采用

1.2010年7月,我校举办区夏令营,来自全区6所中小学的学生,在夏令营结束后,回到各自的学校进行推广。其中北师大附属学校、外国语附属学校、海沧实验中学、东孚中学还派人来我校学习。夏令营期间,校园排舞走进未来海岸、青礁两个社区,深受社区居民的喜爱,连仁都老师还被青礁村聘为专业教练,每周教学一个晚上,该社区代表海沧街道参加厦门市社区排舞大赛,获一等奖。

2.我校开展校园排舞及大课间活动深受本地区其他学校的关注,厦门前埔北区小学、厦门英才学校、厦门集美旅游学校派专人来我校交流,学习、研讨校园排舞及大课间经验。

3.2010年12月,全国体育会议在厦门召开,《校园排舞》校本课程教师用书、学生用书各800套借此机会分发到全国各地,学校陆续收到全国各地老师的来电、来信表示感谢,说各自学校也在开展校园排舞教学。

4.2011年6月,应福建教育学院邀请,制作"魅力排舞"录像课,由福建教育学院面向全省中小学进行网上播放,福建教育学院对我校开展的阳光体育,给予高度评价。

5.校园排舞作为学校特色,参与国际交流。2012年11月,新加坡女皇道中学师生一行30人,来我校进行排舞学习交流。

6.2011年11月,我校代表海沧区参加厦门市中小学体育专业委员会换届演出,获得专家一致好评。

7.2012年2月,《校园排舞》专著获得厦门市教科院出版资助。

8.2012年3月,连仁都老师应福建教育学院邀请做客名师网,进行校园排舞推广与运用的电视讲座。

9.2012年5月,海沧区教育局以我校为基地,面向福建教育学院、厦门市教科院专家领导开设校园排舞校本课程示范课,获得一致肯定。

10.2013年1月,应福建教育学院邀请,进行为期两天的全省校园排舞推广培训。

(二)社会评价

1.2010年3月,福建教育学院体育部领导专家,专程来我校调研校园排舞开展情况,会上多位专家对我校开展校园排舞进行了肯定与表扬。

2.2010年4月,《中国学校体育》杂志特约记者李兵,在2010年第4期杂志上对我校校园排舞进行专题报道。

3.2010年6月3日,在厦门市教科院主办的金尚中学体育论坛上,连仁都老师代表学校做了专题发言,发言内容是我校"校园排舞"开展情况,引起了《体育教学》杂志王子朴副主编的浓厚兴趣,第二天他专程到我校观看校园排舞总决赛,厦门市体育总局何玺副局长也亲临现场指导;到场观看的有学生家长、各年段班主任以及其他老师,厦门市健美操负责人洪颖老师亲自为各队打分,社会反映良好。

4.2011年5月,在福建省首届高中体育组组长培训班上,连仁都老师代表厦门作《阳光体育——校园排舞开展》专题讲座,八闽大地各个地区近50名组长,深受启发,目前已陆续有老师来我校交流。

（三）学生层面变化显著

1．学生参与研究性学习,跟着教师学会做学问,从写经验小结开始,再学着写论文,培养了做学问的态度与精神。

2．我校地处农村,学生都是农民工的孩子,学生们自从学习排舞之后,整个人的精神面貌发生了质的变化；学习体育的兴趣变浓了,更加注重自主学习,注重与同伴的合作,注重团队意识。

3．养成积极锻炼的习惯,身体素质得到全面提高。"三好四美"七要素的评价指数也得到全面提高。

2012年5月25日,厦门《海峡导报》记者专访厦门市海沧中学校园排舞课堂(张向阳提供)

附1

视频脚本

2007年9月,校园排舞走进厦门市海沧中学,掀开了排舞开发的新篇章。我们借着阳光体育,通过课堂教学、大课间分享、课外提升、校园大赛、夏令营、竞赛、展示、交流等渠道全方位拓展校园排舞,视频脚本记述了校园排舞的成长点滴。请跟随我们的镜头,一起走进校园排舞。

参加全国阳光体育优秀运动案例评选视频脚本

镜号	景别	画面	解说词	音乐
一	排舞简介	1．校园概况 2．排舞经典	厦门市海沧中学办校63年以来,一贯秉承"学校发展,特色为翼"的发展理念,恪守"健康第一"的指导思想,开展学校体育活动。近年来,校园排舞作为我校特色之一,引领学校体育全面发展。 2007年9月,我校引进排舞,排舞即学生排在一起或者利用固定舞码进行队形编排的一种舞蹈。校园排舞作为一个活动窗口,体现我校学生每天活动一小时的内容的多样化；校园排舞通过课堂教学、大课间分享、课外活动、区夏令营、区艺体校本课程示范课、市级竞赛、为国际马拉松喝彩、省级录像课、全国阳光体育展示、国际交流等平台进行推广,取得了非常好的社会效果与影响；我校构建校园排舞校本课程,引领学生在阳光下舞动青春,一方面充实了阳光体育的内容,另一方面也提高了学生的身体素质。	钢琴曲配乐： *Rolling Clouds*

续表

镜号	景别	画面	解说词	音乐
二	四位一体的排舞推广	1. 课堂教学 2. 大课间 3. 课外训练 4. 夏令营	排舞起源于20世纪70年代的美国乡村舞蹈,学生随着音乐漫步、旋转,舞动肢体。优美的舞步融合了健美操、华尔兹、伦巴、恰恰恰、牛仔舞、踢踏舞、街舞等各种舞蹈或操的元素。 以"培养学生带得走的能力"为宗旨,打造全新的课堂教学理念,课堂教学是校园排舞推广的基本方式,教师的排舞理念通过课堂教学得到了实践。 以"健康快乐同在"的理念进行大课间排舞分享,让学生在阳光下运动,享受排舞带来的自由与快乐。排舞的大课间推广,在年段长、班主任的大力支持下得以顺利开展,学校排舞队队员充当"小老师",协助体育教师开展排舞教学与推广,大课间推广排舞,是课堂排舞教学由点及面的体现。 以发展学生体质、提高学生气质作为课外训练着力点,课外训练以学生自主学习为主,全面提高其对排舞的理解;课外训练主要是针对有排舞基础的同学,进行技术提高,贯穿排舞的创编,在学习中不断强调自创,强调个人综合素质的提高。 举办区级夏令营,以"舞动青春"为口号,让排舞走出校园,辐射全区;在夏令营学习中,融入排舞拓展理念,让学生体会健康与锻炼的重要性,构建团体意识,培养自觉锻炼的习惯。 以"四位一体"模式进行校园排舞推广,让学生在学习中提高自身的综合素质,充实在校生每天一小时的活动内容。	钢琴曲配乐: *Rolling Clouds*
三	综合能力拓展	1. 排舞大赛 2. 社区交流 3. 为马拉松喝彩	校园排舞大赛,每个词都富有鲜活的生命力,参赛者将技术与激情绽放于舞台,将排舞各大元素充分展示出来。我们构建一方给予学生展示自身能力与风采的舞台,大家在舞台上将自己的个性与智慧融合,这就是我们校园排舞大赛;校园排舞大赛从宣传、通知、报名到培训、彩排、预赛、决赛,一系列活动组织下来,学生在舞台上舞动自己的青春梦想,大家积极组队参赛,促进校园排舞深入发展,在舞台上,留下掌声和喝彩,训练场上留下汗水与泪水,落幕之时,将能力带走。 学生的能力塑造,一直是我们培养的目标,利用周末,我们将学会的排舞技术,带进社区,跟社区的居民交流学习排舞的心得,一起合着音乐节拍跳舞;在灯光下,我们和居民一起手拉手,感受排舞的魅力,一起分享跳排舞的快乐,学生把自己学会的排舞教给居民,大家一起学习,让学生体会到"赠人玫瑰,手有余香"的幸福感,社区居民们也感受校园排舞的青春、动感。 为国际马拉松喝彩,体现一所学校综合水平。厦门国际马拉松比赛已经成为厦门一张城市名片,啦啦操比赛也成了厦门广电集团的一档经典节目。我校代表海沧区参加2007年啦啦操比赛,最终以第五名获得团体铜奖;啦啦操比赛是我校排舞队第一次外出展示,在舞台上,同学们激情舞动,将中学生应有的智慧、青春,通过这方舞台书写出来。 举办校园排舞大赛,带学生进社区交流,参加市级比赛,从这些渠道我们拓展学生的能力。我们通过这些具体的活动丰富学生活动的内容,让学生在参与中体会了运动的快乐,又在不知不觉中提高自身的能力,领会"终身体育"的意识。	轻音乐配乐: 《阳光》

续表

镜号	景别	画面	解 说 词	音乐
四	学生风采展示	1. 区示范课 2. 市级大赛 3. 省录像课	学生风采,魅力无限。通过构建校本课程,我们将校园排舞打造成海沧区体育校本课程亮点,区教育局在我校举办区级艺体校本示范课;阳光体育"2+1"工程,让学校体艺发展迎来一次机会,以此为契机,我们大力打造学校特色项目,将特色项目融入校园文化,将学生个性与风采,通过课堂来体现。 　　我校从2007年开始参加全国"浩沙杯"万人健美操大赛厦门赛区排舞自选动作比赛,从当初的三等奖逐渐提高到2011年的一等奖,这几年一路走过来,看到我校排舞队的成长;出去竞赛,让学生得到锻炼,也检验了我们学习的效果。 　　2008年,我校高中排舞模块班参加福建省教师技能录像课拍摄。省级录像课,对教师提升专业水平有着非常大的促进作用。它会促使教师进行更周全的教学设计,多渠道考虑学生的自主地位怎么体现、合作学习怎么开展?通过这些渠道,我们的学生代表学校,将学校特色展示出来,将自身的魅力绽放出来。	轻音乐配乐: 《阳光》
五	阳光体育展示	1. 现场展示 2. 专家点评 3. 媒体专栏	2010年12月29日,中国教育学会"十一五"中小学"体育与健康"新课程资源利用与开发课题结题现场会,即全国阳光体育现场展示会在我校举行。来自全国各地的200多位专家、领导、同行观看演出。学校集全校智慧给全国来宾展示我校体育文化,校领导尽大可能支持我们开好现场展示会。全国阳光体育展示会,在音乐声中停下了脚步,但校园排舞的发展、影响才刚开始,我校将以崭新的面貌诠释阳光体育风采,在确保在校生每天活动一小时上,作出我校特色。 　　展示会上,课题组王建秘书长、福建教育厅体卫艺处江仁虎处长、厦门市教育局任勇副局长做了深刻的点评……;他们的点评,指明了我校体育运动今后发展的方向。 　　《厦门晚报》、《海峡导报》、厦门卫视、海沧电视台等多家媒体对展示会进行了现场采访,当晚,厦门电视台新闻频道播报了我校开展阳光体育的盛况,海沧电视台也播报了这一盛况。2011年1月11日厦门电视台新闻频道《十分关注》栏目专题介绍了我校大课间校园排舞开展情况。	
六	国际交流	1. 美国 2. 新加坡	2010年12月6日,美国密歇根州牛津学区教育总监威廉博士带团来我校商谈合作办校,代表团一行在校园参观,走进校园排舞课堂,很友好地与师生交流、合影留念。 　　2011年6月6日,新加坡女皇道中学代表团来我校进行文化浸濡之旅,校园排舞作为学校一大特色参加了双方的交流。代表团师生30人走进课堂,与我们一起学习排舞、进行课堂交流、合影留念。 　　我校排舞能参与国际交流,让国际友人感受中国学校体育的独特魅力,这对于促进我校校园排舞发展将起到不可估量的作用。	轻音乐配乐: 《阳光》
七	排舞成果展示	1. 杂志封面 2. 报纸专版 3. 校本教材	校园排舞在我校推广近6年来,它给我校带来很多机会与挑战。《中国学校体育》、《体育教学》这些杂志对我校排舞进行了专题报道,其中我校大课间跳排舞场景荣登《中国学校体育》封面。《校园排舞推广及运用的研究》在《体育教学》杂志上得到发表。 　　我校已经构建"校园排舞"校本课程,教师、学生用书已经成册,《校园排舞》专著得到厦门市教科院资助,即将出版。 　　中国教育学会的"十一五"课题顺利结题,"十二五"课题将让校园排舞继往开来,创造新辉煌!	
八	结束语	校园全景	我们深知:当孩子们快乐运动时,受益的不仅是每个孩子,不光是每个家庭,更是我们的国家与民族。请听,"我运动,我健康,我阳光"的主题口号响彻校园,《动起来》的主题歌唱响校园内外。 　　请看,阳光如此灿烂;一个个阳光男孩和阳光女孩,和着动感的韵律,踏着时代的节拍,在健身,在演绎着排舞,他们健美的体魄一定能托起祖国明天的太阳!	歌曲配乐: 《动起来》

附 2

福建省教育厅

闽教办体[2012]12 号

关于举办福建省中小学阳光体育运动优秀案例征集评选活动的通知

各设区市教育局、平潭综合实验区管委会办公室、福州一中、福州实验小学：

根据教育部体育卫生与艺术教育司《关于举办全国中小学阳光体育运动优秀案例征集评选活动的通知》（教体艺司函〔2012〕13号）要求，为总结交流《中共中央关于加强青少年体育增强青少年体质的意见》（中发〔2007〕7号）实施6年来学校体育工作积累的经验和做法，宣传展示全省中小学阳光体育运动成果，促进学生体质健康水平不断提高，我厅决定在5月中旬举办全省中小学阳光体育运动优秀案例征集评选活动，现将有关事宜通知如下：

一、案例内容

1. 大课间体育活动或课外一小时体育活动（指没有体育课当天下午学校组织的集体体育活动）案例，包括设计思路、活动内容、编排形式、组织方法等；

2. 课外体育活动时段内组织的单项体育活动案例，包括该体育活动项目的设计思路、编排形式和组织方法等。体育活动项目包括球类、自编操、民族民间体育、集体运动项目、体育游戏等各类体育运动。

3. 每个案例由《福建省中小学阳光体育活动优秀案例申报书》（附件2）、活动照片、《福建省中小学阳光体育运动优秀案例视频脚本》（附件3）和视频样片等四项组成。

二、案例要求

1. 案例应有2年以上的应用实践，在申报学校全面普及和开展，对促进学校阳光体育运动、增强学生体质有显著效果。

2. 大课间体育活动和一小时体育活动案例应反映学校在场地设施利用、锻炼时间安排、学校资源开发等方面好的做法和特色。

3. 单项体育活动案例具有良好的锻炼效果，在集体性、兴趣性、安全性、普及性、民族性等方面有较好创新和提高。

4. 大课间体育活动和一小时体育活动案例视频样片不超过30分钟，单项体育活动视频样片不超过15分钟，样片制作要求见《案例样片制作技术基本要求》（附件4）。

三、申报单位

各级各类中小学校。

四、报送方法

1. 以设区市为单位统一报送案例，各设区市报送案例数量不少于5个。

2. 请各设区市教育行政部门汇总案例（含附件2、3），并填写《福建省阳光体育运动优秀案例申报汇总

表》(附件1),于2012年5月25日前(以邮戳为准),邮寄至福建省教育厅体育卫生与艺术教育处,地址:福州市鼓屏路162号,邮政编码:350003,联系人:陈丽红:0591-87091348、87846074;同时发Email至fjtwyc_ty@163.com。

五、评选和展示

1. 我厅将组织专家对申报的案例进行评选,评选出优秀案例送教育部参加全国评选。
2. 评选出的优秀案例将通过出版案例集、图片展览、电视(网络)媒体播放等方式,予以宣传推广。
3 我厅对评选出的优秀案例颁发证书,并给予奖励。

六、有关要求

1. 各设区市教育行政部门要充分重视此项活动,认真做好动员和组织工作,充分挖掘本地区中小学校阳光体育运动的经验和做法,积极报送优秀案例。要在学校推选的基础上,组织对案例的指导和提炼,保证报送案例的质量。报送的案例中乡镇以下农村学校要占有一定比例。
2. 各地报送的案例应不涉及抄袭、剽窃、著作权纠纷等行为,案例均不予退稿,各申报单位自行留底。
3. 对评选出的优秀案例,我厅将在获得申报单位授权后,组织开展宣传推广,委托省教育电视台做专题节目播放。
4. 本通知及所有附件请在教育厅门户网站体育卫生与艺术教育处网页上自行下载,附件表格可自行附页。

附件:1. 福建省阳光体育运动优秀案例申报汇总表
2. 福建省阳光体育运动优秀案例申报书
3. 福建省阳光体育运动优秀案例样片视频脚本
4. 案例样片制作技术基本要求

福建省教育厅办公室
二○一二年四月二十六日

附3

厦门市海沧中学校园排舞成长记事

时间	事件	效果
2007年9月	厦门市海沧中学大课间学习排舞,高中开设排舞教学模块	标志着排舞走进中学校园
2008年3月	参加福建省第三届全国中小学体育教学观摩展示优秀体育课评比	二等奖
2008年5月	厦门市教科院组织"校园排舞"公开课送教下乡	标志着校园排舞走向厦门市
2009年3月	主持了中国教育学会"十一五"中小学"体育与健康"新课程资源利用与开发课题的子课题研究	标志着课题的子课题引领校园排舞发展
2009年5月	海沧区"校园排舞课程应用与研究"的课题,立项	校园排舞课程体系正式构建
2009年7月	"魅力排舞"课例参评全国十城市学校体育论坛大会的奖项	二等奖
2009年9月	《校园排舞推广及运用》参加第十届中运会暨第五届科报会评比,并于2011年9月发表于《体育教学》	荣获三等奖,标志着校园排舞在推广上取得一些经验
2010年3月	福建教育学院专家来我校做校园排舞调研	标志着校园排舞走出厦门地区,开始形成辐射。

续表

时间	事件	效果
2010年4月	《中国学校体育》杂志记者到我校做专题采访	标志着我校"校园排舞"品牌正式确立
2010年6月	我校大课间跳排舞荣登《中国学校体育》杂志封面	
2010年6月4日	我校举办首届校园排舞大赛,《体育教学》王子朴副主编,厦门市社会体育局何玺副局长、教育局体卫艺江福生处长,市教科院体育课宋朝美老师到校观看	标志着我校校园排舞推广已达成熟阶段,各级领导大力支持,社会影响很好
2010年7月	举办海沧区"舞动青春"夏令营	标志着校际之间排舞形成互动
2010年9月	《学校发展,特色为翼》发表于《体育教学》杂志	专题介绍我校排舞特色发展
2010年11月11日	美国密歇根州牛津学区教育总监威廉博士率团到校洽谈合作办学,走进校园排舞课堂	拓宽了校园排舞交流渠道,扩大影响面
2010年12月29日	举办全国阳光体育现场展示会,即中国教育学会课题组的结题现场会,我校2000多名学生现场展示排舞、武术;总课题组王建秘书长、省教育厅体卫艺处江仁虎处长、市教育局任勇副局长出席现场会并给予高度评价	校园排舞作为地区一个品牌,开始得到全社会的关注,校园排舞开发成了中国教育学会"十一五"课题规划中新课程资源利用与开发最成功、最有代表性的案例
2010年12月30日	《海峡导报》专版报道我校全国阳光体育展示盛况	体现了媒体对我校校园排舞的认可与关注
2010年12月	《校园排舞》校本课程教师、学生用书成册	校本课程引领校园排舞走向系统化
2010年12月	中国教育学会"十一五"中小学"体育与健康"新课程资源利用与开发课题顺利结题	证明我校开展排舞是具体、生动、扎实的
2011年1月11日	厦视《十分关注》栏目报道我校阳光体育校园排舞开展盛况	向全市介绍我校大课间推广排舞的成果经验
2011年6月7日	新加坡女皇道中学师生一行30多人来我校学习交流	成为我校特色项目参与国际交流的又一经典案例
2011年7月	《校园排舞校本课程的研究与开发》入选第十一届中运会暨第六届中国学校体育论文报告会	荣获三等奖,标志着校园排舞理论体系进一步成熟
2011年8月	校园排舞图册成册	把校园排舞成长的点滴记录下来
2011年9月	我校连仁都老师成为福建教育学院基础教育网特聘教师	校园排舞开始进行全省宣传
2011年9月	《校园排舞校本课程开发与研究》参加厦门市论文评比	一等奖
2011年10月	校园排舞参加"浩沙杯"全国万人健美操大赛厦门赛区比赛	获自选动作一等奖
2011年12月5日	代表海沧区参加厦门市第五届中小学体育专业委员会换届选举演出,受到领导与同行的高度评价	校园排舞在地区已然成为一种特色,成为我校一张名片
2012年3月	应福建教育学院邀请,校园排舞走进福建教育基础教育网"名师课堂"	让我们的成果与八闽地区乃至大江南北的教师分享
2012年3月	《校园排舞》专著获厦门市教科院资助	准备正式出版
2012年4月26日	参与中国教育学会"十二五""阳光校园·体育美育新课程的导入对学校文化特色建设的实践研究"课题的开题会,并主持子课题研究	开始进行校园排舞区域特色发展研究
2012年5月4日	海沧区进修学校以我校"校园排舞"为特色成果,举办区级艺体校本课程建设示范课,观摩上课的有福建教育学院、厦门市教科院专家、领导	作为地区的校本课程代表,获得上级领导高度评价
2012年5月25日	《海峡导报》专版报道我校校园排舞发展情况	新闻媒体对我校校园排舞的专题报道,进一步宣传了我校校园排舞特色品牌
2012年6月4日	厦门卫视《我爱闽南话》栏目专题报道我校校园排舞	

续表

时间	事件	效果
2012年6月8日	北京教育学院李方院长率北京市16区（县）师训专家组现场观看我校大课间"校园排舞"展示；高度评价我校阳光体育活动开展情况	他们认为我校"男生很阳刚，女生很柔美，孩子在这里读书很幸福！"
2012年6月14日	我校以"阳光体育——校园舞·武"参评全国特色学校	标志着我校特色立校，将特色列入学校发展计划，拓宽校园排舞发展空间
2012年7月9日	我校被评为全国"阳光体育——校园舞·武"特色学校	标志着阳光体育进入新的发展阶段，校园排舞将迎来发展的春天
2012年7月16日	我校排舞队参加"全国农业银行信用卡杯"健美操大赛福建分站赛	一等奖
2012年10月	我校排舞队参加"全国全民健身操总决赛"（青岛）	一等奖
2012年11月	校园排舞参加福建省阳光体育优秀案例评选，并代表福建参评全国优秀案例评比（福建省共选送30份案例）	获福建省"优秀案例奖"，获全国"入围奖"
2012年12月	海沧区"校园排舞课程运用与研究"课题结题	标志着校园排舞系统理论更成熟
2013年1月	应福建教育学院邀请，进行全省体育教师排舞培训	标志着校园排舞区域互动开始
2013年3月	"街舞青春"案例参加福建省中小学教师优质课案例评比	一等奖
2013年5月	代表海沧区教育局到台湾进行两岸学术交流，其中校园排舞校本课程走进台湾红瓦厝小学、嘉义高中、台湾首府大学	标志着校园排舞走向更深领域

参考文献

1. 中华人民共和国教育部.体育与健康课程标准.北京:北京师范大学出版社,2001.
2. 董翠香.体育校本课程导论.北京:北京体育大学出版社,2006.
3. 全国体育学院教材委员会.运动训练学.北京:人民出版社,1989.
4. 钟启泉.课程评价论.上海:上海教育出版社,2002.
5. 刁在箴.体育舞蹈.武汉:华中师范大学出版社,1997.
6. 黄甫全.校本课程与教学论.北京:高等教育出版社,2007.
7. 鲁洁.当代教育新理论丛书(新世纪版26册).南京:江苏教育出版社,2000.
8. 刁在箴.中小学健美操教学指南.武汉:中国地质大学出版社,1988.
9. 王洁,顾泠沅.行动教育——教师在职学习的范式革新.上海:华东师范大学出版社,2007.
10. 杨成.经历·体验·成长.广州:广东人民出版社,2004
11. 骆秉全.美与和谐的体育教学.北京:北京师范大学出版社,2007.
12. (英)柯林·比尔德等著,黄荣华等译.体验学习的力量.广州:中山大学出版社,2003.
13. 王道俊.教育学.北京:人民教育出版社,1994.
14. 赵国忠.教师最需要什么.南京:江苏人民出版社,2008.
15. 钱宏颖,葛丽华.体育舞蹈与排舞.杭州:浙江大学出版社,2011.
16. 霍丽娟.交际舞大全.北京:中国华侨出版社,2010.
17. 国家总局体操运动管理中心.全国排舞比赛评分规则.2010.
18. 陶行知.陶行知教育全集.南京:江苏教育出版社,2004.
19. 上海市排舞专业委员会网站.http://www.linedance.cn.
20. 中华舞蹈网.http://www.zhwdw.com.
21. 体育与健康新课程资源网.http://www.ygty.org.
22. 排舞专业基本舞步名称.http://blog.sina.com.cn/s/blog_5a1349270100bpea.html.

后 记

记得 2002 年有一位老师对我说起"校本课程"这个话题,只感觉这个词汇好生疏,怎么听都很陌生。那时没法与那位教师谈校本课程,但此后我一直没放弃过对校本课程的解读。时光飞逝,现在到了 2012 年,这几年一路走来,学校开发了"神奇的红树林"、"传统武术"、"软陶艺术"等校本课程,刘文胜、周永芬等老师的治学态度对我颇有启发。借厦门市教科院资助中小学教师出版学术著作的机会,我将"校园排舞"校本课程教师用书、学生用书两本书提炼成《校园排舞》专著。《校园排舞》造就了我对校本课程、教师成长、学校体育的再认识。

我依然是我,只是身边多了一册《校园排舞》。这几年由于在排舞方面作出一点成绩,得到各级领导的认可,随之而来的便是要对校园排舞成长点滴做个梳理。这一梳理不打紧,把校园排舞点点滴滴按时间脉络贯穿起来,发觉还真有点东西,借此机会整理、提炼,很多记忆又一一浮现。写到后记这一篇,让我感觉时间过得飞快,记得在 2010 年 9 月份开始整理《校园排舞》,在 10 月份给校长修改,校长说我们是要以校本课程形式推出,所以你的写法要符合教材的规定,要在教材中体现你的教学思路……就这样,我把《校园排舞》分成教师用书、学生用书两册。直到 2011 年 4 月,厦门市教科院准备资助部分教师出版专著,我利用这个机会,赶紧把《校园排舞》专著重拾起来,因为资助出版的是专著,不可以以校本课程模式申请,也就有了今天的这本书。2011 年 7 月,我得知《校园排舞》成为资助对象,欣喜若狂。2012 年 3 月,开过专题会,说《校园排舞》可以去找出版社了,于是我开始一边找出版社,一边修订书稿。直到今天,《校园排舞》已经进行第五次修改了,每改一次,都会发现一些问题,都想把它改得更好些。由于时间关系,《校园排舞》第一次出版注定还存在着一些问题,这或许是校园排舞成长历程的见证吧!

"校园排舞"作为学校重点发展的校本课程之一,得到各界朋友的支持,得到各级领导的关心与厚爱。这本书正好见证了这几年来校园排舞的成长,以及一位普通教师的成长历程。"路漫漫其修远兮,吾将上下而求索",这话作为我跨进校园成长的座右铭,一直激励着我。从当初什么都不知道,到今天能为校园排舞写点东西,希望能起些抛砖引玉的作用,仅此一点,于愿足矣。作为教育工作者,我们要寻找自己的目标,构建快乐与健康的体育课堂,让学生热爱排舞,热爱体育,走出校园之后,坚持终身体育,有了这种意识,就能拥有健康,有了健康就有了一切。

本专著是在厦门市教育科学院科研规划办大力支持下出版的,同时得到厦门市教科院体育科宋超美老师的审阅与指教。福建教育学院体育与艺术研修部曾广林博士曾多次亲临我校进行指导。此外,本书的出版还得到上海市金融学院秦曼老师,北京大学钱永健教授,中国排舞金牌教练朱海燕教师,厦门市海沧区教育局陆晓红局长、海沧中学彭存进、陈元章校长、耿红、钟祥光、林枝示、白克奇、刘文胜、罗明华、颜玉辉、杨陆辉、赵慈东、雷文斌、黄红等领导和老师以及体育组同事们的关心与帮助,在此向他们表示衷心的感谢!并向一贯关心校园排舞成长的同志表示感谢!

连仁都
2012 年 8 月 8 日

图书在版编目(CIP)数据

校园排舞/连仁都著. —厦门:厦门大学出版社,2014.4
ISBN 978-7-5615-4522-5

Ⅰ.①校… Ⅱ.①连… Ⅲ.①体育舞蹈-教学研究-中学 Ⅳ.①G633.951.3

中国版本图书馆 CIP 数据核字(2014)第 083164 号

厦门大学出版社出版发行

(地址:厦门市软件园二期望海路 39 号　邮编:361008)

http://www.xmupress.com

xmup@xmupress.com

厦门市明亮彩印有限公司印刷

2014 年 4 月第 1 版　2014 年 4 月第 1 次印刷

开本:889×1194　1/16　印张:11　插页:2

字数:300 千字　印数:1~2 000 册

定价:36.00 元

本书如有印装质量问题请直接寄承印厂调换